HARMONIE
CONTRE
BARBARIE

Vincent Thierry

Éditeur Patinet Thierri

Harmonia Universum
Harmonia Universum
La Création en Action ®

1er Édition ISBN 2-87782-626-6
2e Édition ISBN 2-87782-627-3

© 2019
PATINET THIERRI ERIC

Éditeur : © Patinet Thierri 2019

ISBN 978-2-87782-627-3

HARMONIE CONTRE BARBARIE

Idées - Idéologies

Nous sommes dans un monde particulièrement délirant, où la haine remplace le commun bon sens, cette haine farouche envers ce que pense autrui. Le délire paranoïaque de certaines couches de la population se reflète dans le conditionnement qui est toujours symbolique du rejet, de cette permissivité que la pensée unique propage comme addiction et qui rend l'humain non-humain. Étrange perspective qui ne fera qu'empirer dans le dédale de l'information, de la désinformation, de ces avatars de la compréhension qui figent l'individu dans ce qu'il appelle sa raison, ou sa foi.

Le jour où enfin pourra s'accomplir ce que l'on pourrait nommer une table ronde des Idées, nous pourrons enfin respirer de ces latitudes barbares, vulgaires et nauséeuses qui transpirent la bassesse et ses écrins, la fange. La vérité n'est pas unique dans l'Être Humain, et fort heureusement, autrement son évolution n'existerait en aucun cas et il y a bien longtemps que l'espèce Humaine aurait disparu de cette petite planète.

L'addiction est le maître mot du mensonge et l'héritière de tout ce qui se consume et en aucun cas ne crée. Mais il y a des pierres vides pour accroire à leur infatuation dans l'importance de leur seule dénomination du réel. Et ce fait est là, avide sous nos yeux, menstrues de gloses sans raison qui s'imaginent la portée de ce monde, alliant l'impéritie de leurs noctambules ivresses à la dérision de leurs sorts, tout un monde sans luminosité qui parade sur la folie dimensionnelle d'un superfétatoire emprunt, en croyance de leur valeur qui n'est en aucun cas la valeur de cette réalité Humaine qui jour après jour se bat pour évoluer et non pas tomber dans les basses-fosses de matrices enfantées par l'atrophie.

L'atrophie est vivante, et sans mesure se concerte, s'ébauche et s'enhardit, faisant croire, faisant accroire, larve en ébauche qui ne constate le réel que dans la lunette mal dégauchie de ce qui est apprenant et en aucun cas création. Ainsi le rejet dans cette litanie de la bêtise s'ourdit, se vautre et cherche refuge dans son amalgame tronqué qui ne peut être que versets du délire, délire d'opinion qui fustige, délire d'impression qui s'initie, délire d'esclaves qui s'admoneste et admoneste bien entendu ces autres qui ne pensent pas comme eux, qui n'ont pas peur de regarder cette réalité qu'ils fuient, cette réalité qui est présence de la multiplicité qui vit et non se gargarise de ce qui est mort et s'épanche en ce linceul de la frivolité des idées par paresses conscientes, ou inconscientes, toujours par simple égarement en fonction de leurs œillères malléables à souhait.

Les Idées existent en dehors des morts et bien au contraire explosent dans tous leurs rayonnements, qu'il convient d'analyser dans leurs discours qui peuvent apporter un enseignement par-delà la torpeur domestique dont s'afflige une éducation tronquée, bestiale et sans lendemain, cette éducation de l'inutilité portant l'inutilité à l'esclavage, voyant désormais l'Être reconnu comme principe et non comme réalité, virtualité enfantée par la faiblesse, sans horizon sinon celui de la portée de la génuflexion à l'idéologie qui est le respire même de l'atrophie.

L'Être s'il existe, en sa demeure, doit donc se débarrasser du carcan de l'idéologie, idéologie putride par excellence ayant occasionné des centaines de millions de morts à travers ce monde, par rejet d'autrui, à commencer par ce communisme, pierre d'angle du délire le plus inhumain qui ce jour persiste encore avec ses goulags, ses prisons politiques, ses manœuvres dilatoires qui tentent de réduire l'humanité en esclavage au nom de la matérialité la plus insignifiante.

L'honnêteté intellectuelle est de savoir lui reconnaître quelque mérite dans l'appréciation, combien aujourd'hui utopique d'une certaine harmonisation des valeurs matérielles, comme l'honnêteté intellectuelle est de savoir reconnaître dans le carcan des idéologies quelques qu'elles soient, fussent-elles politiques, religieuses, des invariants qui valent la peine non de les réduire à l'état d'ébauche mais de les cristalliser en les faisant évoluer.

Mais cette honnêteté n'existe jamais dans l'atrophie, telle qu'on le voit actuellement dans le cadre d'une affaire de droit commun où toute la valetaille de la nécromancie babélienne du nouveau désordre mondial se précipite au chevet de la lubricité. Incurie de la réalité, impossibilité d'admettre la réalité, la virtualité est ici à son comble et on voit très bien ici la marque de cette atrophie qui parade.

Ceci n'est pas, malheureusement le fait d'une caste, mais d'un ensemble déviant qui par apprentissage, par croyance, par encouragement, devient fer de lance de ce péril majeur qui s'enhardit dont on retrouve les principes dans le cadre de cette pensée unique, binaire triviale et larvaire qui se veut domination de la réalité pour instaurer la virtualité, ce mensonge perpétuel associé à la propagande qui voudrait faire accroire sa liturgie.

Le respect d'autrui passe par le respect de ses idées et l'épanouissement de ses idées, et non par ce remugle infect où il devrait se noyer, cette pensée larvaire qui n'officie que pour la bêtise, l'aporie du langage, la duplicité forcenée à l'égarement et ses limbes étroits où se renforcent des rangs insipides que l'on côtoie dans toutes les strates des sociétés en dissolution. Prendre langage avec cette délétère uniformité pour en extraire une quelconque expression ne sert de rien, on ne peut engager un dialogue avec l'atrophie que si et si seulement l'atrophie se reconnaît telle, dans le cadre présent déclarante d'une boulimie matérialiste sans finalité à son profit exclusif.

Il en est des idées comme des actes, et nous comprendrons mieux ce monde si nous analysons et les actes et les idéologies qui ne sont que les remparts d'idées obviées, pour mieux cerner le travail de décrassage qui est nécessaire dans ces écuries devenues de notre petit monde. Ce décrassage est possible par la mise à plat des idéologies et de leurs théurgies, mais bien entendu il ne se fera pas avec l'informe qui se veut règne assisté de tous ces ego qui se mesurent et se déifient à une image, une icône, transparaissant en cela leur nature profonde qui est celle du non-être, charnière sur laquelle s'appuient les idéologies pour prospérer.

Ce décrassage se fera malgré tout car la nature est très bien faite et revient toujours à l'équilibre, et se fera par les générations prostrées par la finalité des idéologies qui se veulent encore dominantes, voulant ne voir dans la réalité Humaine que la virtualité. L'horizon de la réalité arrive à grands pas, et cette réalité restituera au discours sa clarté, loin de l'outrance de l'idéologie déployée par le vide outrancier de ses tenants et de ses aboutissants, pauvres hères ridicules sans personnalité qui initient leur propre esclavage, en ne voulant refléter qu'une virtualité qui pour eux reflète la réalité, alors qu'elle n'est que permissivité du vide, un leurre qui leur sert de béquilles pour marcher.

Ainsi en est-il des idées comme des idéologies, leurs phasmes, et témoins les Êtres Humains qui rejoignent le rang des non-humains ou bien des Humains, pour ces derniers lorsqu'ils sont capables de comprendre qu'ils ne sont qu'un rayon dans la sphère et en aucun cas la sphère, cette sphère des idées et non des idéologies qui se reflète dans tous les partis, tous les discours, et qui reconnue permet à l'Être Humain d'évoluer et non de se cantonner dans la destruction comme ce jour le voit avec répugnance. Patience, le temps des idéologies se termine, et fera place au temps des idées, de toutes les idées, et non de l'idée unique d'une pensée unique qui n'est que celle d'une dérive ne menant nulle part, sinon qu'à la contemplation de l'atrophie.

L'Histoire

L'Histoire, ah ! Vous me parlez d'Histoire, mais savez-vous ce que recoupe ce terme exactement : l'aventure Humaine depuis La Bible, l'aventure Humaine depuis Jésus-Christ, l'aventure Humaine depuis Mahomet ? L'aventure Humaine depuis 1789 ? Pâles horizons que tout cela, histoires à dormir debout, ankylosées dans la réécriture chaotique de tous les benêts en mal de pouvoir, nés de cette stupidité du non-esprit qui veut que tout commence avec lui, que tout s'ordonne autour de lui, que tout se fasse à partir de lui ! Non ! L'Histoire Humaine ne ressort pas de ces histoires réécrites qui pullulent et dont on veut nous faire accroire qu'elles sont la réalité de notre Monde.

Notre Monde n'est pas né il y a six mille ans, encore moins il y a deux cents ans, mais porte en lui l'âge souverain de quatre milliards cinq cents millions d'années, et on ne peut que rire en voyant ces grains de sable, historiettes nées pour soumettre, se valoir l'Histoire Humaine. Ce monde, notre Terre, a connu de multiples civilisations avant de connaître la nôtre en totale déshérence, de laquelle naîtra, j'en suis certain le renouveau et l'approche des civilisations précitées.

La Terre, minuscule grain de sable dans la Galaxie, elle-même minuscule atome dans les milliards de galaxies qui nous entourent, elle-même minuscules électrons parmi les milliards d'univers qui nous observent, serait donc née il y a, allez soyons gentils avec ces pauvres Historiens qui nient le réel, 12000 ans, avec la civilisation de l'Indus. Et là que l'on s'amuse sérieusement. Le Sanskrit, langue d'origine de l'Humanité, nous conte une autre Histoire, notre Histoire, une Histoire pleine de fureur et de sang, de beauté et de Chant, une Histoire Humaine dont nous ne sommes sous le joug de la profanation des Idées que de pauvres vermisseaux en voie de son esclavage. Une

Histoire majestueuse qui ne doit rien à l'illusion, la pantomime, les historiettes réécrites, la bêtise, dulcinée de l'immoralité et surtout de la duplicité.

À l'heure où les archéologues commencent à trouver des monuments dépassant la fiction, notamment au Japon, et dans ces Pays d'Asie hier encore sous le joug du communisme, il est temps de regarder avec réalisme cette Histoire Humaine dont le creuset bâtisseur se trouve dans ce que l'on appelle l'Inde aujourd'hui. Les textes qui n'ont pas été réécrits à la sauvette pour préserver l'inféodation d'un pouvoir usurpateur, toujours usurpateur, démontrent, notamment avec le Mahabarata, qui est entre autres la description d'une guerre menée pendant quatre mille ans, l'existence de civilisations antédiluviennes, qui maîtrisaient les cieux comme la terre, les eaux comme l'air, qui connaissaient la fission nucléaire et entretenaient une voie de vivre sans commune mesure avec celle que nous vivons actuellement, basée sur le respect de la Vie, la connaissance, le savoir et la culture.

Non, l'Humanité n'est pas née de fossiles simiesques en Afrique, qui dans la dérive des Continents n'était en aucun cas ce continent que l'on connaît actuellement, l'Humanité est née de la rencontre de civilisations bâtisseuses, venues de ces poussières d'étoiles que nous appelons des planètes, comme demain viendront les Humains bâtir sur d'autres planètes par d'autres Galaxies.

Civilisations en harmonie ou en conflits, dont nous sommes issues, et que d'une manière ou l'autre nous rejoindrons, après avoir dissipé ce mensonge total duquel nous sommes les détenteurs, un mensonge si grotesque touchant tous les sujets vitaux de la Vie, de ses origines, comme de ses types d'organisations comme de structures, qu'il prête vraiment à rire si ce n'était à pleurer de sa bêtise et de ses arguments qui ne résistent en aucun cas devant la réalité.

Nous vivons dans la virtualité façonnée par les pouvoirs qu'ils soient politiques, religieux, tous axés sur la systémique du mensonge et de ses arguties. À telles fins que devant les dernières découvertes des villes englouties au Japon, les Historiens confondus doivent penser rapidement à réécrire ce tissu de mensonges qu'est l'histoire réécrite. Le temps viendra de cette réalité renvoyant aux basses-fosses de l'ignominie les pléiades de ces mensonges, principalement historiques, qui permettent d'asseoir des pouvoirs sans noms, criminels par essence, car ne souffrant aucune contestation sur leur socle reposant sur le fruit sablier du temps qui en viendra à bout, naturellement.

Les Sciences doivent ici s'interroger et renvoyer à leurs chères études tous les anthropologues de pacotille, les archéologues de la bêtise, les darwinistes impénitents, les psychologues d'urinoirs, les relativistes introvertis, les historiens de la paresse, tous ces palefreniers de pouvoirs, qui religieux, qui politiques, les honorent afin de conserver leurs prébendes et surtout faire en sorte que les Êtres Humains ne sachent en aucun cas d'où ils viennent.

Cela viendra, lorsqu'on aura débarrassé les centres de recherches de tous les caciques de l'impuissance, les béni-oui-oui oui de la diarrhée verbeuse des politiciens qui ne veulent voir dans l'Humain qu'une source de profit, une seule tête. Cela viendra lorsque l'Être Humain se dressera sur ses deux pieds et recherchera ses véritables origines, au lieu de se courber immodestement en attendant qu'on lui offre le joug qu'il implore pour surtout ne rien faire, ne rien dire.

Ce n'est qu'une question de temps, et ce temps viendra très vite devant la désintégration de cette civilisation que nous vivons qui est à l'agonie, agonie économique, agonie intellectuelle, agonie spirituelle, qui subit de plein fouet cette contraction temporelle de laquelle elle ne se relèvera en aucun cas. Car il ne suffit de cacher, il ne suffit de réécrire, il ne suffit de diffuser l'ignorance, il ne suffit de faire accroire le mensonge, la vérité toujours triomphe.

Pouvoir et Action

Desseins des âmes de la nue aux propos qui se circonscrivent dans la nature même du propos, dans cette aventure du Verbe qui ne se fige mais se dresse pour aller au-delà des horizons lointains afin, téméraire, d'ouvrir sur le large la beauté d'un monde qui aujourd'hui se recroqueville dans le phasme d'une croyance anathème, poussiéreuse, nombriliste, esclavagiste.

Car le monde ce n'est cela, cette torpeur inconditionnelle du non-humain qui se glisse dans toutes les strates des civilisations pour les détruire afin de paraître. Monstruosité qui s'incarne et toujours se renouvelle contre laquelle le Verbe combat, le Verbe de la Vie qui ne s'agite mais féconde les sources qui demain franchiront ce Rubicon de la désolation, terre mortifère où ne résident que la jouissance éphémère et les larvaires conditions de sa congratulation, vide sidéral où l'Esprit, l'Âme, le Corps se dissolvent dans une indéfinité coordonnant la folie de l'archétype primal et labial dont l'atrophie mène ce monde à son déclin.

Incapable qu'elle est de voir la réalité dans sa mystique, la réalité dans sa grandeur, cette réalité qui fait chaque Être Humain unique, cette réalité qui fait chaque Ethnie unique, cette réalité qui fait chaque Peuple unique, cette réalité qui fait chaque Race unique, cette réalité qui fait de ce tout, l'Humanité, une Humanité magnifiée en ses milliards de floralies individuelles, une Humanité éclose en ce champ de flores que représente l'incarnat de ses Nations issues de la force bio géo historique qui concatène tout devenir dans l'avenir d'un monde épanoui et respectueux de chaque Identité.

Que ce jour voit dans l'ombre la plus totale, couverte de buboniques errances qui s'arrogent le pouvoir dans le sacre d'une guerre silencieuse qui couve en chaque respire de l'Humanité, en ses institutions, en ses demeures de gloire, en ses écrins actifs. Guerre qu'il faut prendre à bras-le-corps, guerre qui doit trouver en face d'elle le répons de ce Verbe du réel que chacun possède et que chacun doit développer sans jamais baisser la garde, sans jamais se laisser leurrer par l'opportunisme, l'imbécillité chronique, la sous culture de la fange, ces lèpres qu'il convient de destituer du piédestal sur lesquelles elles trônent en s'imaginant la parure de ce monde.

Une parure de cour des miracles où se pressent toutes les individualités atrophiées, car il faut être totalement atrophié pour accroire cette bestialité, cette permissivité, cette prosternation à la lie de toutes les couches des sociétés. Ici se tient le lieu par ce temps du combat du Verbe qui jamais ne doit tarir, et dans la volonté de cette guerre silencieuse qui s'avance masquée, se doit mesure d'une guerre tout aussi silencieuse mais totale, totale dans l'insinuation, dans l'infiltration de toutes les rives Humaines en confrontation de l'inhumanité, totale en ses souffles unitaires qui n'ont besoin de s'associer pour fouler aux pieds, par une prise de pouvoir global, cette lèpre qui se veut dirigeante.

Une prise de pouvoir qui doit naître dans la fermeté du but à accomplir, la renaissance de l'Âme, la renaissance de l'Esprit, la renaissance des Corps, la renaissance de l'Harmonie, la renaissance des Nations, la renaissance des gestalts naturels, enfin accomplir l'unité symbiotique de ce monde livré aujourd'hui à une osmose totalement dénaturée qui est condamnée d'avance car entropie par essence.

Ainsi alors que se dressent les pavillons de la désertification des Nations, des Peuples, des Races, de l'Humanité au nom de l'aberration, tout un chacun en le Verbe et par le Verbe doit-il devenir auteur de cette guerre qui se doit s'il veut survivre et ne pas devenir un esclave. Une guerre totale fut-il dit, hermétique, non associative, individuelle, tout un chacun devant insinuer et infiltrer toutes les associations, tous les partis politiques, toutes les institutions qu'elles soient nationales ou internationales, toutes les mafias, les loges, les sociétés de pensées, tous les anathèmes de la pensée, afin de lentement mais sûrement, par une volonté de fer, jouant sur tous les tableaux passionnels et rationnels, allant de l'hypocrisie la plus pure à la génuflexion la plus insipide, prendre le pouvoir de chaque face de ces réalités Humaines et en nettoyer les scories, par rejet naturel.

Car il ne s'agit pas ici de penser un seul instant prendre le pouvoir par les armes physiques, les armes intellectuelles sont bien plus percutantes, car il ne s'agit ici de penser voir des groupements et associations s'auto-initier à cette contre-révolution, car ici il n'y a ni lieu ni temps, mais une constante, celle de la vocation à la Liberté individuelle et commune marquée dans les gènes de chaque individu qui, en correspondance, n'a pas besoin de s'associer pour se reconnaître, et par là même peut combattre sans égarer quiconque, tout individu normalement constitué devenant combattant de cette lie qui s'accroche aux remparts de la réalité pour la défigurer.

Combat par le Verbe, ce Verbe que la boue enfouie dans le purin de sa propre bestialité, ce Verbe qui est le flambeau de toute reconquête, que chacun porte en soi. Ce soi qui doit devenir le soldat de la Vie face à cette mort annoncée, ce malthusianisme bestial, qu'enchantent les non-élites barbares de ce monde en libations du sang et de la sueur des Peuples, ce Verbe transcendant qui fera de chacun ce soldat silencieux destituant les métastases en les phagocytant, en les réduisant et en les rejetant de toutes faces des Institutions Humaines. Ce soldat dont la multiplicité prendra dans les temps à venir la valeur de milliards d'individus, anticorps naturels qui permettront à ce monde de renaître des cendres et de l'abîme dans lesquels le plonge l'errance, cette mythologie barbare qui assoit son pouvoir sur la non-humanité, le non-être, le non-humain, sur cette chose esclave qui se réjouit de son esclavage, sans racines, sans famille, sans Nation, sans expression culturelle, sans nature identitaire.

Un néant que l'on peut mener à l'abattoir sans qu'il trouve à redire, et encore moins à se révolter, comme on le voit actuellement dans ces Pays d'Europe soumis à l'abattage d'une économie de l'usure. Ainsi dans ces temps de dictature la force qui doit se lever et se dresser, utilisant les mêmes armes que la bestialité incarnée qui se révèle, infiltrant, insinuant toutes strates, avec pour but unique la conquête du pouvoir total, contrepouvoir naturel à cette déliquescence qui s'instaure, à cette brutalité ordurière qui dans sa virtualité ne se rend même pas compte qu'il existe la Vie face à son échafaudage, qui n'est bâti que sur le sable, et que la Vie, non la Vie manipulée telle qu'on l'a vu dans les « révolutions » Arabes, détruira d'un simple coup de vent.

Ce vent que tout un chacun doit nourrir en lui-même, ce vent qui portera dans l'abîme les prétentions de la virtualité, ce vent issu de tout individu par toutes Nations, issu de l'Humanité en sa complexité et non sa mise en coupe réglée dans un métissage de circonstance advenant l'esclavagisme. Ce vent s'infiltrant dans tous les domaines de la pensée, qui nettoiera ces écuries d'Augias dans lesquelles se vautrent dans la pourriture et le pourrissement les métastases de notre siècle qui seront anéanties intellectuellement lorsque tout un chacun aura compris que le pouvoir n'appartient à personne, qu'il se conquiert et se maintient par l'induction d'un coup d'État permanent qui permet d'éliminer les scories qui cherchent à faillir la Vie au profit de la mort.

Ainsi, ce n'est qu'à ce prix que ce monde pourra respirer de nouveau et enfanter la splendeur de l'Humanité dans les Univers, et non la voir esclave du parasitisme et de sa folie ordinaire, née de son atrophie, voulant voir l'Humanité, non-humanité, au profit de son errance sanguinaire, dont les deux guerres mondiales et leur financement sont là pour le prouver, comme ces dernières guerres hégémoniques qui n'ont rien à voir avec la Liberté mais tout avec l'asservissement, fut-il Spirituel, économique, politique.

Ainsi dans la portée de ce monde qui doit briser les chaînes qui le mutilent, chaînes qui seront brisées par le Verbe en sa conquête totale du pouvoir en utilisant les armes mêmes de la guerre silencieuse qui a produit cette aberration monumentale dans laquelle nous vivons où tout un chacun doit devenir un esclave.

À chacun de choisir sa voie, la Voie restera quelle que soit la nature des défis auxquels elle est confrontée et en conclusion dirons-nous que la Nature est parfaitement bien faite dans son autorégulation, ainsi agissez et ne soyez plus spectateurs de votre propre mise en servage.

Requiem

De la Rome décadente, en voie de désintégration, notre civilisation en a les attributs, et notre siècle marquera sa chute. Une chute inévitable dont les fumerolles s'annoncent dans cette tartufferie du Pouvoir laissé entre les mains de la gabegie et du déshonneur. Si nous regardons attentivement, non comme contenu, mais absorbant le contenant et le contenu sans la moindre équivoque, nous voyons les failles de cette non-aventure Humaine marquée par le subterfuge, la violence d'état, le coup d'État permanent de toutes les fioritures d'une plèbe qui s'accroît dominance en fonction du caractère monétaire de ses possessions matérielles, exigence de toute perversion s'érigeant maîtresse alors que cette lie de l'Humanité n'est en vérité qu'esclave, condition qui se voudrait litière de tout un chacun de par ce vaste monde.
Ce règne de la médiocrité où l'on voit trôner des hystériques, s'agglutiner en prébendes des ignorants et des parasites, ne tient que par le miracle de la coordination du mensonge accouplé au viol systémique des corps, des esprits et des âmes, des corps en imposant un métissage forcé, des esprits en imposant une pensée unique de la débilité, des âmes en imposant une religiosité de la reptation, affligeantes dénatures qui ruissellent une eau saumâtre dans laquelle se baignent tous les pourrissoirs de la pensée, de pseudos philosophes, de pseudos artistes, de pseudos politologues, de pseudos journalistes, qui n'ont pour trait commun que leur soumission à l'avilissement, à la permissivité, à la logorrhée de l'inutilité.

Ces faces qui paradent sont trop facilement reconnaissables à leur morgue coutumière, blafarde, circonscrite dans cette bave immature de l'aporie des sens, marque d'une inculture remarquable qui étale son petit savoir comme on étale de la confiture sur une tartine

17

de pain moisie. La faconde de ce mystère de l'inanité tient dans son aperception de la réalité, un tout dévoué à la virtualité dont il tire vanité, grossière démesure de l'affliction qui ronge cette morbidité, alliance d'une supériorité, qui n'est que le reflet éloquent d'une infériorité génétique, qui masque l'inintelligence avec cette secrète ardeur de l'incapacité, qui en découle naturellement.

Car la Nature est là pour faire tomber cet édifice lamentable qui s'autocouronne en son abjection, annonce qui bientôt sera consumée par déshérence, déshérence de la Vie à ces institutions, emplies de reptiles, dans lesquelles se battent encore quelques Humains, déshérence de cette boue glauque, en laquelle, apatrides, les liturgies de la bêtise s'accouplent avec les liturgies de la bassesse, car ainsi va l'Histoire qu'elle ne s'arrête dans l'immondice, le contourne et va son chemin annonçant le triomphe de l'Humain par les valeurs éternelles qui sont la densité de sa réalité.

Lorsque la vêture est usée jusqu'à la corde, il convient d'en changer, et ce changement ici se manifeste par le délaissement. Ce délaissement se concrétise par l'abandon du système politique, vote, contre Vote, vaste leurre auquel plus personne ne croit, voyant un gouffre séparer le vivant de cette atrophie, devenue colossale, sanctionnée par des statistiques éloquentes : les taux de participation aux élections n'ont jamais été aussi faibles et le seront encore plus dans les années à venir.

Un vent de Carthage se lève inexorablement pour renverser cet abîme qui se veut gouvernance alors qu'il ne représente en tout et pour tout qu'à peine quinze pour cent du Peuple en France, et encore moins dans le cadre de l'europe dictatoriale qui se façonne. La crise économique, inventée de toutes pièces par les négus omnipotents qui se voudraient gouvernance mondiale avec droit de pillage, de cuissage, et tutti quanti, immerge les Nations dans une fétidité sans nom qui accélère la propriété de ce rejet des larbins politiques de tous bords enchâssés dans cette colonne infernale dont la morgue, le mépris, l'outrance n'ont jamais connu un tel paroxysme.

Cette accélération est parfaite pour une prise de conscience globale qui inévitablement fera tomber les piliers de cet échiquier bâti sur du sable, un sable rouge de sang et de sueur, une cacophonie byzantine qui trouve son expression dans cet exemple que vit notre France livrée à la barbarie, une France où au lieu de stigmatiser la pourriture de l'usure, on stigmatise les malades des classes qui travaillent, au mépris de la réalité qui veut qu'il existât une couverture maladie universelle qui est la source unique du déficit de la sécurité sociale: j'invite tout un chacun à visiter nos hôpitaux, les salles d'attente des médecins pour voir que le monde entier se fait soigner aux frais des travailleurs qui cotisent à la sécurité sociale.

Au lieu de légiférer pour éliminer cette source insondable de gabegie, la barbarie culpabilise les travailleurs honnêtes et non seulement ne lutte pas contre la fraude mais encourage la fraude en n'éliminant pas cette CMU lamentable. La barbarie est là, dans ces ectoplasmes de gouvernement qui font rire n'importe quelle personne éveillée. Voici ce que la majorité des Peuples voit : des nains politiques agités par les mains de l'usure dont le parterre de prébendiers, immondices de nos Pays, se love pour fortifier l'empire du néant, l'empire du métissage, de la pensée unique, de cette bestialité que l'on nomme le "nouvel ordre mondial" en voie inverse de la Voie. Et c'est pour cela que les Peuples devraient aller voter ? Pour cette défiguration de la Vie, pour cette dictature de la bestialité ? Non, les Peuples le comprennent, il est temps de renvoyer tous les tenants et les aboutissants de cette façade, de ce paraître, de cette vanité, aux poubelles de l'Histoire, car la Vie des Peuples, des Nations, des Races, de l'Humanité est en jeu aujourd'hui, du fait de ce cancer qui ronge comme un parasite le corps naturel du Vivant.

Il fut un temps où cette outrecuidance eut été balayée par les armes, - et dans le cadre de la restauration de la réalité du pouvoir il conviendra de définir que chaque citoyen soit armé, seule garantie légale permettant de faire respecter la Démocratie - mais ce jour baigne dans les nuées de la virtualité, engraissées par des médias aux ordres, commettants de l'indispensable propagande n'ayant pas pour but d'élever les Peuples mais de les rabaisser en dessous de l'échelle du singe, de manière à ce que ces troupeaux, casques hi-fi sur ou dans les oreilles, téléphones portables en mains (accélérant les processus de tumeurs au cerveau dont la recrudescence trouve son terrain favori dans notre jeunesse), paressent dans l'ignorance mais surtout la culpabilité et bien entendu perdent tous repères sociaux, famille, Nation, Honneur, pour ce faux-semblant avide d'imbécillité chronique que l'on ose appeler culture, encensant la pédanterie de pseudos philosophes, de pseudos politiciens comme de pseudos économistes dévoués à la cause de la destruction de la Vie.

L'incarnat de ce sida intellectuel brille sur toute la planète, écumant son ridicule, ses prosternations, et ses utopies, masquant le but méprisable constitué, la mise en place d'une dictature de niais dominant la niaiserie. Cependant dans ce cloaque de cloportes subsiste l'anima, cette rémanence formelle issue de la légitimité tant des familles, tant des Peuples, tant des Races, tant de l'Humanité, invincible, car forgé dans les chromosomes de l'Être Humain, ainsi tout espoir n'est pas perdu, que l'on se rassure, la preuve en est de ce désintérêt de cette foutaise que l'on ose appeler "politique", qui se révèle décérébration de toute valeur Humaine.

Face à cette immondice la majorité des Êtres Humains se dresse contre la félonie, la traîtrise, l'hilarante pugnacité du parasitisme, la duplicité et ses féaux. Les réseaux sociaux se tressent, la contre-révolution est en marche, et l'on peut remercier ici tous les tyrans, toute cette litanie de la reptation et de la prosternation, tous ces sodomites "intellectuels" qui proclament la débilité comme devenir. A contrario de leurs desseins, elles et ils ont permis de voir lever dans les Peuples les anticorps nécessaires pour destituer à jamais ce règne de l'acculturation, de la domestication, de la dépravation, du déshonneur.

Carthage brûle et ce ne sera que sur ses cendres que le triomphe de l'Être Humain labourera son sillon vertueux qui mènera à la réalité l'illusion et sa précarité afin de les ordonner dans la capacité qui n'est pas celle de l'atrophie, mais bien celle de l'harmonie, mot incompréhensible tant par les vautours, les cafards, les serpents, qui s'imaginent déjà règne alors qu'ils ne règnent que sur leur atrophie, et en aucun cas sur le monde, l'Humanité, ses Races, ses Peuples, ses Ethnies, ses Régions, ses Nations !

Le temps, allié précieux et invincible, a commencé son compte à rebours de cette décomposition, et lentement préfigure dans le creuset des anticorps les arcanes de ce que sera le monde de demain. Un monde libéré de la dictature du néant, de l'exaction, de l'usure et de l'atrophie.

L'inconscience

Nous sommes dans un monde de malades, de grands malades qui sont atteints du délire mégalomaniaque de gouverner le monde sans tenir en aucun cas de la réalité bio géo historique de ce monde constitué de Nations, pierres d'œuvre de toute raisonnable gouvernance mondiale. Que non ! Il faut tout de suite anéantir les Nations par le viol systémique de leurs Peuples, par agrégation de populations exogènes qui doivent conserver leur diversité et surtout ne pas s'intégrer, moutons de panurge corvéables à souhaits, par une guerre asymétrique liée au financement des États par l'intermédiaire de la finance véreuse et apatride qui créée de toutes pièces la théurgie de crises à répétition, pendant que certains d'entre eux cachent des milliards d'euros dans des banques privées pour se préserver le beau rôle dans les attributions de ce pouvoir qu'ils recherchent à tout prix par l'instauration d'un nouvel ordre mondial qui n'est pas autre chose qu'un camp de concentration gigantesque où, maîtres, ils dirigeront des esclaves acculturés, déracinés, des larbins qui demanderont leur euthanasie lorsqu'ils ne seront plus productifs.

Et ces nains de l'apocalypse prolifèrent en tout genre et sur toutes surfaces avec leur armée de mendiants, - qu'il suffise de regarder notre parlement, ils sont 400 députés totalement dévoués aux ordres de cette déliquescence du Droit Humain, je ne parle pas ici du droit de l'homme, ce droit ridicule qui conforte l'exogène par rapport à l'endogène, qui bien entendu doit disparaître dans ce plan délirant nous conduisant à la troisième guerre mondiale, je parle du Droit Humain qui veut que tout un chacun soit respecté dans ses racines, dans son Peuple, dans sa Nation.

400 nains au service de cette hérésie dans notre propre parlement, et combien dans nos administrations, et combien dans nos associations, et combien dans nos sociétés anonymes, et combien dans la société Française, à peine 40 000 citoyens qui ont mis leur valeur au service de ce monde interlope où ne brille plus que la théurgie de ce nouvel ordre mondial qui se veut couronner. Demandez l'appartenance à cette hérésie aux Députés de vos circonscriptions, qu'ils aient le courage de déclarer leur inféodation, et vous verrez tomber ce masque, ce masque sur la Société Française qui pourrit jusqu'à la moelle nos Institutions.

Il est temps de voir ce que sont ces gens-là, et surtout faire en sorte qu'ils ne soient plus les élus du Peuple, sachant qu'ils ne sont les élus que de leur appartenance, ces sociétés discrètes qui s'imaginent règle de morale alors que l'immoralité aujourd'hui est leur règne. Une armée servile qui n'a pas lieu d'être dans le monde politique, ainsi en est-il de leurs principes établis qu'ils ne doivent en aucun cas faire valoir au sein de leur appariement la moindre connotation politique ou religieuse.

Le masque est là, et s'animent d'autres masques dans d'autres sociétés visant à l'asservissement, et non à la Liberté, car le combat qu'elles mènent pour la «liberté » n'est pas celle du Peuple, mais bien la leur en propre. Tant que les Françaises et les Français n'auront pas compris cette machiavélique toile araigne qui recouvre le monde politique, ils n'auront rien compris et demeureront comme les serfs les larbins de cette tranche d'une société apatride et corrompue.

Il y en a pour parler de « vérité » eh bien la moindre des choses lorsqu'on se lance dans l'arène politique est de se défaire de cette théurgie de la désintégration, à tout le moins de ne pas y entrer. Avant de voter aux prochaines législatives, et pour tout vote quel qu'il soit, il convient de demander aux prétendants leurs affiliations et dépendances, et refuser le moindre vote pour ce carcan qui veut la disparition de la France au profit de cette nébuleuse délirante qui se nomme le nouvel ordre mondial.

Un nouvel ordre mondial qui a infiltré toutes les loges et ce jour parade, voyant tous ses soldats se presser vers leur destruction avec cette ironie dans le regard qui démontre l'inanité de leur réalité, de cette réalité qui doit de nouveau se forger avec les femmes et les hommes du Peuple. Et ils ont si peur de perdre leur pseudo-autorité, dans cette élection à venir qu'ils ont envoyé leur émissaire planifier le parti des gauches afin qu'il s'intègre à la désintégration. Pauvres loges devenues des auges pour les cochons !

Nous sommes loin de l'Esprit de Mozart, nous sommes loin de l'Esprit du rayonnement qu'elles devraient avoir, totalement opacifié par des meutes hurlantes, des apatrides circonvolutions, des reptiles incantations. La France si elle veut recouvrir sa souveraineté doit d'abord épouiller de ces institutions toutes ces cohortes ne s'enchantant que de la mort de la Nation, ces réseaux de la prostitution, non seulement des corps, mais des esprits, des esprits qui s'égarent dans cette fange devenue de ces associations, les unes au service de la mort de la Nation, les autres au service de la finance apatride et esclavagiste.

Je ne le dirais jamais assez, ce ne sont pas les institutions qui sont en cause mais leur contenu, qui à 80 pour cent aujourd'hui est pourri par le venin de la destruction, représenté par toute cette population de mendiants qui bêlent pour avoir un morceau de fromage, tel leur ridicule personnage qu'ils ont mis en lice dans ce parti des gauches totalement perverti par la glose délirante née de ces planches bâties sur le sang, le sang de cent cinquante millions d'Êtres Humains abattus par les ismes les plus virulents, le communisme et le national-socialisme.

Et s'il était le seul, mais non, regardez plutôt Janus, le Chevalier de Malte inféodé à la City, et le servile contempteur au service du Bilderberg, et leurs lieutenants, qui de l'Opus Dei, qui du Bilderberg, oh la belle panoplie qui rue dans les arènes non pas au service du Peuple, mais au service de ce nouvel ordre mondial répugnant ! Et qui d'autres encore, demandez le leur, demandez leurs appartenances et vous serez fixé sur leurs intentions qui sont celles du bourreau et en aucun cas de la colombe, jusqu'en cette perversion que l'on nomme l'écologie politique où l'on voit tout ce beau monde se presser pour détruire toutes les valeurs de la République !

Ah le beau monde qui s'ébroue, petite soldatesque au service de ce qui n'est pas le Peuple, comme en cette ONU, chienlit du monde, totalement investie par la Lucy Trust, et tous ces prétendants et investis osent se réclamer du ou des Peuples !

Ne regardons pas cette « europe » totalement entravée par la lèpre qui en compose le « Parlement », et bien plus encore par cette dictature qui s'y est mise en place, où trônent des Néron qui se glorifient, qui s'autonomment, et se nomment dans la consanguinité la plus absolue, afin de défendre le nouvel ordre mondial de la dictature totale, nazi communiste idéologiquement !

De l'autre côté de l'Atlantique, l'Empire Américain détruit toute liberté et donne pouvoir exclusif en une seule main du droit d'arrestation, de torture, et d'exécution, quel que soit le lieu ! Heureusement que les Députés du Congrès ne sont pas novices et que la marche unilatérale vers la guerre contre la virtualité idéologique, de par les Lois Humaines, permettra d'écarter sa manifestation.

Mais ici, que dire, sinon qu'en rire, de grandes agitations pour des causes humanitaires inventées de toutes pièces tant pour la Libye où le meurtre des opposants, la torture, les exécutions sommaires de tout ce qui n'est pas musulman surtout si l'Être Humain à la peau noire, se poursuivent, tant pour la Syrie où une meute assoiffée de sang parade pour renverser l'autorité, une meute menée de l'extérieur par tous les tenants de ce nouvel ordre mondial qui voudraient voir fondre les Nations Arabes : voyez leurs méfaits ignobles, des opposants découpés à la hache et les restes de leur corps exposés avec pour affichage, viande à vendre !

Des pillards et des tueurs, des assassins au service de ce nouvel ordre mondial qui ne supporte pas que puisse exister une Nation, dans leur plan de masse voulant voir tout Peuple disparaître, toute Nation disparaître, au profit de la monstruosité concentrationnaire et acculturée qui leur permettra de s'accroire les maîtres de ce monde !

Et de voir dans notre petit Pays de France des égéries enchanter ces guerres au nom de l'humanitaire totalement perverti, propagande grotesque qui voit les Pays qui soit disant se libéraient de tyrans, tomber sous le joug de la loi islamique les rendant esclaves ! Et certains de prôner l'entrée en guerre contre la Syrie, et bien entendu l'Iran pour quel jeu ? Le jeu grossier de cette pieuvre aux tentacules de sable qui veut gouverner le monde, un monde d'acculturés, un monde d'esclaves glorifiant son ascension, un monde de larves consentantes à leur esclavage, un monde qui disparaîtra obligatoirement lorsque seront assainies les écuries d'Augias qui pullulent de tout le ferment de cette idéologie de la pourriture, de la domestication, dont les faces putrides réclament qui l'euthanasie, qui l'avortement, qui la liquéfaction de masses entières de populations par des virus créés en laboratoire, tel ce H1N1 pour lequel devait être vaccinée l'Humanité afin que la majorité d'entre elle disparaisse, le vaccin étant le poison par essence, à telles fins qu'avaient été préparés des millions de cercueils !

Voilà le nouvel ordre mondial et sa représentation, une assemblée de tueurs nés, voilà la beauté qu'il nous prédit, l'esclavagisme sous le joug du totalitarisme le plus ignoble, un monde de fourmi où tout un chacun n'aura qu'une loi le service de cette putridité où le droit de cuissage, tel qu'on l'a vu, sera gloire de ses « maîtres », où le droit d'exécuter n'importe qui, le droit de torturer n'importe qui, le droit d'emprisonner n'importe qui, sera la règle ! Et les beaux représentants de cette hérésie, sont là à prétendre le pouvoir dans notre France, alliant opération noire pour revigorer leur prestige, avec le sourire carnassier de ceux qui servent, de ceux qui sont en reptation devant ce monument de destruction qu'est le nouvel ordre mondial.

Regardez-les, analysez-les, voyez leurs conseils, leurs bras droits, leurs opérandes, toute cette faune associée à la destruction qui se presse, toute cette faune de larbins qui se souille dans l'immondice pour récupérer une petite place, un petit fauteuil, ce serait à mourir de rire si ce n'était pas la vérité, celle qui replace dans leur réalité ces mentors de la pensée unique, cette pensée de la soumission à toutes les aberrations, à toutes les inventions, à toutes les réécritures de l'Histoire, cette pensée esclavagiste par essence qui prépare les masses à leur joug, vérité non truquée, vérité non plagiée, vérité ordonnée les voyant servants de la mort, ces servants de la mort que l'on glorifiait dans le communisme comme le national-socialisme, qui se retrouvent si bien ici.

Commissaires politiques, gestapistes, SS nouvelle vague de la pensée, propagandistes triviaux et délirants qui s'imaginent la conscience de notre temps et qui ne sont bien au contraire que les représentants de l'inconscience absolue, celle qui oublie toute réalité pour fonder la destruction de tout ce qui est. Soyez rassurés, ils s'autodétruiront où seront détruits par ceux-là mêmes qui les mènent, car ils ne sont que des servants inutiles dans ce drame de la dictature qui est en train de s'instaurer.

Avant de voter pour des prétendants, réfléchissez bien à ce qu'ils représentent et éliminez de vos votes ces servants de la mort qui se veut triomphe et qui ne sera que ruine, car on ne peut imposer la mort à la Vie, c'est une loi de la nature que tout un chacun de ces représentants et inféodés n'a pas comprise, mais comment pourraient-ils le comprendre, dans l'inconscience qu'ils sont du réel ? Ce réel va faire imploser leur délire, et les rendre à la réalité, que l'on se rassure. Les Peuples vont se rebeller inexorablement contre cette perversion de la réalité, et non seulement se rebeller, mais insinuer totalement cette débauche mortifère pour la détruire de l'intérieur et non dans le cadre d'une manifestation quelconque, la vraie contre-révolution devant prendre le pouvoir partout où il est dans ces institutions les plus gangrenées comme les plus opaques, afin de libérer le réel du virtuel.

Voilà le défi de demain, le défi des générations actuelles et des nouvelles générations : celui de reprendre le pouvoir dans toutes les institutions créées, quelles qu'elles soient, politiques ou non, discrètes ou non, secrètes ou non. La vraie contre-révolution est dans cette action et non dans cette dérive à laquelle on assiste dans ce « parti des gauches » qui ne se rend même pas compte qu'il est phagocyté par ce contre quoi il lutte. Le reste n'est que discours et agitation. Le pouvoir n'appartient à personne, il se prend et c'est tout, et il se prendra n'en déplaise, pour taire cette logorrhée de l'inconscience absolue qui se veut trône. Ce n'est qu'une question de temps, de volonté, de détermination et l'Histoire avec un H majuscule et non avec ce h ridicule qui la voit dans le mensonge encadré, l'Histoire donc a toujours démontré qu'un Peuple qui combat pour la Liberté, l'obtient irrémédiablement, quelle que soit la terreur qu'il doit supporter. A fortiori les Peuples de l'Humanité qui ce jour sont confrontés à ce défi.

Donc patience, le temps n'ayant aucune importance, pour toutes celles et tous ceux qui désirent vivre dans un monde où l'ordre et la sécurité règnent, l'ordre et la sécurité dans leur Nation, l'ordre et la sécurité dans leur Internation, l'ordre et la sécurité dans ce monde qui sera multipolaire, n'en déplaise aux apprentis sorciers de la dictature dont les cohortes médiatisées ne trompent plus personne par ce petit monde.

La médiocrité

La nature profonde de l'éducation est surtout en aucun cas de permettre la réalisation de tout un chacun dans les domaines Humains, mais bien d'asservir la pensée dans le moule de la médiocrité qui convient parfaitement bien aux vraies instances dirigeantes, qui ont besoin de bétail pour leur permettre de s'enrichir sans scrupule, de moutons que l'on tient par la bêtise d'honneurs usurpés, par la cordonite, tels qu'on le voit actuellement dans les loges maçonniques qui n'ont plus de réalité initiatique mais bien au contraire une veulerie à l'ordinaire qui n'est qu'affairisme, isme en tout genre où se réfugie la faiblesse, la couardise, la reptation, et bien plus encore.

Écuries d'Augias qui pourrissent la Nation en ses Institutions comme autant de parasites afin d'abstraire la réalité et l'ordonner dans la virtualité. Les élections ce jour ne sont que duplicité, marque de cette éducation de larves qui nous veulent larves à part entière, afin de mieux nous flouer, de mieux nous traire, de mieux nous enliser. Regardez ce gouvernement qui est celui du Grand Orient, qui aujourd'hui pourrait s'appeler le petit Orient, où se réunissent tous les couards et les destructeurs de la Nation, qui en soumission demain vont nous vendre l'euthanasie comme gloire, après que de nous avoir vendu l'avortement comme victoire.

La médiocrité est règne, ne l'oublions pas dans ces temps particulièrement hostiles à la pensée, non la pensée unique, mais la diversité de la pensée qu'il convient bien entendu de métisser afin de la réduire au néant, dans cette parabole si bien inspirée des arts premiers qui brillent aujourd'hui de tous leurs arcanes délétères,

29

formant l'opinion au néant, à l'abstraction, à cette réduction de la volonté qui couronne la bêtise.

La lutte aujourd'hui pour chaque créateur se résume à rester debout au milieu de ces ruines qui s'appesantissent, sont la cacophonie par médias interposés de la lie de la culture, du sommet de l'inconditionnelle déstructuration qui se veut maîtresse et gouvernante. Ne tombons pas dans le piège de cette errance graduée, institutionnalisée par des loges impies, des loges n'ayant comme volonté que celle de la destruction de toutes celles et de tous ceux qui penseraient autrement que dans la ligne de conduite de cette pitoyable déraison que l'on ne peut appeler que nazi communiste, une synthèse du néant qui veut abreuver le néant.

L'intelligence n'est pas dupe de cette tentative d'asservissement de sa maturité comme de son éclosion. Au regard de cette dépravation, de cette fange de l'esprit, il convient de lutter contre l'acculturation, l'illettrisme, la nausée que diffuse ce que l'on appelle encore l'éducation nationale qui n'est que la boue institutionnalisée, au regard des livres que doivent lire nos enfants, un tissu de mensonges qu'il convient de mettre à l'encan.

La déperdition de l'Histoire, c'est la déperdition des racines, mais cela ne dure jamais longtemps et la dictature de ces loges putrides ne durera qu'un temps, les jeunes de notre époque déjà s'interrogent sur ce formalisme de les voir s'obliger à endosser le costume délirant du métissage, métissage des chairs, des esprits, des âmes, métissage ignorant de toutes réalités pour abreuver la féodalité, cette dimension qu'ils perçoivent au-delà de la barbarie que l'on nous impose, la barbarie presque religieuse de ces ombres du néant qui se veulent gouvernance, alors qu'ils ne sont que les pions sur l'échiquier, qui du Cercle, qui du Bilderberg, qui de la City, aux fins d'asservir le Peuple de France aux couronnes consanguines.

Les Jeunes ne sont pas dupes non plus de cette avanie qui se veut juge, droit, existence, qui demain cherchera à amenuiser lesdits droits, et surtout le droit de penser, dans cette "europe" glauque et perfide où règne le Bilderberg en maître absolu, maître dictatorial par essence dont les Peuples doivent connaître les ramifications perfides, qui ruinent les Nations pour mieux encourager la défection de toutes et de tous et leur prosternation à son œuvre inverse de la Voie Humaine, cette Voie conchiée par l'inutilité, le parasitisme, l'errance, aux profits de la luxure de l'usure la plus délirante qui soit.

Il n'y a que les sots où les aveugles qui ne voient pas que les crises économiques successives sont parfaitement maîtrisées, étudiées, mises en scène pour traire les derniers deniers des Peuples, je dis bien des Peuples, et non de cette nomenklatura du vice qui s'arrogent en Espagne cent milliards d'euros, comme cela a été fait en Grèce, pour préserver le maintien d'un système basé sur l'esclavagisme le plus parfait qui soit, car consenti. Voilà pourquoi la médiocrité doit régner, afin de servir ce mouvement de la destruction organisée, afin de faire en sorte que n'existassent ni Peuple, ni Nation, mais des maîtres et des esclaves sans racines.

Et lorsqu'on entend le représentant du PC en France dont le maître vient du GO, dire que l' "histoire" est en marche, nous ne pouvons que nous inquiéter de l'avenir, entre les mains alliées de celles et de ceux qui ont occasionné cent cinquante millions de morts pour la gloire de leur isme adoré, cet isme répugnant qui continu à faire des victimes dans les goulags économiques de l'Asie.

À chacun de prendre soin de la Culture Française, à chacun de conserver ses racines par-devers tout, à chacun de défendre la Liberté de penser, à chacun de lutter légalement et par les urnes pour cette liberté afin que la médiocrité ne soit plus règne. À suivre dans la barbarie qui s'instaure, encensant le crime et culpabilisant la colonne vertébrale de notre Nation, qui ne se taira jamais, afin de préserver la France de la désintégration, n'en déplaise, malgré le fait qu'elle ne soit pas représentée dans cette République défigurée où la dictature de la soumission prend place...

Destruction des racines ?

Il n'y a dans l'azur que des songes qui s'embellissent, et dans la tiédeur d'un jour d'été tout un monde en soubresaut qui s'éternise dans cette étreinte guerrière qui ne rime qu'à la décadence la plus aphone, où le ciel gravite la folie des hommes qui renient la femme en sa splendeur au nom de paroles dont l'interprétation est dissonance de l'écrit, au nom de cette foi qui n'en est plus une au regard du crime, crime envers l'Être Humain, crime envers les groupes tumultueux de la parole, crime envers la chrétienté, voyant ses fidèles massacrés dans leurs églises dans une boucherie inhumaine, mais n'est-ce pas normal dans ce monde qui s'afflige du moindre fait envers les communautarismes que de voir assassiner les Chrétiens en Afrique, au Moyen Orient, comme jamais cela n'a été fait, de voir les églises Chrétiennes détruites, brûlées, le droit d'être Chrétien bafoué.

Car la Chrétienté gène, gène tellement les imposteurs, ces cadavres vivants qui prônent la religion de Thanatos, l'avortement, l'euthanasie, l'affabulation de la démocratie souillée comme jamais, car la Chrétienté gène parce qu'elle porte la lumière et non seulement la lumière mais le sens de la Vie, de son orientation et de son acclimatation, qui ne sont pas déserts mais Amour, cet Amour qui n'existe que dans une seule philosophie, le Bouddhisme, et dont le cantique Chrétien est une magistrale démonstration pour les générations, ce cantique qui a forgé les Nations de notre Europe qui n'est pas celle des renégats, des impuissants et des inféodés à la mort, mais bien celle de la Chrétienté dans sa puissance.

Les nouvelles se précipitent avec pour leit motif la fureur des carnassiers, de celles et de ceux qui veulent mettre en coupe réglée ce petit monde, chacune de ses individualités, de ses identités, de ses Nations, pour les confondre dans le néant, ce néant qui verrait des maîtres choisis dans l'atavisme le plus obvié, régnant sur un salmigondis d'esclaves métissés à souhait, acculturés, bêtes de somme du capital, bêtes de somme de l'industrie de la cannibalisation autorisée, celle des gènes, celle des âmes et des esprits, industrie du pillage, de la délétère fortune des armes, voyant s'accoupler la bestialité au mensonge comme à l'hypocrisie la plus féroce.

Ainsi ce monde sans appel voyant l'Occident rongé jusqu'à la moelle par la pourriture de l'errance, cet abcès de l'incompétence alliée à la médiocrité s'élançant vers les campagnes de la stérilité. Ici le rôle de l'acupuncteur devient une nécessité pour dévier les énergies avariées, ces lagunes de l'atrophie qui veille ses lambeaux de fortune, ses écrins de pacotille où danse la lueur de la démence, de l'addiction la plus tribale, à cet or qui se consume, cet or lapidaire crucifiant toute volonté pour rendre larvaire l'écume et le flot humain, une boue dans laquelle pataugent de pseudos initiés, soldatesque grotesque de toutes les hérésies, soldatesque ridicule qui se cache derrière des temples anonymes n'ayant pour voie non pas la voie mais bien l'inverse de la voie, Déicide, mirage d'un collectivisme de fourmis dévouées qui n'ont d'autres buts que la destruction de tout ce qui est au profit de la nécrose, de cette ribambelle qui s'agite, de ces cuistres outranciers dont l'intelligence est sablière, volatile, en fonction de leurs appariements de bêtes.

Car n'attendez ici le vent cinglant de la hardiesse, de la beauté, de la sagesse, mais bien celui de la couardise, de l'évanescence, de la faiblesse. Et dans ces auges à purin se révèle la monstruosité, élytre de tout ce qui est la destruction, des autres bien entendu, et non de ces semis de larves qui se congratulent, s'espèrent, se nobélisent, des autres donc, dont l'ignorance est confondante, la manipulation de leur esprit relevant de l'autorité pavlovienne, car ces autres sont à l'image des chiens de Pavlov, gesticulant ou restant coi lorsqu'on leur demande, acceptant tout pourvu que leur plaisir ne soit étreint par les barrières drastiques de lois monastiques.

L'errance comme sa portée est là, dans la divination de la fécalité, de ces croyances rabâchées par les voies du soporifique divin, le média, ce relais couronné de l'abjection, du mensonge organisé, rupestre peinture de la débilité accentuée par ses ordonnances, pute arraisonnée par les maquereaux de l'intolérance totale, les commissaires politiques de la diarrhée lubrique, cette pensée unique qui tient la médiocrité debout. Et quelle médiocrité !

Qui pavane dans le mensonge, son héritage, comme une grue sur un trottoir, la chemise au vent, informe, bigarrée, métissée à souhait, s'imaginant le centre du monde, alors qu'elle n'en est même pas la périphérie, grotesque bubon dithyrambe de sa propre incongruité, qui se révèle en tous états de la sphère humaine, politique, médiatique, artistique, philosophique, scientifique.

Ainsi va ce monde, traînant ce boulet dérisoire de l'involution, abstraction qui ne durera qu'un temps, que l'on se rassure, les racines humaines étant indestructibles, et si entachées par le paraître redevenant inéluctablement Être, contrairement à tout ce que peut affirmer la bêtise coagulée par les limbes de l'atrophie qui voudraient pourrir ce monde, toutes ces modélisations qui les reflètent et qui ne sont là que pour rendre esclave l'Humain désorienté: marxisme, darwinisme, freudisme, einsteinisme, friedmanisme, mamelles systémiques de l'involution par excellence qui engraissent l'ignorance et ses royaumes.

Ainsi ce monde, livré à la barbarie, la barbarie étant le propre des médiocres, incapables de construire, se complaisant dans l'abjection et voulant que l'abjection soit le nid de tout un chacun, éduquant de-ci de-là le troupeau des ignorants, les cataloguant, les fichant, les asservissant, afin qu'ils ne troublent l'ordre "public" de la déviance organisée, que dis-je sacralisée, car il faut un sacre au néant, le sacre du vide qui roucoule, larmoie, viole et pille, le sacre de cette espèce conditionnée qui s'accroît pouvoir, même si le pouvoir n'en veut pas, tant il est fétidité de l'excellence, pâle copiage de ce qui ne se copie pas, standardisation de légumes insensibles, de ces légumes qui applaudissent aux chants de guerre, guerre qu'il ne faut pas craindre mais éviter, guerre qui attire tous les tueurs nés de ces civilisations de l'involution, se précipitant dans le massacre au prétexte d'un humanisme qui n'existe pas, les crimes de guerres étant eux-mêmes organisés par la piétaille des valets de la putridité, torturant, violant, égorgeant, découpant en morceaux les cadavres sanglants de celles et de ceux qui osent se rebeller à la soumission des médiocres, tel qu'on le voit actuellement en Syrie.

Il n'y a que les aveugles pour ne pas voir cette offensive du néant, manipulant à souhait des masses qui s'imaginent défendre la Liberté, mais la Liberté ce n'est pas cela, de se confondre dans l'esclavage le plus ahurissant qui soit, jusqu'à être ligoté par des archaïsmes qui n'ont pas lieu d'être dans nos civilisations ! Ainsi verrons-nous l'affrontement entre une coalition à la botte de l'atrophie et la Syrie, tête de pont vers l'Iran ? Et pourquoi tant d'acharnement ? Après l'Irak, l'Afghanistan, berceaux de civilisations, l'Iran aux racines indo européennes. Ne serait-ce par-là plutôt le désir d'anéantir tout des Peuples Indo Européens ? Un génocide envers la Culture d'origine de ce monde supplanté par la barbarie la plus grotesque ? Cet acharnement ne le retrouvons-nous pas dans nos propres Nations où la défense de nos cultures, de nos Identités, de nos racines Chrétiennes, est un crime pour la noblesse empruntée de la barbarie qui s'en veut règne ?

Réfléchissez et vous verrez qu'ici se tiennent le lieu et le temps de toute l'involution que nous connaissons actuellement. Face à ce déni d'exister, cet ostracisme, cette perversion, cette atrophie, il convient bien au contraire d'exister et poursuivre la lutte impitoyable dans la légalité des lois humaines contre cette barbarie qui n'a que deux siècles, ne l'oublions pas, et ne représente rien face aux millénaires de notre Civilisation, et encore moins au regard de la parole sacrée, le Sanskrit qui dit notre monde depuis plus de cinq cent mille ans ! Gardez donc espoir face à cette fatuité, cette futilité, cet épiphénomène qui disparaîtra dans le néant d'où il est venu, pour ne plus jamais en revenir, face à la conscience Humaine régénérée dans le réel et non sa virtualité.

Conscience Humaine

N'avons-nous pas tout entendu dans ce cycle de contre involution ? On vient nous parler de conscience Humaine, mais de quelle conscience parle-t-on ? De celle qui ne reconnaît pas aux Nations le droit d'être Souveraines ? De celle qui en toute connaissance de cause facilite l'ingérence continue de nations étrangères dans ce que l'on ne peut absolument pas considérer comme un conflit et encore moins une guerre civile, mais une tentative d'annexion d'un État par un surnuméraire qui n'a d'autres ambitions que d'instaurer la dictature de la médiocrité dans ce Pays afin d'en prendre les rênes de la production, et au-delà de la production de s'en servir comme base avancée pour une offensive contre l'Iran ? De celle qui sait parfaitement l'illégitimité des troupes en action qui égorgent, pillent et tuent, en violation du droit Humain, comme elles l'ont faite en Libye, actuellement en Syrie ? De quelle conscience parlons-nous là ?

De la conscience Humaine, en aucun cas, de la conscience inhumaine qui voue les Peuples à l'étoile d'un nouvel ordre mondial illicite, usurpé, dictatorial dans ses principes, immoral dans sa morale, duplicité de tous les féaux de cette terre tenue par ses obédiences en dehors du réel, diarrhée de l'infortune qui depuis maintenant plus de deux cents ans détruit toutes les valeurs au profit de sa recherche de pouvoir, le pouvoir de la médiocrité, de la servilité, de la duplicité, de la cruauté, qui compte déjà plus de cent cinquante millions de morts sur sa conscience avec l'usage des ismes qu'il en a fait, toute cette dépravation de l'Humanisme, qui s'appelle trotskisme, communisme, socialisme, national-socialisme, idéologies par essence de la destruction de tout ce qui est Humain au profit de l'idole par excellence, le veau d'or et sa justification !

Le veau d'or conscience de l'Humanité, une Humanité qu'il vilipende, une Humanité qu'il défigure, une Humanité qu'il vomit et dont il se sert comme esclave pour faire passer des jours heureux à sa nomenclature abominable, qui se croit dans l'impunité, au-dessus des lois Humaines, droit de cuissage, droit de viol, droit de détruire des Nations, droit de guerre, droit de tout ce qui n'est pas Humain, jusqu'à la lie suprême entonnée par le satanisme et ses décompositions sordides, le cannibalisme et le meurtre rituel.

De quelle conscience parlons-nous ? Issue des loges enténébrées par l'illuminisme qui ne croit qu'à une seule solution, celle de la destruction de toutes les valeurs du passé pour instaurer son ordre d'illuminés ayant droit de vie et de mort sur des milliards d'esclaves consentants, que l'on cherche à faire mourir sous toutes conditions, et quand ce n'est pas avec le H1N1, produit de la pharmacopée, avec la famine tout simplement en truquant les marchés des matières premières tel qu'on le voit actuellement !

De quelle conscience Humaine parlons-nous ? Il ne s'agit pas ici de conscience mais d'illuminisme pur et dur, cet illuminisme du mensonge qui s'accroît dans ses tribales ascensions, dans ses vespérales logorrhées, dans ses simulacres pavloviens où viennent roucouler toutes les pestilences de l'Humanité, philosophes de pacotille la chemise au vent appelant leur mère sous les balles des snipers de Sarajevo, toute cette lubrique insanité qui dévore la culture, viole les Peuples sans leur assentiment, toute cette luxure de la dépravation qui ment comme elle respire pour instaurer les carcans, que dis-je, les chaînes de son immonde atrophie, ne voyant plus qu'un être virtuel là où se dressent encore des Êtres Humains qui savent reconnaître la Conscience Humaine, qui savent avertir lorsqu'on l'utilise à contre-courant, dans cette léproserie de l'indigence la plus terne, celle de la féodalité au surnuméraire.

Ce surnuméraire apatride et errant qui s'imagine déjà présider ce Monde, mais dont ce monde renversera les idoles, ces chiens couchants de l'inutilité qui aboient par toutes places publiques, répétant inlassablement leurs litanies de la bêtise, dans la corruption la plus immonde qui soit, celle de l'intelligence. Car de l'intelligence il y en a à revendre dans cette écurie d'Augias, mais si bien entretenue dans la perversité des valeurs qui ne sont en aucun cas celles de la République, que déjà la souplesse s'y laisse transparaître, cette souplesse de l'échine devant le surnuméraire qui peut lui apporter la mondanité et ses vanités, toutes frivolités auxquels ne savent résister les bestiaires en place, ces moniteurs de la conscience qui ne sont que pure inconscience, astreints sont-ils à leur appartenance.

Non, la conscience Humaine n'appartient pas à ces leurres qui s'époumonent et il suffit de regarder tous les reportages sur la Syrie depuis l'origine et principalement sur la toile, de ce bestiaire pour voir l'action menée qui par des pays étrangers, qui par des forces noires qui entretiennent ces commandos de la mort qui savent si bien utiliser la terreur, formés sont-ils par les services spéciaux, et qui pour terroriser les populations n'hésitent pas à commettre les crimes les plus atroces, - fort heureusement l'information ne provient pas des instruments de désinformation que sont devenus ces télévisions et ces radios aux ordres, dont les chiens couchés ne sont que haine pour celles et ceux qui réfléchissent et ouvrent les yeux sur le réel.

Le combat du régime Syrien est donc tout à fait légitime, et ce ne seront ces marionnettes agitées par un Occident aux ordres du surnuméraire qui y pourra quelque chose pour effacer la réalité. Fort heureusement que ce monde, enfin, devient multipolaire et que s'opposent drastiquement deux Nations à l'escalade de ce qui n'est non pas une guerre civile mais une guerre tendant à éradiquer le terrorisme étranger de sa terre que mène la Syrie. Le bourrage de crâne utilisé par tous les suppôts du surnuméraire est totalement affligeant, mais de là à utiliser la terminologie conscience Humaine, cela devient outrageant, outrageant pour l'Humanité elle-même qui ne peut cautionner cette dérive, qui mènera comme tout un chacun sait à la guerre mondiale, la Syrie tête de pont vers l'Iran ne laissant pas d'autres alternatives que de s'opposer à la volonté du surnuméraire par les armes multipolaires qui ne laisseront en aucun cas se laisser profaner l'Iran au profit du veau d'or et ses sinistres représentants.

C'est ainsi que le combat Syrien pour retrouver son intégrité en tant que Peuple et Nation est des plus importants sur l'échiquier planétaire, car aujourd'hui c'est le seul Peuple à prouver que le droit des Peuples à se diriger eux-mêmes n'est pas une phrase vaine. On comprendra mieux maintenant pourquoi il faut manipuler l'opinion d'une manière encore plus insidieuse par les prétendants à la destruction de ce Pays, par les prétendants à cette guerre mondiale, prédite par Pike et Mazzini, deux beaux représentants de l'illuminisme, dont les faiseurs de contes sont les descendants, aux fins que cette guerre ait lieu, afin d'assurer la pérennité de la dictature qui embrasse désormais l'Occident comme jamais cela n'a été auparavant, une dictature molle certes, mais une dictature réelle dans les faits, dans les actes, notamment dans cette « europe » de larves défendant le veau d'or aux mains de la City via ses sociétés de pensée qui n'en sont plus, tellement percluses par le ressort de l'insondable vanité de ses clercs à s'accroire la divinité de ce monde qu'ils voudraient régir du haut de leur médiocrité comportementale.

Qu'il suffise donc de ces mots qui sont sans consonances dans le discours des Nations, sinon que signant là la propagande la plus hideuse, l'usurpation du Verbe par le surnuméraire sur le Droit Humain, sur le droit de l'Humanité à vivre sans être féale des sectes et de leurs mentors. Assez de cette propagande dictée par les commissaires politiques de cette dictature de l'illuminisme ! Le Verbe ne leur appartient pas, et ce qu'ils devraient apprendre avant tout, c'est le respect inconditionnel de l'Être Humain comme de l'Humanité, en ses représentations, ses Nations, avant que de se vouloir morale, car cette morale venant de l'immoralité que suent les temples adorateurs de la mort, de l'avortement, de l'euthanasie, ne convient pas dans le contexte évoqué et ne peut que prêter à la répugnance devant tant d'incongruité tant dans les mots que dans les phrases prononcées. Mais qu'attendre d'autres de celles et de ceux qui sont inféodés à la barbarie, qui se croit au-dessus des Lois Humaines ?

Des origines

Il suffit de relire le Mahabarata pour comprendre nos origines. L'anthropologie aujourd'hui se contente de dire l'Humanité comme ayant évolué depuis trente-cinq mille ans en se référant à des crânes de singes, alors que l'Histoire remonte à plus de cinq cent mille ans en mettant en scène des Êtres Humains debout et non des larves couchées, esclaves consentants à leur esclavage.

Toute la différence motrice est là, être conscient ou ne pas l'être de la réalité Humaine qui dépasse l'entendement de l'atrophie, l'Être Humain en la symbiose de ses éléments étant constitutif de l'Histoire, des civilisations dont l'origine initiée est celle de la vertu et non de l'enrichissement, de la victoire et non de la parodie de la gloire, essence en sa tripartition qui relève non de la destruction mais bien de la construction la plus riche qui soit, permettant tant à l'individu qu'au généré de se surpasser pour atteindre non l'immolation comme on le voit actuellement, mais par transcendance, l'immanence, qui ne le réduit pas à la poussière mais à la Lumière qui construit, œuvre et toujours se relève du défi infect que lui propose la dégénérescence dans ses bucoliques lamentations.

La Race de l'Esprit n'est pas vaincue, loin de là, elle perpétue et se perpétue par les âges afin d'œuvrer pour l'élévation de l'Humanité, garantie majeure de sa survie dans ce cloaque dantesque que nous vivons actuellement, et ce ne sera pas le « nouvel ordre mondial », épiphénomène par excellence de la logorrhée de la Voie inverse, qui y contreviendra.

Tel est le destin de l'Humain que de se confronter aux réalités pour être libre et découvrir au-delà de l'aperception des contingences que l'Être est un Être parmi les autres, les contenant et contenu en eux, et que la Vie qu'il porte n'est qu'une parcelle de l'infini de la Vie qui est constituée, se constitue, comme dessein de la nécessité et non du chaos inventé de toutes pièces pour ne laisser percevoir que la bêtise enchantée par la médiocrité, incapable qu'elle est de voir plus loin que l'atrophie qu'elle compose et où se joignent tous les indigents individués.

Cette indigence est le tombeau du vivant, car elle retrouve en elle toute la pandémie liée à l'acculturation la plus profonde, née d'une autre Race, la Race de la médiocrité qui veut toujours être au pouvoir, car insupportant ce qui se dresse devant elle, l'harmonie. Une harmonie qu'elle ne peut ouvrager, enterrée qu'elle est par la négation de ce qui n'est pas elle, qu'elle protège par tous les relents nauséeux que l'Histoire nous fait contempler, jusqu'à ce qui se passe actuellement en Syrie, témoignage d'une barbarie incommensurable qu'il faut peser à l'aune de cette déviance qui est osmose et en aucun cas symbiose.

La réalité est comme la lumière, elle éblouit, et ne peut être perçue par l'hilarante conjonction des métastases qui veulent ployer l'Humanité dans la boue, afin de n'en pas voir les éclairs d'intelligence, ces racines éternelles qui fleurissent sur toutes terres, racines qui sont les éléments essentiels à une construction naturelle du Vivant dans ce lieu et par les temps qui ce jour se replient sur eux-mêmes dans une contraction temporelle, afin que la médiocrité sans équivoque s'avance et se propage, pour mieux demain être terrassée.

Mais cela est un autre débat, en attendant la Vie est partout, en tous lieux, par toutes galaxies, et il n'y a lieu ici d'accroire qu'elle revêt une intelligence inférieure ou supérieure, car l'intelligence est commune mesure de la Vie, dont s'efforce à détruire son rayonnement toute la boue glauque des immondices qui n'y est pas parvenue et n'y parviendra jamais, incapable de progresser vers l'étape du domaine souverain qui est celui de la Nature Spirituelle.

Mais ne croyons un seul instant que cette médiocrité soit propre à notre domaine terrestre, elle existe, comme je le disais plus haut, tel un défi pour les tenants et aboutissants de la Vie en leurs formes comme en leur construction, qui doivent dépasser son carcan de nature matérielle afin non seulement de la terrasser, mais, partage d'expérience, œuvrer en quelque lieu que ce soit afin d'ouvrir les yeux de toute forme vivante sur la nécessité qu'elle a de s'ouvrir à la symbiose de ses éléments, le corps, l'esprit, l'âme, afin d'éliminer totalement la source même de la médiocrité qui est l'ignorance.

Voici le chemin, et ce chemin est universel. Intéressez-vous plus particulièrement au livre précité, et rentrez plus profondément dans le discours de l'Inde antique qui nous a délivré la première langue écrite Humaine, le Sanskrit, revenez à vos racines premières qui ne sont pas nées dans les espaces bibliques, mais bien dans le creuset et la forge de ce que furent les plus vastes civilisations connues, traversées et conquises par les peuples que l'on nommera dans l'Histoire, les Peuples Indo Européens, intéressez-vous aux fouilles ayant lieu dans les ex-républiques soviétiques, à la découverte de ruines cyclopéennes dans la mer du Japon, pour voir qu'aujourd'hui même, nous retrouvons, les continents n'étant absolument pas fixes, la fierté de nos racines ancestrales, masquées par l'apologie biblique qui voudrait l'Être né il y a six mille ans, intéressez-vous à des auteurs comme Burnouf et tutti quanti, surtout aux essais scientifiques et philosophiques d'avant la deuxième guerre mondiale, la liberté de penser ayant été éradiquée en France depuis la fin de cette deuxième guerre. Cherchez et vous trouverez.

Regards.

Les événements se succèdent dans une temporalité totalement dépourvue de vie, car ici on tue, on tue les jeunes Syriens en les égorgeant parce qu'ils ne veulent pas suivre les djihadistes, on tue les jeunes palestiniens à grand renfort de bombes au phosphore parce qu'ils désirent tout simplement un territoire pour vivre libre, on tue les jeunes israéliens dans un esprit de vengeance acclimaté, on tue au Mali, on tue partout, quand ce ne sont pas les États-majors de gouvernements entiers comme on l'a vu pour la Pologne.

Victoire de la mort sur la Vie ? Non, il y a encore des milliards d'Êtres Humains qui aspirent à la Paix, et cette frange inamovible qui voue sa vie à la destruction, une frange contre sept milliards d'Êtres Humains, qu'est-ce que cela vaut ? Rien.
Les événements sont donc là, comme si on prenait les Êtres Humains pour des imbéciles, ou des idiots congénitaux, car que voyons-nous s'accélérer, le processus de la guerre militaire en Syrie tout simplement, Gaza n'étant rien par rapport à ce que voudraient bien mettre en œuvre certains bons samaritains qui lorgnent par-delà la Syrie, l'Iran.

Singulier monde que celui-ci où les agissements ténébreux sont aux commandes, où la destruction de la famille se veut Loi dans notre Nation, laissant la porte ouverte à toute la démesure et toutes les perversions de la nature lorsqu'on ose accorder en dehors du couple naturel l'adoption d'enfants dont on a vu aux États Unis un couple de Lesbiennes demander la castration de leur «enfant» mâle à onze ans pour remplacer ses organes génitaux masculins par des organes génitaux féminins.

Tout peut arriver dans ce monde et la cruauté comme la débilité sont les charniers de l'innocence, une innocence bafouée, broyée par la pourriture qui se veut genre, la dénature qui se veut intellectualité, la bassesse qui se veut spiritualité, et les monades de cette pourriture au pouvoir s'agitent en tous sens, pour détruire tout ce qui fut, la loyauté, l'honneur, la grandeur, l'aristocratie, la beauté de la famille, la splendeur de la Nation et la désinence de l'Identité.

Si nous faisons le tour des sujets touchant à l'Humain, on ne s'arrêterait pas, car les tueurs nés de l'Humanité sont partout pour ne pas faire varier une seconde leur symbolique d'apparat. Si nous parlons de soins, les États-Unis viennent de s'apercevoir avec stupeur (feinte bien entendu) que la chimiothérapie sur les patients atteints d'un cancer est désastreuse et ne résout en rien les problèmes. Dès 1905, les Médecins avec un M majuscule ont mis au point un traitement à base vitamine B17 et de vitamine C, les cellules cancéreuses n'étant en aucun cas externes à l'Humain mais bien en l'Humain, et nécessaire dans son âge primitif pour son évolution, puis mises en sommeil. Et tant de choses que la pseudoscience de la mort veut oublier au regard des maladies orphelines, des maladies de la peau, et j'en passe et des meilleurs. Il faut bien engraisser les laboratoires pharmaceutiques, il faut bien engraisser les fabricants de machines à rayon, et surtout il faut bien vite faire en sorte que les malades crèvent le plus rapidement possible pour nourrir toute cette hérésie.

On le voit la mort est partout, et le civil tue autant que le militaire, sinon plus, il n'y a qu'à se rappeler des scandales liés à l'amiante, des scandales liés aux transfusions sanguines, des scandales qui naissent liés à l'exploitation du gaz de schiste, etc, etc... La cour est pleine et les tribunaux relaxent à tout-va toute la pourriture qui les corrompt.

La civilisation de la mort doit dominer, et elle domine, accaparant tout, jusqu'aux modalités du travail où l'on voit des cadres se suicider devant l'assaut de la médiocrité, car on ne vous parle jamais de la médiocrité, elle existe et bien souvent dans ces relégués au deuxième ou troisième rang qui, petits chefs, en guise de divertissement font apparaître leur sadisme bestial sur autrui, un sadisme, couvert par une hiérarchie débile dont la bêtise ouvragée fait tant de ravages dans les industries quelles qu'elles soient.

Cette panoplie se retrouve régnante, que ce soit dans l'État, dans la fonction publique comme dans le privé, et toute cette boue dissout petit à petit toutes les vitalités comme toutes les alacrités. Car ne pensez émettre une Idée dans ce consortium qui s'autoprotège, se légifère, se masturbe le cerveau en commun, si vous n'en faites pas partie, vous resterez sur le chemin.

Cet État dans l'État au sein de toutes nos institutions, de toutes nos industries n'a que suffit, ces caciques ont fait leur temps, et il faut les dénoncer partout où ils sont, les dénoncer noir sur blanc sur le tableau de l'intelligence en fonction de leur duplicité, les écarter de tous les pouvoirs quels qu'ils soient, car ce sont des freins à l'imagination, des freins à toute réalisation.

Regardez actuellement tous ces «économistes» de pacotille qui dénoncent le coût du travail ! Des minables qui ne savent pas de quoi est constituée une entreprise, des morbides qui ne savent pas que simplement l'entreprise est égale au capital plus les investissements plus le travail, oubliant globalement les deux autres parties pour faire macérer leur disette intellectuelle. Et ces ignares de prospérer sur leur lubie de médisance sans mettre en équation les charges patronales, les charges salariales, l'investissement et surtout cette virtualité que l'on nomme la rémunération du capital.

Un capital sans travail c'est un jour sans lumière, et donc il convient de s'y intéresser de très près pour s'apercevoir sans stupéfaction que pour complaire au capital les salaires se sont réduits de plus en plus depuis les années 1980, nets d'inflation, tandis que la rémunération du capital a augmenté à une vitesse vertigineuse, et ne parlons pas des investissements délaissés au profit du parasitisme et de ses associés.

On a envie de dire, un ton plus bas Messieurs les non-être, esclavagistes payés pour dire des aberrations que tout un chacun appréciera. Quant aux charges n'en parlons pas, qui sont là pour nourrir toute la misère du monde, pour soigner toute la misère du monde, qui sont là comme une hémorragie sans fin qui vide la Nation pour le monde et non les travailleuses et les travailleurs, et non les petits patrons de France, et non les enfants de France, dont on voit certains coucher dans leur voiture à Vincennes pour travailler dans la journée et rejoindre leur voiture qui leur sert de garde lit faute de pouvoir se loger, tandis qu'un Ministre loge des sans-papiers dans des hôtels à 150 euros la chambre !

Ce scandale n'est rien au regard de la gabegie totale faites sur le dos des travailleuses et des travailleurs Français, il n'y a qu'à voir l'AME, le beau projet que l'on ne peut plus se permettre de payer, les retraites accordées à des étrangers sans papiers lorsqu'ils ont plus de soixante-cinq ans, les rentes données à l'ensemble des Peuples de la Terre lorsqu'ils sont sidaïque ou autre, et si on ne me croit pas que tout un chacun visite nos hôpitaux, où je dois me rendre régulièrement, voyant une infirmière interroger un petit garçon de sept à huit ans pour traduire ses demandes auprès de ses parents très bien habillés, avec montre cartier, n'est-ce pas, ou bien chez mon médecin qui me racontait qu'il avait été agressé de multiples fois par des sans-papiers qui ne présentaient aucune maladie afin d'obtenir des rentes de la sécurité sociale.

Ce monde est à l'envers, ce monde des ismes est le pourrissement total de la terre, et ce ne sont pas les ismes qui sortiront les Êtres Humains de la fange dans laquelle ils baignent, des écouteurs greffés dans les oreilles, pour écouter les chants de la bestialité, les yeux rivés sur un écran de télévision ne donnant pour seul programme que ceux de l'histoire réécrite, de la science falsifiée, de la philosophie de comptoirs, de la politique de l'ignorance accouplée au mensonge, des émissions débiles que les enfants ne regardent même pas tant elles sont ridicules.

Et pour cet écran qui sue la merde on augmente les taxes pour mieux nourrir la lèpre intellectuelle qui en vit grassement, en étalage d'une surdité dévote accouplée aux pouvoirs quels qu'ils soient, de la pensée unique, cette pensée de l'étron avarié, qui glousse du matin au soir en accentuant ses résonances avec une martyrophobie qui n'intéresse plus personne devant la réalité brute de l'assassinat de Peuples entiers.

Ce monde est ainsi fait et les jeunes générations qui ne s'en laissent pas conter par son ignominie sauront remettre de l'ordre dans cette masure infectée par la lèpre. Je n'en doute pas un seul instant, le plus légitimement du monde, par la voie des urnes tant qu'ils ne seront pas condamnés à mourir de faim comme en Grèce ou bien au suicide comme en Italie. Il est bien évident qu'en ces dernières extrémités, les Peuples utiliseront des moyens plus rigoureux pour se sortir de cette impasse de laquelle l'Islande s'en est sorti en envoyant derrière les barreaux toute la fumisterie des parasites de ce monde et en renvoyant à ses chères études un gouvernement pitoyable de vendus et de traîtres à leur Nation.

À ces enfants de demain je souhaite une autre action bien plus efficace, la reprise en main de tous les pouvoirs dans chaque société qu'elle fut discrète ou ouverte, dans chaque institution, dans chaque entreprise, partout où l'amorce du pouvoir se fait entendre, qu'elle soit Nationale ou Internationale, afin d'en déloger toute la médiocrité, la duplicité, la félonie, l'abrutissement, le gargarisme du néant, afin d'en nettoyer la fange qui s'y accroche comme l'avare à sa cassette. Et par les pouvoirs reconquis, défaire à jamais l'emprise de l'illuminisme en rétablissant les Lois Humaines qui ne sont pas les Lois de l'usure et de ses dévots.

La Franc-maçonnerie actuelle

Il serait temps que cette illustre institution fasse le ménage dans ses loges, revienne à l'essentiel, et cesse ses intrusions malsaines dans tous les domaines de la société. Car en vérité à quoi sert donc la Franc-maçonnerie sinon qu'à éveiller des profanes à ce que tout un chacun peut nommer la gnose qui n'est autre que le savoir de l'immortalité de l'Être Humain au-delà de ses apparences, au même titre que l'Église de Pierre qui dans le chœur de sa liturgie remarquable et jamais dépassée enseigne l'immortalité aux fidèles dans le cadre de l'éblouissante clarté de la divinité, le Christ, fils de Dieu, fils de Marie incarnée divine comme il en est de chaque Femme.

La Franc-maçonnerie, église de Jean, contre-pouvoir naturel à l'église de Pierre, trouve ici son lieu, sa discipline, son autorité, sa réalité, le reste n'est que dissertation sur le sexe des anges. Insinuée depuis 1776, la Franc-maçonnerie Française, en son obédience le Grand Orient, par les illuminés de Weishaupt, n'a cessé de se déjuger en s'imaginant censeur de la vie politique, philosophique, physique peut-on dire de notre vie Nationale.

Fourrier de tous les ismes, athée, cette obédience n'aura de cesse depuis son existence que de briser les hôtels, détruire le pouvoir, réécrire l'histoire, fustiger le vivant pour enseigner la mort, en adoration de cette dernière dans le cadre de l'avortement systématique, de l'euthanasie fallacieuse. Et que dire de son intrusion politique ! On voit ici son influence destructrice, de la Nation d'abord après avoir fait décapiter notre Roi Louis XVI, qui rappelons-le aux ignorants, avait accepté les réformes demandées par les États Généraux, puis sa lutte acharnée contre l'Empire Napoléonien, allant jusqu'à la trahison, la félonie, voyant des généraux d'empire trahir au nom des idéaux de Weishaupt.

Et que dire de la République, investie par cette oligarchie de la terreur, une République de nains initiant le dévoiement et l'accaparement des richesses, modulée toutefois par Napoléon III, leur petit frère, qui saura développer l'industrie et le commerce de la France, tête couronnée abâtardie toutefois par son appartenance. Ensuite, luxure dont nous voyons le couronnement ce jour, la mise en œuvre d'une école publique ce jour servant l'illettrisme, la fonction publique encordée dans la bubonique errance en ses liens, la magistrature comme la police en son joug paralysée, l'exécutif entièrement entre ses mains vendant la France à un fédéralisme dictatorial, où pavoise un Parlement Religieux qui n'a pas lieu d'exister. Rappelons que trône dans le Parlement européen, un parlement de la judaïté, en ces locaux que nos impôts paient.

Et pourrions-nous parler des notables s'engraissant de cordonite en son sein, des entreprises tissées parfois dans la médiocrité pour ses atours, sans ignorer les ministères tout dévoués à sa cause, le tout couronné ce jour par le siècle, lui-même par le Bilderberg. Voici la toile araigne en action, inféodant les institutions nationales comme internationales, vouant des centaines de Nations à une servilité ubuesque, notamment en Afrique, pour couronner quoi ? L'usure, ce chiendent de la terre, cette pustule cancérigène dont nous voyons ce jour les kapos prendre les commandes des Nations, mafia terroriste par excellence œuvrant dans le noir absolu pour faire miroiter sa condition mortelle par toutes faces.

Ainsi les esclaves devenus de cette institution qui doit se nettoyer de ses scories pour revenir à ses sources. Ce nettoyage passe par l'élimination systématique de ses rangs de toute personne ayant une affiliation avec tout d'abord l'État, du plus haut niveau à la base de cette pyramide où tout un chacun frétille pour obtenir un os à ronger, où tout un chacun doit comprendre qu'il ne peut servir deux maîtres à la fois, l'État et la maçonnerie !

Ensuite il convient d'éliminer systématiquement tous ceux qui sont représentation politique de quelque parti que ce soit, notamment à l'Assemblée Nationale et au Sénat, au surplus bien entendu tous ceux qui sont représentants de l'ordre, de l'Armée, de la Police, et de la justice, et dans les secteurs économiques tous ceux qui détiennent les postes clés des entreprises. Ne parlons pas de l'éducation dite nationale où le ménage ici est d'une nécessité absolue.

Libérée de cette infestation, la Franc-maçonnerie retrouvera alors ses lettres de noblesse. Et si cela ne se fait pas par la maçonnerie elle-même, cela se fera d'une autre manière, par l'insinuation totale de cette institution par celles, car il existe aussi une Franc-maçonnerie féminine, et par ceux de bonne volonté qui y prendront le pouvoir. Je ne le rappellerai jamais assez, le pouvoir n'appartient à personne, et partout où il est, il peut être pris démocratiquement, et ainsi réduire la portée de sa dégénérescence.

La Franc-maçonnerie n'est pas la citadelle qu'elle prétend être, à preuve la prise de pouvoir en son sein par les illuminés, ainsi sa prise peut-elle être réalisée. À défaut il convient d'inviter tout Franc maçon, digne de ce nom, de créer des contre obédiences permettant d'éliminer systématiquement cette tartufferie qu'est devenue cette institution. Tartufferie en ce sens qu'elle ne se gouverne pas mais est gouvernée par l'usure, l'aréopage de tout ce qui est nuisible et protéiforme sur cette petite terre.

Ce combat de libération de la Franc-Maçonnerie, désengorgera l'État de ses usurpateurs, pour lesquels les citoyennes et les citoyens n'accorderont aucun vote, ce qui permettra d'éclairer enfin le vrai pouvoir qui est celui du Peuple, pour le Peuple et par le Peuple. La Franc-maçonnerie retrouvera ici sa mission, dévoiler l'immortalité de la Vie, la grandeur du vivant en sa multiplicité, l'unité de l'Être dans sa reconnaissance androgyne, dans sa puissance créatrice, lui permettant ainsi d'atteindre son pouvoir de transcendance.

On voit ici qu'elle ne remplit plus son rôle dans la bouffonnerie qu'elle institue, s'inventant en dehors de la rectitude des trois grades, la folie d'ambitions marquées par la vanité. Non seulement la vanité mais bien plus, le viol d'un symbolisme s'étiolant au fur et à mesure de la progression de l'impétrant le retrouvant en les sommets reniant toute religion, tout pouvoir, toute humanité pour ne plus laisser place qu'à l'atrophie de l'existence, cette atrophie n'ayant plus qu'un seul exercice, celui de la destruction de toutes les valeurs, qu'elles soient morales, intellectuelles ou spirituelles, pour mettre en place le chaos sur lequel se construit l'esclavagisme dont nous vivons si bien les prémisses.

Regardez sa soldatesque à l'œuvre, déjà elle prépare l'opinion à l'euthanasie, le culte des tueurs nés exhibant leurs apologues dont un certain considère qu'elle doit être un objet de gouvernance, car ici on ne parle de gouvernement, réservé à l'élite de l'usure, mais bien de gouvernance. Le tout au bon plaisir du nouveau désordre mondial où ne règnent plus que des trusts réduisant l'humain au non-humain, esclave consentant qui acceptera l'autorité de la médiocrité comme levain de son euthanasie programmée par manque de productivité grâce à la puce greffée dans son corps, et l'avortement systémique bien entendu, le potentiel travail devant toujours s'équilibrer en fonction de l'offre et de la demande.

Il est bien évident que les pauvres impétrants à la base de leur cooptation dans ce bourbier qu'est devenue la Franc-maçonnerie n'imaginent pas un seul instant, que dévoués corps et âme à cette institution dans son état actuel, ils participent directement ou indirectement à ce sabordage des civilisations, au nom d'un humanisme qui se révèle ce jour la non-humanité. Le temps est venu de nettoyer cette écurie d'Augias, et pour les Francs-maçons dignes de ce nom, et pour le public averti qui renverront à leurs chères études de dictature tous les renégats en lices dans ces obédiences, plus particulièrement ce grand Orient qui domine aujourd'hui l'État, la magistrature, l'armée et la police.

Il suffit de cette arrogance qui légitime la barbarie telle qu'on la voit à l'œuvre en Syrie, qui dissout la famille, institue le genre, autorise l'adoption des enfants par des couples homosexuels dans le plus grand mépris de l'équilibre de l'Enfant, viole systématiquement les droits des endogènes au profit des exogènes, ridiculise la Nation en la vendant à un fédéralisme douteux, compagnonnage des petits frères en loges, émules de Weishaupt se comportant comme des Empereurs Romains qu'ils ne seront jamais, car pour être Empereur, il ne faut pas se cacher mais bien œuvrer à visage découvert, non pour les besoins d'une secte, mais pour le bien des Peuples que l'on a sous son autorité, ce qui exclue ici tous les médiocres qui s'agitent dans ce creuset interlope, où, remarquons le, quelques personnes travaillent, la majorité se contentant de la servilité et bien entendu d'honneurs sans honneur, de prébendes en tant que conseils aux entreprises privées, et j'en passe et des meilleures.

La coupe est pleine de cette fin de race les voyant œuvrer à la destruction des Nations, et notamment de la Grèce où on commence à crever de faim, et notamment de l'Italie où les suicides n'ont jamais été aussi nombreux, et notamment de l'Espagne où les zélotes de cette infortune font la fortune des «indignés», encadrés par leurs agresseurs sans qu'ils s'en doutent, et notamment de la France où la pauvreté s'accélère à une vitesse endémique, pendant que les prétendants et serviteurs du trône se remplissent les poches avec des comptes exogènes qui fleurent bien la puanteur qui règne dans les coulisses des États, contrebandes d'hommage, de légions d'honneur qui aujourd'hui ne sont que souillures – mon Grand-Père a été fait Chevalier de la Légion d'Honneur pour ses prouesses militaires, gueule cassée de la première guerre mondiale que tout un chacun respectait, y compris les Allemands pendant la seconde guerre mondiale, et il n'a jamais quémandé quoi que ce soit malgré son visage défiguré pour obtenir quoi que ce soit de qui que ce soit – car ici, dans ce siècle, tous se pressent pour obtenir cet insigne qui représente l'insigne du courage et non de la vanité, de la perversion ou bien de la servilité.

Monde douillet pour la reptation cannibale, monde douillet pour l'affairisme, la trahison et la félonie, monde douillet que celui de cette Franc-maçonnerie s'enfantant dans la voie inverse jusqu'à la lie, la lie de certains notables qu'ils revendiquent se livrant à la prostitution des corps quand ce n'est pas à leur mise à mort dans des cérémonies ignobles qu'ils auto protègent avec une Justice embrigadée. Là aussi on peut s'interroger sur des appartenances des plus douteuses. Il est temps à la Franc-Maçonnerie de se réveiller de cette léthargie en laquelle elle s'est fourvoyée. Mais en aura-t-elle le courage d'elle-même, ou faudra-t-il l'insinuer totalement pour lui permettre de se réveiller ? Je pense personnellement qu'il convient de l'insinuer globalement et d'en reprendre les rênes afin qu'elle cesse de ternir son image sous l'assaut de toutes les prébendes qui la mortifient, l'engluent, la dénature.

Ce n'est qu'à ce prix qu'elle retrouvera sa dignité, et j'engage volontiers les uns et les autres à l'insinuer jusqu'à son cœur afin d'en prendre les rênes pour lui restituer sa clarté. Le combat de l'intégrité intellectuelle passe par ce chemin comme il passe par d'autres chemins, l'insinuation de toutes sociétés de pensées, quelle qu'elle soit, afin de réguler leur objectif qui est celui uniquement de conseil, ce qui n'est pas le cas de la Franc-maçonnerie actuelle.

I

Information, savoir, pouvoir

La mise en charpie de l'Histoire par les Conjurés de l'illuminisme abâtardi ne manque pas de sel et de cynisme, eut égard à son dernier méfait, la transgression du dix-neuf septembre 1961 qui déclare la fin de l'intervention de pacification de l'Algérie Française. On remarquera ici les mensonges associés des marxistes léninistes pompeux qui osent prétendre au massacre d'Algériens pendant la manifestation du dix-neuf mars de la même année.

Des chiffres ahurissants ressortent du calcul des marxistes, porteurs de valises des fellaghas, qui comportent le crime même de ces derniers sur les populations autochtones, par noyade. Lorsqu'on sait qu'il n'y a eu que quatre victimes, une victime française d'auteur inconnu, trois victimes algériennes dont deux du fait des forces de l'ordre en état de légitime défense, la dernière d'auteur inconnu, on ne peut que voir là un déni classique de la réalité par le sida intellectuel qui veut régenter l'opinion depuis 1945.

Ce sida est à l'œuvre dans toute sa purulence et sa votive inclination, celle de la reptation devant les tortionnaires dont il fait partie. Nous ne rappellerons jamais assez les actes de barbarie commis par la dépravation marxiste en Algérie, le martyr des colons éviscérés, égorgés, par une meute de non-humains, le martyr de notre Armée voyant ses soldats la gorge et le sexe tranché par ces malades mentaux, le martyr des Harkis dépecés, fusillés, torturés, soit environ 70 000 personnes.

Voilà l'Histoire réelle et non ces élucubrations abracadabrantesques de ces suppôts de la perversion qui veulent imposer un devoir de mémoire pour les tueurs des enfants de notre Patrie. C'est conchier cette Patrie que de reconnaître cette horreur et s'agenouiller devant elle. On me rétorquera la torture ! Ah le beau mot que celui-ci ! Et si vous étiez responsable d'une section de soldats, et que vous emprisonniez un ennemi qui sait où se trouvent les mines qui peuvent hacher menu les soldats de votre section, et que cet ennemi ne veuille rien dire, que feriez-vous ?

Comme tout un chacun vous obtiendriez ces renseignements par la force si nécessaire, à moins que vous vous contrefichiez de la vie de vos soldats ! Il suffit donc de cet opérande si bien utilisé par ceux qui s'en défendent, notamment des Français traîtres à leur Patrie ayant utilisé la torture pendant la guerre d'Indochine, notamment au camp 54, traîtres en nombre porteurs de valises du FLN, de bombes destinées à tuer nos compatriotes militaires et civils. Toute cette boue aujourd'hui voudrait se masquer par déni de l'Histoire, mais l'Histoire est là et les juge, et rejette leur reptation, leur autoflagellation, leur suffocante puanteur de traîtres éprouvés.

Non le devoir de mémoire n'ira pas vers les tueurs nés qui se sont si bien appliqués en Libye, et s'appliquent si bien en Syrie et au Mali, mais envers nos concitoyens massacrés par la gangrène communiste. Nous savons désormais qui s'accroît diriger notre Nation, la peste rouge en puissance. Cette peste rouge se déguisant dans les limbes d'un socialisme hilarant, benêt, mais d'un danger d'autant plus grand pour notre civilisation, et notamment l'avenir de notre Nation. Une Nation, rappelons-le troquée au "fédéralisme" européen, d'une caste qui se croit hermétique mais qui désormais apparaît dans toute son outrecuidance gargantuesque, une assemblée de francs-maçons qui ne sont que des faux maçons aux ordres de l'usure, via la Fabian society, illustrant en leur sein un Parlement judaïque, dans le plus grand mépris des lois souveraines.

Voici l'offensive et sa soldatesque de bouffons, une troupe de barbare n'ayant d'autres vocations que celles de la destruction et du mensonge. Ils sont minorité des minorités, à peine cinquante mille en France, et quelques dizaines de milliers dans les autres Nations, et ils se veulent tribuns, là où ils ne sont qu'esclaves de leur condition, une condition née de l'obéissance participative, ce qui leur ôte tout droit aux responsabilités civiles, militaires, juridiques, politiques, car ils ne représentent en aucun cas les Peuples, mais de leur sombre destinée.

Partout où ils œuvrent, il faut les référencer, les ficher, et aux moindres élections dénoncer leurs appartenances afin qu'ils soient exclus des pouvoirs quels qu'ils soient, c'est à ce prix que se gagnera la Bataille de la Liberté violée par leur impondérable reniement de la Vie. Et s'il fallait pour preuve de ce reniement, regardons leurs lois lamentables allant de l'avortement à l'euthanasie, eugénisme systémique et pandémique de leur raisonnement obvié et inverti. Et s'il fallait pour preuve de leur reniement, leur lâcheté répugnante à salir l'Armée, l'Identité, la Patrie, la Nation, jusqu'à la Religion Catholique qu'ils compissent allégrement jusqu'à l'étouffement.

Nous sommes en face de cette hydre qui a posé ses tentacules sur tous les leviers de la Nation, et dont il faut se débarrasser une fois pour toutes par le sort des urnes qui ne doivent plus jamais contenir les noms de ses collaborateurs du néant, de ses traîtres à la Nation en leurs actions fédéralistes dévouées à l'usure, de ses menteurs patentés reniant l'Histoire de France pour imposer une génuflexion à l'islamisme au Peuple de France, de ses niais couronnés dont le genre au QI inférieur à 20 trône dans le Parlement, alors que dix-sept pour cent des Françaises et des Français n'y sont pas représentées par leur faute, cette bassesse ignoble confondant le droit des Peuples avec l'arrivisme personnel, la béatification de l'indigence, la momification de l'intelligence.

Voici prioritairement contre quoi le Peuple de France doit se lever, à l'image du Peuple Islandais, renverser ces idoles du néant et de l'atrophie, cumulant toutes les tares de la destruction. Ce combat doit être total, universel, afin de renverser cette fourmilière dont la Reine est l'usure, qui trône comme "conseillère" dans tous les gouvernements, ses pantins, accrochée aux décisions de l'État comme des poux sur la tête des innocents. Pour évincer les poux il faut évincer leurs émissaires, ces représentants de cette fausse maçonnerie confondant philosophie et politique. N'oublions pas qu'ils sont plus de cinq cent au Parlement, et combien dans les administrations ? Tout un chacun doit les lister, les ficher, afin qu'aucun ne passe à travers les mailles du filet que le Peuple doit tendre afin de retrouver sa foi en la politique qui est l'Art de diriger la cité, et non l'art de servir un autre maître que le Peuple. La première loi qui doit être validée par le nouveau gouvernement qui s'ensuivra, sera celle obligeant tout sectaire à dévoiler son appartenance s'il veut œuvrer dans la puissance publique, et son reniement à cette secte s'il lui est accordé le droit de siéger et représenter le Peuple.

Car ne l'oublions pas le combat de ce jour est celui d'une lutte sans partage contre les sectes communautaristes dont la franc-maçonnerie dévoyée fait partie intégrante. Lorsqu'on observe l'influence pernicieuse de cette secte dans les corps des Assemblées, on ne peut être qu'écœuré de voir l'argent des contribuables gaspillé suite à des lois qui engraissent députés et sénateurs, et surtout ceux qui ne sont pas élus. La manne est remarquable et remarquée, cent trente mille euros alloués par député pour de pseudos associations qui ne sont que des réservoirs à voix, sans compter l'indemnité de représentation mensuelle, et cet énorme scandale voyant ces députés tous francs-maçons pour la plupart portant leur indemnité chômage de six à soixante mois en dégressif, privilège exorbitant relevant du vol des deniers de la Nation.

Et cette secte voudrait voir naître en France une spiritualité du laïcisme, qui se révèle une spiritualité du banditisme le plus corrompu qui soit, veule, crasseux, ignoble, d'une fin de race dégénérée, celle d'une mafia que le Peuple devra contraindre s'il ne veut pas continuer à vivre dans l'ignominie, la puanteur de l'hypocrisie ! Le temps de ce combat par toutes faces des Institutions est venu, jusqu'en ses phares, ces loges sectaires qui doivent être investies afin d'en défaire les pouvoirs ignobles.

La toile araigne tissée depuis 1776 prend forme sous le regard de nos concitoyens, qui n'ont nul besoin de reconnaître pour voir à quel point le système est pourri par une secte, pourri comme le fumier sur lequel naîtront les plus belles fleurs, que l'on se rassure. Car ce système est voué à l'échec comme tout système dictatorial, ce système qui aujourd'hui implante le nazi communisme dans chaque Nation Européenne et que tout citoyen devrait acclamer, un système qui fermente la pourriture, l'abjection, l'immoralité, la dantesque putridité que l'on renifle en voyant ses masques tomber dans le mariage homosexuel, que l'on soit homosexuel c'est un problème personnel, bisexuel de même, mais que l'on prétende être le pilier de la civilisation, comme l'est la famille composée naturellement d'un homme et une femme, on ne peut qu'en rire, on ne peut que rire de ce trémoussement qui se dandine et laisse proliférer d'autres lois plus ignobles encore comme celle du droit de voir adopté des enfants par des couples homosexuels.

Ici se tient le reniement de tout ce qui constitue la civilisation, et cette pente mène vers la pédophilie la plus abrupte, celle tant demandée par tous les philosophes de pacotille, toute la vermine qui s'engendre dans cette répugnance, qu'acclament les «politiques» aux ordres et à la solde de la prévarication des droits immémoriaux, de ces droits qui ne sont pas nés dans la masturbation oratoire mais bien dans le limon de cette Vie dont tout un chacun est fait.

Nos droits sont spoliés, nos identités violées, demain ce seront nos enfants qui seront violés par cette engeance criminelle qui veut légiférer l'enchâssement de l'Humanité dans les ténèbres les plus glauques, remparts de leur immoralité la plus abjecte qui se paie à coups de millions de dollars pour certains, qui se calfeutrent en Suisse pour d'autres, reptiles assoiffés qui s'imaginent les rois du monde alors que ce ne sont que les métastases de l'Univers. Il est tant que tout un chacun redresse la tête dans notre Nation et perçoive la pourriture qui s'y agglutine, et démocratiquement, ah la Démocratie existe, n'en déplaise, voir l'Islande, remettre à leur juste place ces nains gargantuesques qui s'époumonent dans le plaisir du sado masochisme le plus abject.

Que l'on se batte pour une société d'Élites responsables, oui, mais pas pour des médiocres qui ne s'appartiennent plus, tellement tenus par les affaires, leurs serments à la maçonnerie et autres, le sang qu'ils ont sur les mains, où tout simplement à cause de leur sexualité dépravée, tous moteurs de leurs ignominies, de leurs parades, de leurs glauques certitudes qui conjoignent tous les pouvoirs de la société, fussent-ils de l'exécutif, des parlements comme du sénat, de la justice, de l'armée et de la police, corrompus par l'acide corrosif de cette outrecuidance à s'accroire au-dessus des lois, comme le démontrent si bien les émules de ce parlement européen qui affament les Peuples pour conserver leur petit pouvoir de nains à l'échelle de ce monde qui se contrefiche de cette «europe» de guignols, de dandys mal lavés, de grotesques personnages qui s'octroient, on en rit dans le monde entier, le prix Nobel de la Paix !

Mais c'est à la Fabian Society, et à sa courroie de transmission, le Bilderberg, institutions totalement dévoyées ce jour, qu'ils auraient dû remettre ce prix, ce prix couronnant la mise en place de la dictature nazi communiste en Europe ! Que l'on se rassure, c'est par l'Ouest et par l'Est, ainsi que de l'intérieur du cœur des Nations que seront anéantis ces grouillots de l'innommable. Ce n'est qu'une question de temps, et de temps la sagesse en a à revendre, tellement le temps se rétréci devant le fléau de la barbarie qui s'accentue, réveille tout un chacun, questionne tout un chacun, interpelle tout un chacun. Car tout un chacun doit-il devenir genre pour perdre toute dignité Humaine, car tout un chacun doit-il devenir un non-être pour complaire à cette illumination, car tout un chacun doit-il vivre dans l'irrespect total de la Vie pour se mêler à ce pourrissement et s'y perdre ?

Cela est le sens de la non-vie pour ce cancer qui veut ronger nos sociétés. Mais nos sociétés sont multimillénaires, et ce ne seront ces ersatz nés de l'atrophie qui parviendront à en prendre les rênes. La bataille de l'information est déjà perdue pour cette atrophie, et ce ne seront pas les lois iniques qui sortiront du creuset de la Lucy Trust, ce que l'on appelle l'ONU qui y changera quoi que ce soit, Internet II étant déjà actif, Internet III en construction. Et qui dit bataille de l'information perdue, dit la perte de tout pouvoir quel qu'il soit, ceci est la revanche sur la servitude, ceci est la revanche de l'intelligence contre la non-intelligence, ceci est la revanche du savoir contre le non-savoir. Il est trop tard, et comme je dis précédemment, le temps se rétrécit de plus en plus pour ce salmigondis d'horreur prétentieuse qui se veut règne.

Les Peuples vont reconquérir le savoir, y compris le savoir antérieur à cette date fatidique de 1945 qui immobilise toutes les consciences dans un filet glauque à souhait, et les faits et gestes des acteurs qui se veulent destinées vont être analysés par les Peuples, et tout un chacun verra le tissage désorienté de l'abstraction soutenue par sa soldatesque devenue immonde. L'Éducation n'est plus nationale, elle est désormais internationale, elle respire à la vitesse de la lumière et ne s'arrête pas sur des encyclopédies bêtes à souhaits telles que celle que l'on impose aux moteurs de recherche, trotskiste par excellence, que je ne citerai même pas car sans intérêt pour le public, mais va à la rencontre de la conscience de chaque Être Humain, exposant dans la lucidité parfaite les contours, les reflets, le vide absolu de ce pouvoir qui se veut au-dessus des pouvoirs qu'il enchaîne et veut pétrifier.

Et nonobstant cette reconnaissance pioche plus loin dans le ferment de cette lie pour en décomposer les manichéennes désertifications, faisant entrevoir l'abjection qui y couve, le déni d'existence de l'Humain, la barbarie dans toute sa splendeur qu'accompagne sa soldatesque grotesque. Nous y voici, dans ce temps rétréci qui ne laissera aucune chance à cette barbarie dénoncée déjà sur tous les champs de bataille, que ce soit en Syrie, en Palestine et ailleurs, l'organisation du meurtre comme du génocide comme complainte de la dégénérescence humaine, de cette tare incongrue et non humaine qui se berce de toutes ses illusions en croyant encore apitoyer qui que ce soit ou que ce soit, l'ampleur du crime relevant de l'abomination.

Ce monde s'écroule sous la puanteur de ces aberrations qui veulent le fonder, il n'y a aucun mystère là-dedans sinon que la volonté de la Vie de survivre à cette impasse, cette délétère profusion abyssale, où se mirent tous les caducées de la duplicité, de l'hypocrisie, du mensonge, de la propagande, de l'ignorance, de l'inconvenance, ce la reptation, de la servilité, de l'embaumement, de l'immoralité, toutes faces qui se congratulent dans ces lucarnes étranges où seuls sont admises les appartenances à la déité de la prosternation, de la flagellation, de la bestialité la plus avide.

Il est trop tard pour ce monde clos par les prisons de l'allégeance, le monde vit sans lui, énergique, passionné, raisonné, il défait les chaînes et les serpillières qui cherchent à immoler l'Histoire avec un H majuscule, sans se préoccuper des gesticulations des gorets qui se pavanent, de ces «experts» sortis d'un chapeau troué où ne luit que la pauvreté intellectuelle, perroquets avides de leurs gains qui racontent n'importe quoi pour complaire à la majesté qui se veut gouvernante, purulence sacrée que l'Art horrifié contemple, à tel exemple en ces lacis de traits qu'un enfant de deux ans affirme très bien, et que l'on vend des milliards pour les faire accroire la beauté de ce monde, du monde de l'atrophie peut-être, mais en aucun cas du monde vivant qui n'a que faire de ces signes inintelligibles, de cette perpétuité de la grandiloquence de la laideur, où l'on voit le firmament du mimétisme se révéler de cette atrophie précitée.

Car la laideur est la pourpre de cette citadelle qui se dresse devant les yeux de tout un chacun, et que tout un chacun, par l'information, la raison, le jugement, doit défaire de ces abyssales et monumentales servitudes. Cela se fait, et il suffit d'un regard éclairé pour suivre dans le vent qui se lève sur les ondes les prémisses de l'Ordre qui s'annonce, non le désordre, de la capacité qui s'éveille, non la médiocrité, dans la reconnaissance de la Vie pour la Vie et en la Vie dans sa multiplicité et non sa diarrhée représentée par cette «République Universelle» qui n'est autre que la dictature des sectes et en aucun cas la Démocratie couronnée où chacun en son espace bio géographique peut prospérer, où chacun en son Identité peut se refléter, où chacun en son Histoire peut s'harmoniser, où chacun en sa plénitude peut se transcender.

L'information n'appartient plus à cette gueuse devenue qui se voulait République Universelle, demain le savoir ne lui appartiendra plus, et je ne saurais le rappeler qui détient le savoir détient le pouvoir, donc inévitablement déjà le pouvoir ne lui appartient plus. Et il n'y a qu'à voir comment elle se gargarise, comment elle se complimente, comment elle ne sait plus se tenir, comment elle se dépêche à passer ses lois iniques qui seront lessivées des Codes quels qu'ils soient, comment elle signe traité sur traité, qui sera brûlé comme il se doit afin de rendre leur Liberté inexpugnable aux Peuples, pour se rendre compte qu'elle est à l'agonie et que ne lui reste plus que pour seul moyen d'accentuer sa dictature pour survivre encore quelques instants. Ces instants seront brefs devant la famine qui s'instaure, c'est tout ce qu'on lui souhaite.

Épuration ethnique

La subversion mondiale est à son sommet critique, critique en cela que sa manifestation n'est plus secrète mais parfaitement dévoilée dans ses faits et gestes, et qu'elle ne peut plus désormais se nantir du mensonge ou pire encore dénigrer les porteurs de sa réalité à la face de ce monde en hurlant aux théories de la conspiration qui ne sont que les arcanes de ses tutelles.

Le monde oscille entre les thèses de l'illuminisme le plus foudroyant qui se sert de tous les moyens licites et illicites, par mafias interposées, drogue, trafic d'esclaves humains dont des enfants, trafics d'organes humains, satanisme dont meurtre rituel d'enfants, et celui des empires qui se conjuguent. L'Europe est la livrée de ce mondialisme purulent, soutenue en ses racines par le ferment des illuminés dont la secte fabienne, crypto socialiste, a pris l'étendard pour voiler dans le sang et le crime, le parjure, et la félonie, la traîtrise et le déshonneur, un monde de médiocres dont l'entrisme a forcé les portes du Bilderberg, courroie de transmission de l'errance et ses suppôts, dont la soldatesque aux ordres, une franc-maçonnerie défendant la Voie inverse, initie dans toute sa répugnance sa lutte contre l'Ordre, la Sécurité, le Développement, l'intégrité des Nations comme des Identités, afin d'œuvrer dans sa mystique démente la naissance d'un goulag où tout un chacun redemandera du fouet pour complaire.

Usant en cela de ses inventions ridicules au regard de la Vie Humaine, le racisme, l'antisémitisme, le darwinisme, le freudisme, le einsteinisme, le friedmanisme, toutes voies permissives de la corruption des corps, des esprits et des âmes, qui doivent se fonder dans ce corporatisme délirant duquel ressort qu'il existerait une élection quelconque d'un esprit sur un autre, ce qui fait bien rire au regard de la médiocrité apparente qui se veut gouvernance. Ces armes ourdies la subversion fanfaronne, s'octroyant même le prix Nobel alors qu'elle réduit en esclavage les populations européennes au saint nom de sa cristallisation, l'usure et ses féaux.

Dans l'outrance de sa démesure, depuis 1973, pour conduire à la chute de toute prétention identitaire, cette moisissure se sert du viol physique, un viol massif tendant à la disparition des endogènes, aux fins d'établir sa mystique atrophiée, car de l'Histoire, ici, il doit faire table rase pour exister et implanter ses délires. La France subie ce viol ethnique confirmé ces derniers jours par la reptation envers les colonisés d'hier qui deviennent des colonisateurs sans que son Peuple ait à redire. Voilà la réalité dans sa nature profonde, nous assistons ici à l'épuration ethnique de notre Peuple, l'épuration la plus effrayante qu'il nous soit donné à voir, anticipant ainsi les ordres venus de cette organisation que l'on ose appeler des nations unies, petite courroie de transmission de la subversion, toute dévouée à la Lucy Trust.

Ici il ne s'agit pas d'une union des Nations, mais dans l'esprit de la subversion, l'union en vue de la désintégration des existants bio géo historique ayant fondé les Nations. Ce viol systémique s'accentue et prolifère sous les auspices de l'hydre maçonnique qui verrouille la totalité de notre gouvernement. Le but poursuivi, outre la destruction de notre souche, est celle de la mise en esclavage du Peuple de France à l'islam et ses drapeaux, religion de la soumission par excellence. Ne nous y trompons pas, la foi des uns des autres n'est pas ici remise en question, mais que cette foi, si elle est exclusive ou inclusive reste dans ses terres d'origine, nous n'avons pas à en être les esclaves, que ce soit mentalement, physiquement, intellectuellement ou spirituellement. Nous vivons ici dans la subversion totale, dans l'application stricte des plans de Weishaupt dont les protocoles des sages de Sion ne sont qu'une pâle copie.

En témoignent les ardeurs destructrices hissées comme des étendards par tout le parasitisme de notre France, ces théurgies d'associations mortifères de l'identité Française, ces sectes dirigées par la haine qui déversent via les médias interposés toutes les invectives à l'encontre de la Nation, cette franc-maçonnerie qui n'est que la représentante de la voie inversée qui s'ennoblit de ses prouesses par ce nouveau champ de mort qui s'avance sur l'autel de la destruction de la Vie, l'euthanasie, le mariage homosexuel, et le pire de tout, l'adoption d'enfants par ces couples de même sexe. Et notre Peuple se tait, se laissant traire comme une vache par la distribution de ses cotisations sociales à toute la misère comme la lâcheté humaine, ces millions d'individus qui viennent se nourrir, se soigner, sur la sueur des Françaises et des Français, qui de l'Ame, qui de rente pour le sida, qui de retraites assimilées, toute une faune incapable d'établir la démocratie dans ses Nations, qui dans la lâcheté la plus répugnante vient s'inscrire en parasite de la Nation, accueillie par ces mêmes parasites qui souillent nos Institutions.

Voici l'épuration ethnique en pleine progression, diligentée par la souillure de ce monde, et tout un chacun de rester coi, de se taire de peur de quoi ? La peur de déplaire, la peur manipulée à l'extrême par la propagande de l'État maçonnique, fausse maçonnerie, soldatesque de ce siècle qui parjure la Démocratie, du Bidelberg, qui ne pense qu'en termes d'oligarchie de la médiocrité, de la fabian society, chantre du socialisme qui ce jour parade dans cette europe nanifiée, de ce nouvel ordre mondial, tenu en laisse par la finance apatride qui convoite ce monde d'esclaves qu'elle souhaite gérer.

Le tour est vite fait de l'insondable procuration qui veut prédestiner notre Nation comme notre Identité à l'agonie. Le devoir de résistance ici s'impose, un devoir austère ne prenant en écrin aucun des ismes qui se félicitent dans leurs fraternelles. Et nonobstant la résistance, l'action salutaire par entrisme et la désintégration de ces pouvoirs impuissants, par refus de voter pour toutes celles et tous ceux qui appartiennent à la secte qui se veut dirigeante, par l'information, détruisant la propagande de cette servilité, l'information sur le racisme anti blanc, l'information sur la catholiphobie, l'information sur l'acculturation, l'information sur les manœuvres de la secte tant au niveau national qu'international, la formation par recrutement des futurs cadres de la Nation, comme des futurs cadres internationaux, travail constant mettant en exergue la médiocrité des suceurs de rentes, tous ces politiciens ridicules qui devraient porter leur petit tablier à l'assemblée nationale et au sénat, dans la magistrature, dans la police et dans l'armée, calcinés par leur dépendance à la secte.

Ce travail sera de longue haleine, en attendant il convient d'ores et déjà de demander référendum sur l'immigration, sur l'implantation de l'islam, sur l'Ame et consorts, sur l'éducation nationale, pourrissoir des jeunes esprits, creuset de la subversion totale. Le Peuple de France s'il ne veut pas être esclave de cette subversion doit réagir, sans haine, contre les idéologies manipulées, contre l'Histoire tronquée et réécrite, contre les «philosophies» de comptoirs, contre les «politiques» de la soumission, par ailleurs contre la chimie invasive qui nourrit des laboratoires aux ordres de la subversion, notamment le fluor qui détruit le système nerveux, les chimiothérapies qui font plus de mal que de bien, alors que la recherche sur le cancer devrait se pencher sérieusement sur la vitamine C et la vitamine B17-2 pour remédier à certains problèmes cancéreux.

En substance le Peuple de France doit tout d'abord régénérer son corps par une nourriture saine sans additif chimique quelconque, puis régénérer son Esprit par la mise à l'encan de toute la cosmétique subversive, crypto communiste et autre, tout ce lavement de cerveau qui ne sert que les intérêts des sectes, qui n'ont aucune valeur au regard de la Vie et de son épanouissement, sinon que celle d'engraisser la fainéantise, le vol, le pillage des idées, la gabegie de l'Esprit notamment cette littérature de pacotille qui dans chaque page fait publicité de produits divers, notamment cette «philosophie» de comptoir ourdie par la décadence de l'Esprit, notamment cette «philosophie» «politique» née de l'imposture et qui retournera dans l'oubli tant elle est symbole de l'atrophie du vivant, puis régénérer son Âme, non par addiction religieuse, mais bien par réalisation constante de l'existence, si bien divinisée par la foi Chrétienne qui n'est pas une illumination mais bien un sacerdoce sacré, creuset de notre Nation qui ne doit se trouver enlisé par des fois de soumissions, alors que cette foi est ouverture et élévation, puis signifier son unité, dans la grandeur de son rayonnement qui n'est pas celui de se voir esclave d'une secte quelconque, dans le cadre de la Démocratie, par éviction de toutes les appartenances sectaires qui veulent diriger la Nation.

Il est temps de se réveiller pour tout un chacun, à moins de se laisser sombrer dans la démence de ce petit monde aux mains d'une oligarchie avariée par dépendance. Il faut que chacun réagisse en conscience face au viol qu'il subit, physique, intellectuel, spirituel, et cesse de larmoyer dans les jupes des inventions qui crucifient la volonté qui anime l'Être Humain, tous ces ismes qui puent la mort, le socialisme en ses dérivés savoir le National-socialisme et le communisme, cent cinquante millions de morts, ne l'oublions jamais, la subversion, deux guerres mondiales, et une troisième qui s'avance sous l'auréole de la mystique de l'atrophie et de ses mensonges, pour preuve notre présence en Afghanistan, notre présence en périphérie de la Syrie, notre présence bientôt au Mali, pour rendre leurs libertés aux Peuples ?

Non, pour s'accaparer leurs ressources, phosphates et divers au Mali, deuxième réserve de gaz mondial en Syrie, ressources inestimables en Afghanistan. La réalité a un autre visage, lorsqu'on la regarde en face et que l'on ne se cache pas dans la génuflexion, la reptation, la flagellation, tout ce conditionnement que nous subissons depuis 1945 afin de complaire à la théurgie insolente de la subversion qui se veut divinisée. Alors un peu de courage, s'il en reste d'ailleurs, ce qui n'est pas vraiment apparent aux regards de tous ces visages les oreilles cloîtrées par des écouteurs pour écouter la liturgie du mondialisme et de ses apôtres.

Un peu de courage pour maintenir notre civilisation la tête hors de l'eau devant l'invasion fulgurante que nous subissons, ce viol ethnique, cette épuration ethnique que tout un chacun devrait accepter au nom des tables de la loi dont les chapitres coulent comme un long fleuve tranquille aux noms de lois iniques qu'il conviendra de destituer à jamais, afin que la Vie reprenne son cours et ne soit plus obviée par le délire fanatique de la subversion et de ses apôtres, subversion ces jours parfaitement reconnue, dont les apôtres sont parfaitement identifiés où qu'ils soient, quels qu'ils soient, en leurs sectes comme en leurs actes. Le voile de l'illusion ne dure qu'un temps et ce voile est ce jour parfaitement déchiré par ceux-là mêmes, d'ailleurs, qui voulaient le maintenir.

Nous connaissons désormais l'idéologie subversive à combattre sans relâche, et ce ne seront ses crimes, ses assassinats politiques, (il serait intéressant de connaître les résultats de l'enquête sur la chute de l'avion transportant le gouvernement Polonais où ont été reconnues des traces de TNT sur ses ailes), ses menaces, ses tentatives de coercition, qui changeront quoi que ce soit, le débat est désormais ouvert pour tout un chacun, se lover dans son atrophie ou bien défendre la Liberté, la Liberté qui est la conscience de l'élévation de l'Être Humain et non sa soumission dans l'abîme.

Quitter la France ?

Quitter la France ? Il y a bien des raisons de quitter notre Nation, multiple en fonction des cancers qui la rongent, des sidas qui cherchent à la détruire, de ces idéologies défaitistes et totalement irréelles qui s'y prônent, des lois scélérates qui y dominent, de l'acculturation qui y règne, du déni de penser qui y est loi, toutes devises réduisant la Démocratie en lambeaux, derrière lesquels se cachent les pions de la subversion élus comme des camemberts, pauvres figurines désuètes qui s'imaginent pouvoir alors qu'elles sont esclaves de l'usure la plus répugnante.

Il y a bien des raisons de quitter la France où l'on voit une immigration massive parasitaire à souhait vivre sur les deniers publics, creusant le gouffre des caisses sociales, aidant la subversion dans son désir d'anéantissement des valeurs de la République, aidée en cela par des "pouvoirs publics" lui laissant libre arbitre du crime, que cela soit de la drogue ou de la prostitution, communautarisme belliqueux tentant d'imposer ses lois et sa religion à notre État anémié et famélique, assoiffé des voix de cette outrance qui ridiculise notre Nation.

Il y a bien des raisons de quitter la France lorsqu'on voit que nos impôts servent à payer ces flux migratoires dantesques, et en aucun cas le devenir de notre Nation, lorsqu'on voit que l'"éducation" nationale est le creuset de l'illettrisme, de l'incohérence, de la soumission à la barbarie, de l'apprentissage de l'esclavagisme, de la flagellation continue, car être de race blanche, Français de souche, catholique, hétérosexuel est une honte, une hérésie dans notre Nation agenouillée devant tous les communautarismes, hilarant de reptation devant tout ce qui n'est pas Français.

Il y a de quoi quitter la France quand on la voit emprisonnée par la secte de la barbarie par excellence, une franc-maçonnerie dévoyée déversant par tous sillons la mort de notre Nation, son viol systémique, sa destruction par l'euthanasie et l'avortement, sa destruction par la mort lente économique au nom de sa panacée, cette europe un genou ployé devant l'usure, par la mort lente culturelle par implantation d'un multiculturalisme nivelant l'intelligence par le bas, par la mort lente spirituelle en favorisant l'implantation de la religion de la soumission, la laïcité n'étant qu'un voile permettant cette implantation, un voile tenu par la destruction, au même titre que la Démocratie, le voile de l'illusion entretenue par la propagande d'État et les larbins de l'usure par médias interposés, toute une panoplie atavique qui n'a rien de la France et tout de l'exogène variété vendue comme mode appropriée, le métissage.

Il y a de quoi quitter la France devant l'invention de l'atrophie, le genre, salaison du non-être, dépérissement de l'individualité qui doit se soumettre, car sans sexe, soumission limpide à l'homosexualité, à la bisexualité, et pourquoi pas à la zoophilie, la famille devant être détruite pour les incantations maçonniques dévoyées afin de mettre en place, à la place de l'être Humain, la chose qui permettra aux "maîtres" de s'en servir sans faconde tels qu'ils le font actuellement en s'absolvant de tout crime, absolution pour le viol des femmes, des hommes, des enfants, pardon du genre pour lequel aucune loi n'existe, permettant cette barbarie ultime.

Il y a de quoi quitter la France lorsqu'on voit la corruption culturelle y existant, invasive, permanente, se livrant aux incantations les plus hystériques depuis 1945 pour cacher ses crimes, l'épuration ethnique de la Russie en 1917, débutant par le massacre ignoble de la famille impériale, puis par les membres de l'aristocratie, des propriétaires terriens, des industriels, des intellectuels, et des membres des professions libérales, médecins, juristes, professeurs, faisant dire au journaliste américain Knickerbrocker «Du temps où j'allais en Russie en 1925, tous ces gens-là étaient entièrement exterminés.», puis lorsque le premier plan quinquennal fut lancé, les paysans qui avaient des moyens pour employer de la main-d'œuvre, puis le Peuple Russe par instauration de la famine, notamment en Ukraine, faisant sensiblement 60 millions de morts dans cette population, soixante millions de morts conjoints dans la barbarie la plus ignoble qui ait existé, dirigée par Lénine, Sljanski, Goussief, Kameneff, Steckloff, Sverdlow, Joffe, Livitnoff, Rakowsk, Radek, Unstskt, Menjisky, Lann, Bronski, Trotsky, Volodarsky, Petroff, Smidorvitch, Vovrowsky, Zaalkinf, accompagnés de leurs petits frères déguisés en hauts commissaires, Ambassadeurs, et pire encore en dirigeants de la police secrète avec Djersinsky, Yagoda et des camps de concentration ignobles où l'apprentissage de la mort fut conditionné par la faim, la maltraitance, les essais chimiques et biologiques, gangrènes que reprendront en chœur les petits frères du bolchevisme, les nationaux socialistes.

Double incantation faisant vœu du silence sur ces martyrs russes, lorsqu'on voit qui a financé cette révolution de l'horreur absolue, savoir en premier lieu le syndicat américain, avec les banques Loeb et Warburg, Jacof Schiff, Guggenheim, Max Breitung, Otto Kahn, etc alliés aux Rockfeller et Morgan, et au syndicat d'Europe avec les Rothschild de Paris, Londres et Francfort, les Frères Lazard, Asberg, de la Nye Bank de Stockholm, les Gunzburg de Pétrograd, Paris et Tokyo, les Speyer de Londres et de Francfort, le syndicat patronal et bancaire Wesphalo Rénan avec le magnat du charbon Kirdorf et la banque Warburg de Hambourg.

Double incantation donc cachant depuis 1945 l'horreur précise de la subversion en marche initiée par une franc-maçonnerie dévoyée aux ordres de l'usure, et ce jusqu'à la chute du mur de Berlin. Et cette double incantation est là tous les jours dans les médiatiques errances à psalmodier, à s'égosiller, tentant un lavage de cerveau qui ne fonctionne pas devant la terreur qui fut et continue à exister de par ce monde, devant la violence infecte qui fut et se poursuit encore dans les camps de concentration économiques du communisme née de l'atrophie la plus horrible, celle de ne voir en l'Être Humain qu'un objet économique. Ne parlons pas de Nuremberg, un procès sous faux drapeau dont toutes les pièces constitutives devraient être étudiées par n'importe quel étudiant en droit, pour voir à quel point se révèle là une manipulation totale du droit, à la ressemblance de la barbarie qui ne vivait si bien qu'avec la tête coupée de ses ennemis, Tamerlan.

Ne parlons pas de l'effroyable qui s'ensuivit en Pologne, en Allemagne, en France, dans tous les pays sous la botte bolchevique initiant des massacres à outrance, des viols conjugués jusqu'aux fillettes de moins de dix ans, une horreur dirigée notamment en Allemagne de l'Est par la fameuse Hilda la rouge, des crimes de Staline, fusible habile pour cacher le meurtre, l'assassinat, le génocide du Peuple Russe par tout ce qui ne fut pas Russe, au motif que l'empire tsariste ne correspondait pas aux plans initiés par Weishaupt sous tutelle de sa confrérie meurtrière.

Le déni de l'Histoire entraîne la faillite de l'histoire avec un h minuscule, et on ne peut cacher très longtemps la vérité, comme on essaie actuellement de le faire en taisant Soljenystine, dans ce bourbier qu'est devenue la culture, dans ce no mad land éclairé par une seule lanterne qui s'affole sans arrêt croyant que cet affolement gagnera les uns les autres et que d'aucuns n'iront plus loin pour voir ce qui se cache derrière cet affolement.

Oui, il y a bien des raisons de quitter notre Nation lorsqu'on voit le comportement de la subversion qui la lie à l'agonie, mais c'est justement pour cela qu'il ne faut pas quitter la France et se battre, je dis bien se battre contre les litanies, les prières infécondes, les atermoiements, les luxures dépravées, toute cette fange qui se déverse dans chacun de nos fleuves, sur chacune de nos terres, qui pourrit l'esprit de nos enfants, qui détruit jusqu'à la réalité pour faire place à une fiction dévorante, une fiction qui ne passe plus, une fiction qui ne doit plus passer, cette fiction qu'à l'errance que d'accroire que tout un chacun doit devenir errance.

Il faut se battre pour le respect de la famille, il faut se battre pour la légitimité du sexe, il faut se battre pour le droit des Femmes, il faut se battre pour la solidarité du Peuple de France, il faut se battre pour que plus un seul électeur ne vote pour la barbarie qui s'illumine, tous les vautours assoiffés en loge dévoyée qui attendent leur heure et se vendent comme des fromages sur le marché, il faut se battre culturellement pour redresser la France de son naufrage culturel, de cette bassesse ignoble littéraire, graphique, médiatique, sculpturale, peinte, qui aujourd'hui est dans le lisier de la pourriture, cette pourriture qui s'invente électeur ou électrice des arts de l'Europe, qui s'orne et cherche à accaparer la réalité culturelle de notre Nation comme des Nations d'Europe, tels des copistes en mal de création, qui s'acharne pour détruire la réalité, comme on le voit dans les Œuvres de Wagner, conchiées par cette source de la débilité mentale qui charrie ses grotesques livrées qui n'arriveront jamais à la semelle de tout créateur qui se respecte.

Il faut se battre pour l'Art en général, pour le savoir en général, pour la culture en général, pour l'Art politique qui n'est pas celui de voir condamner à un camp de concentration monétaire les Peuples de notre Monde, mais bien celui de diriger la cité, la Nation pour élever chacune de ses citoyennes comme de ses citoyens à la grandeur, à l'honneur, au courage, à la foi inextinguible en son Peuple, qui ne doit plus être l'objet d'un viol asymétrique, ordonné par l'errance qui siège à l'ONU.

Il faut donc rester dans notre Nation multimillénaire, pour désherber le chiendent qui l'immole depuis cette révolution qui n'est pas la révolution française, mais la révolution de l'usure et de ses ferments, une révolution non du Peuple mais de ses scories, de ses parasites, qui aujourd'hui détruisent la terre au nom de leur équivoque atrophie, une franc-maçonnerie totalement engluée dans la voie dévoyée, des sociétés d'illuminés qui dictent le sens de leur atrophie, la fabian society principalement ce jour en Europe dont les courroies de transmissions se retrouvent dans toute cette faune allant du Bilderberg au Siècle en France, une faune de roturiers, une faune de voleurs, une faune de prédateurs, une faune infâme qui ne dit pas son nom, se cachant dans les limbes de ses prêtrises, de ses couloirs argentés, de ses dorures insipides, de ses constellations du vide, maniant la carotte comme le bâton, maniant l'ignoble et la féerie, illusionnistes impavides qui attendent la curée, font et défont les présidences acculturées si possible, bien lacées par des affaires qui les tiennent, des histoires de participations dans des délits d'initiés, des histoires grotesques de mœurs qui feraient rire n'importe qui de sensé, mais pire aussi des histoires de meurtres qu'ils soient politiques ou liés à une sexualité dépravée, notamment le meurtre d'enfant dans des rituels infâmes, qui voient tous ceux qui s'y intéressent disparaître par un enchantement, réseaux de prostitutions intellectuelles et physiques qui se veulent dominance du fait de leur appariement pour cacher leurs crimes et leurs délits, à la ressemblance étrange de cette chape de plomb posée sur les crimes les plus ignobles que la terre ait porté, voyant certains commissaires russes se voiler dans la peau de condamnés.

Non, il faut rester en France, nous Françaises et Français de souche pour combattre l'ignominie alliée aujourd'hui avec la soumission, il faut nous battre démocratiquement et vider des urnes tous les contemplatifs de la barbarie afin d'allouer à la capacité la facilité de fonder notre Nation, or de l'usure et de ses propos, or de la pourriture qui elle, dans l'errance appropriée, partira, nous en sommes certains, sans regrets de notre part, sans regrets, tant de souillures et d'immondices à nettoyer de ses labiales déjections. Nous pouvons comprendre qu'un acteur quitte ce taudis, et nous comprenons aisément les calomnies dont il est le sujet, car rappelons-nous qu'il est un Français de souche et non un parasite de l'errance, de fait comment pourrait-il en être autrement ?

Qu'il n'ait aucune culpabilité à quitter ce mouroir génital, cette Nation violée au plus profond d'elle-même, par le machiavélisme le plus putride qui depuis Cromwell s'agite et se perpétue pour fonder son nouveau désordre mondial, sa croyance lubrique en une terre gouvernée par des élus qui seront les maîtres d'une humanité esclave, qui sera euthanasiée en fonction des besoins matériels, qui devra avorter en fonction des besoins monétaires, et dont ces hideurs se serviront comme torche cul de leurs délires sexués. L'exemple n'est pas loin de cette horreur accouplée au vide, de cette luxurieuse débauche accouplée à la gouvernance et combien d'autres dans l'apprivoisement de leur réalité qui se fonde sur l'observation de leurs actes répugnants, de cette dantesque et grotesque tentative d'imposer le genre !

Infâmes personnages qu'il convient d'éradiquer de tout bulletin de vote ! Non, la France n'est pas dans son déclin, ni spirituel, ni culturel, ni biologique, à telles fins que la jeunesse déjà se lève contre le pourrissement, contre la soumission, contre la pernicieuse virtualité qui ourdie toute une éducation basée sur l'usure, à telles fins que les conscients ne votent plus et ils sont majoritaires par toutes Nations de l'Europe, cette majorité silencieuse qui lentement mais sûrement va se révéler pour taire à jamais l'ignominie, la propagande et ses verrues. Ce n'est qu'une question de temps et le temps est élastique ne l'oublions jamais, et lorsqu'il ne va pas dans le sens de la réalité, il peut revenir à la vitesse de l'éclair afin d'instruire ses fondements dans le réel et non le virtuel, ce virtuel dont les incantations font rire tout le monde aujourd'hui, le darwinisme ridicule, le freudisme anal, le marxisme théologique pillé chez les révolutionnaires Français, le einsteinisme volé à Poincaré qui ne croyait en aucun cas à cette théorie de la relativité qui n'a jamais fécondé à ce jour quoi que ce soit pour l'Humanité, le friedmanisme létal des Nations, toutes voies de la négation du Vivant, de la négation de la Vie qui ne sont là que pour favoriser le conditionnement de l'individu à son esclavage consenti.

Non, la France n'est pas sur son déclin, bien au contraire, et la quittez ne sert de rien, il faut rester chez nous et combattre avec le Verbe, avec les Urnes, avec la voie de la Démocratie, non cette Démocratie ridicule, mais la Démocratie représentative, garantissant la voie à des Élites et non des esclaves de ce qui ne fait pas la France mais la détruit. Il ne faut pas fuir le fumier, car c'est sur le fumier que naissent les plus belles roses, et ces roses sont en train de fleurir, éveillées par leurs racines immuables, et n'en doutons pas, elles terrasseront l'illumination de l'ombre, pour réaliser l'illumination de la Lumière, qui n'est pas celle de ces confréries obscures qui se pervertissent dans la moisson de la destruction, mais bien la Lumière de la construction, en la Voie, par la Voie, et pour la Voie qui n'a rien de commune avec les élucubrations stériles de l'atrophie qui se veulent maîtresses du destin de la France, comme des Nations Européennes.

Sagesse

La vie a de multiples racines, et sauf avis contraire chaque Être Humain est unique, ce qui fait sa spécificité, sa grandeur et son honneur, le Sage qui prétend défendre la Vie en la Vie et pour la Vie doit défendre chaque racine, car enfin un arbre sans racine est un arbre mort, ainsi celui qui prétend pourfendre dans le cadre de la "sagesse" la famille, l'Identité, la Nation, n'a que ce petit mérite que d'être "sage" pour lui-même, solution de l'extrême facilité, solution du non combattant oisif regardant tomber les feuilles, solution qui n'égale en aucun cas celle de la Sagesse qui est compréhension du Tout dans sa multiplicité et non dans cette "unité réductrice" menant à l'abattoir, telle qu'on la voit en œuvre ce jour où les chantres de l'euthanasie se déchaînent, afin de faire mourir les malades dits incurables qui pourraient être soignés par d'autres moyens, tels que la vitamine b17 et la vitamine C.

Il n'y a dans le discours du sage qui regarde son nombril aucune sagesse, sinon celle du repliement, du refus de la Vie dans sa densité et ses expressions, car ce sage-là vit dans la virtualité, dans sa petite tour d'ivoire que lui permettent de vivre ceux qui se battent pour des idéaux, pour la famille, les Identités, les Nations, les Peuples comme l'Humanité, l'Humanité qui n'est pas le fourre-tout de l'illusionnisme, cette perversion du regard voulant ne voir qu'un seul regard, qu'un seul cheveu.

N'en déplaise la Vie et ceux qui défendent la Vie défendent toutes racines à commencer par la famille qui est le fondement même de la société.

La subversion

La subversion mène son chemin, nationale dans le cadre de la franc-maçonnerie déviante, internationale dans le cadre de think tank dédiés, et la course ahurissante de ce cancer de l'Humanité se glorifie. Il n'y a pas une minute sans devoir supporter son hilarante perversion, écume du poison qui enlise toute tentation de la questionner dans son ultime réalité par la décérébration pandémique de nos Peuples, noyés sont-ils par l'abstraction de l'hystérie qui se veut dominante, mais qui en fait devrait être soignée pour mégalomanie et paranoïa délirantes.

La noirceur de sa lie s'enchante, s'octroie un Prix Nobel, se décerne des titres, pour le dernier, fou rire, à l'inutilité la plus virulente, que l'on fait chevalier des arts et des lettres ! Que ne fera-t-on pas pour que l'on acceptât ce truisme, le mariage gay. Le Peuple défile, hostile à ce mariage, surtout à l'adoption vivipare, cette débilité profonde de la pédérastie se vouant à la pédophilie, fut-elle physique, intellectuelle, spirituelle, vouant ainsi l'enfant à être objet pour cette perversité sans nom !

À Sparte ils auraient été exécutés, et dieu sait que l'homosexuel y était toléré. Ici se tient le lieu du crime le plus subversif qui soit, voyant la vie achetée comme simple denrée, dans l'irrespect le plus total de la vie. Et cette hydre minimise le souhait du Peuple que de voir un référendum briser cette idolâtrie, le décompte des manifestants étant tronqué par les petits frères en loges, le maire de Paris réclamant cent mille euros pour voir sa pelouse piétinée, maire qui ne demande rien aux manifestants de la gay pride et des pussy riott, ces choses sans conscience qui s'imaginent libérées alors qu'elles sont esclaves de leur atrophie.

La subversion poursuit son œuvre, agenouillée devant le monde musulman, les fesses tendues vers la manne du pétrole, invariante dans la pourriture qui la grée, acceptant l'innommable, le génocide du Peuple Syrien, du Peuple Libyen, des Serbes du Kosovo, par l'armée de tueurs qu'elle a créée de toutes pièces, égorgeant, massacrant, éventrant, décapitant, violant, hommes, femmes, enfants, pour imposer les directives du "désir" de certains de voir naître par ces massacres la renaissance de l'empire Ottoman, lui-même cornaqué par une Nation, qui ici se tait, attendant son heure, intimant à notre pseudo-gouvernement de faire le ménage dans cette troupe qui a pris de la distance, afin d'en écraser les prétentions, et bien entendu en continuant d'armer et préparer ces fauves en les envoyant "combattre" en Syrie, tuer, piller, égorger, et conjointement recruter dans notre propre Nation ces malades mentaux par l'intermédiaire de la DCRI.

Voilà la subversion en action, litière de tous les crimes, où s'engagent la lie humaine, le chiendent de la terre, qui comme toujours est aux premières loges pour détruire la Vie partout où elle est, se drapant dans la victimisation pour effacer ses crimes et surtout qu'on ne remette pas en cause les crimes qu'elle commet. Assez de mensonge, le voile de l'illusion est tombé et les Peuples se réveillent, conscients de voir qu'ils ne sont plus maîtres chez eux, mais dupes du plus grand crime de l'Histoire Humaine qui officialisé en 1776 a commencé son œuvre de destruction en 1789.

Une œuvre de destruction méticuleusement préparée, conditionnée, labellisée, ayant commencé par l'insinuation de tous les gouvernements, accentuant toute libéralisation, permettant par la trahison, la forfaiture, le chantage, l'extorsion, le meurtre, de voir lesdits gouvernements à la botte, principalement avec son arme favorite, l'usure. Pour instaurer quoi ? La dictature universelle de ce qui se considère comme une «élite», confortée par ses croyances, voyant le reste de l'Humanité à sa botte, car bétail et non-humain.

Après l'accession de Cromwell en Angleterre, et le génocide du catholicisme par cet agent de la subversion, tels Luther et Calvin, qui auront raison de l'Église en instaurant le protestantisme qui n'est que travestissement, l'insinuation totale du gouvernement Français, 1789, manipulé par sa secte aux ordres les Illuminés de Bavière, qui a investi toutes les loges maçonniques à sa botte, devient son grand œuvre.

Et là dans le crime le plus répugnant qui soit, l'assassinat des Élites, des Paysans et des Ouvriers de France, elle assoit sa puissance, par la terreur, son arme qui deviendra l'excellence de son hydre multiforme. La décapitation du Roi Louis XVI est le commencement de son déchaînement, voyant à l'image des tueurs agissant en Syrie, se ruer une faune exogène sur tout ce qui est la France, détruisant dans l'ignominie la plus abjecte mille cinq ans d'Histoire pour le seul plaisir de s'accroire la nouvelle maîtresse de la France, notamment en détruisant les tombes de nos Rois à la Basilique de Saint Denis, dispersant leurs restes à va l'eau, commettant un génocide sans précédent en Vendée, par fusillade, égorgement, noyade (cela ne vous rappelle rien, regardez ce qui se passe au Kosovo, en Syrie, en Libye), un génocide comme tant dans cette histoire, qui sera masqué, mais le Peuple a une autre mémoire que celle que veut inscrire la propagande, il n'oublie ni ne pardonne.

La terreur est là dans ces années obscures, qui, malgré l'Empire, trahi par les mêmes sectes, désormais s'évertue en pleine lumière, attisée par la jalousie, la haine, des croyances primitives, une hystérie sans limite, s'étendant à toute l'Europe, briguant le Pouvoir aux États-Unis, n'ayant pour vocation que la destruction, le métissage à l'image de ses commanditaires, financiers voleurs et prébendiers, finançant la révolte par toutes ligues insinuées et dirigées par leurs coreligionnaires. L'infâme est ici inscrit tendant à la destruction de tout ce qui est et plus particulièrement l'Église Catholique. Et il y en a encore pour penser que les Chevaliers du Temple, soldats du Christ par excellence, auraient été maître d'œuvre de cette révolution de barbares !

Le catholicisme et plus particulièrement le Christianisme est l'inverse de cette voie funèbre qui n'a d'autre mandat que la mise en servage de l'Humanité au profit d'une «élite» dont la majorité des membres ne savent pas qu'ils sont les martyrs de la manœuvre de leurs maîtres.

L'Europe est en ébullition, et cette ébullition se poursuit inlassablement sous les ramures des loges perverties au dieu de Mammon, et bien pire sous les auspices d'un prurit "religieux" qui ressort de tout ce que l'Humain peut enfanter de pourriture lorsqu'il est livré à l'aveuglement de l'ombre, de la perversité, de l'aveuglement, jusqu'à le voir adorer l'ange déchu, vaincu par Saint Michel, le nommé Lucifer qui fait sa cour dans des sociétés discrètes s'enluminant du sang des enfants, où la sodomie est un principe, surtout des enfants de moins de neuf ans, non pubères, horreur sans nom et sans nombre qui se perpétue dans le crime jusqu'à nos jours, permettant de tenir en mains tous les prétendants au pouvoir, qui ne peuvent plus faire un pas sans soumission à la désintégration de ce monde.

Les années 1800 sont le triomphe de cette débauche, après l'empire, trahi par une maçonnerie de licteurs, là se découvre le pourrissement, la hideur, la névrose du venin qui s'infiltre, détruisant systématiquement le capitalisme des Nations pour se l'approprier par vol, en finançant le débordement de l'hystérie, le socialisme appuyé par l'anarchie commanditée, sous la houlette de sectes maçonnes aux ordres, voyant la chute de l'Italie, la gangrène s'installer dans les Nations européennes et la Russie commencer à vaciller sous les coups exogènes de la purulence active. Cela ne suffisait à cette hérésie, la voilà préparer la destruction de l'intelligence, par la préparation méthodique d'une guerre terrible que le début du siècle suivant reconnaît, par futiles prétextes et composition de sa secte délibérant la mort de l'Europe, afin de naître sa révolution mystique destinée à anéantir la puissance Russe, dernier carré ne se laissant pas voiler la face par cette tentative de destruction qui s'autorise, et fait vassales les Nations gangrenées par son usure.

La guerre est là, horrible, voyant les marchands d'armes se vautrer dans l'or du sang, tandis que de part et d'autre disparaissent les florilèges de la culture européenne, assaillit par cette immondice qui déjà attise le feu en

Russie par l'intermédiaire de ses agents, qu'elle finance grassement. Dans l'horreur de la première guerre mondiale se déclare une révolution, qu'elle masque, où tous les exogènes se précipitent pour anéantir la Russie, fusillant, égorgeant déportant, assassinant sans vergogne, s'attribuant tous les postes gouvernementaux, ainsi que les principaux corps d'armée, pour abuser et user d'un Peuple qui n'avait jamais demandé cette révolution, pour preuve le massacre systématique des paysans et des ouvriers, pour certains par famine, contraints à manger leurs morts, notamment en Ukraine. Cette révolution devant amener le «bonheur» laisse derrière elle soixante millions de morts bien cachés au public, de peur que se perce le voile de l'illusion, et surtout le masque des commanditaires de ce crime contre l'Humanité qui n'a jamais été jugé, la lèpre innervant toutes les Nations et notamment leurs gouvernements.

L'entre-deux-guerres est prolégomènes à la déstabilisation totale de la Nation, des Identités, la faune subversive se retrouvant dans tous les pouvoirs, attisant le feu et la haine, finançant son petit frère le National-socialisme, le fascisme, dernier rempart contre le communisme devant être hué, car il protège encore l'innocence et la Culture.

La faune parvient à son but, cette deuxième guerre mondiale permettant de désintégrer la moindre intelligence européenne, qui, dans la terreur, s'accouple désormais avec ce pourrissement de la Vie, pour détruire ce qui n'est qu'une création de l'usure, ce National-Socialisme, dont les armes ont été forgées par les grands frères communistes en Russie, qui par le plus grand des hasards s'en prend non seulement à une communauté Judaïque, mais à toutes celles et tous ceux qui ne veulent pas rentrer dans l'Ordre nouveau, le nouvel ordre mondial, ce que l'on cache très bien, alors que le nouvel ordre mondial est hurlé par Hitler dans nombre de ses discours. Le financement de ce Reich qui devait durer mille ans est Européen, Américain, Anglais, n'en déplaise, et il convient très bien pour dénaturer le sens de la Race, le sens des Ethnies, le sens de la réalité Humaine, qui bien entendue sous l'égide de ce pourrissement du réel vont devenir des fléaux qui vont si bien servir la subversion.

82

Le partage du monde se fait là, le communisme régnant sur plus des trois quarts de l'Eurasie, le reste étant laissé comme viande de boucherie, zone tampon entre l'Angleterre et les États Unis. Là s'inscrivent des crimes jamais jugés aux prétendues libérations des Nations dites «libres» où on voit le communisme se déchaîner, officialiser, courber les pouvoirs à son ignominie, cependant que se réveille l'intelligence dans ce bourbier sans fins voyant la subversion l'écarter des pouvoirs car née des élites naturelles des Peuples, pour fonder de pseudos gouvernements fantoches à la solde de l'errance. La France réagit, par l'intermédiaire d'un Homme d'État exceptionnel, même s'il a commis des erreurs monstrueuses, et se dégage de cette contingence barbare qui ne lui fera aucun cadeau en diligentant la «révolution» de 1968, qui a permis la mise en place des conditions de soumission à l'usure décrétées en 1973 en abolissant le droit de battre monnaie à notre Nation.

La subversion est dans le nid, rapidement prend de la distance, en rêvant d'un fédéralisme européen où elle serait maîtresse d'œuvre. Les «fondateurs» de cette «europe» oligarchique, vont à l'encontre totale des prescriptions de Coudenhove Kalergi, qui fut le moteur avant-guerre d'une Europe ouverte sur ses Peuples en leur garantissant la Liberté, l'élévation. Le mensonge est prioritaire, il faut faire accroire que le fondateur de l'Europe est Jean Monnet et tutti quanti, qui sont à l'ordre de l'usure, alors que les faits historiques avec un H majuscule prouvent qu'il n'en est rien, encore un vol de l'Usure des Idées d'autrui, pas des moindres. Les massacres peuvent commencer, celui de la Culture tout d'abord, celui des Esprits endoctrinés dans la désinformation, la dépersonnalisation de la perception, l'immoralité la plus féconde portée par la lie et ses vecteurs, agents multiples de la destruction qui s'incrustent dans l'éducation Nationale, les Universités, les arts et prolifèrent dans ce que l'on pourrait appeler la sous culture de masse, afin d'amener à penser à la sacralisation du communisme et ses auteurs, du socialisme et ses licteurs, bâtissant les ruines de notre Histoire qui n'a aucune réalité dans ce bourbier de la déviance atrophiée qui mène le bal.

Ce bal est vivement autorisé et financé, il n'y a plus là que ramures de l'insondable décrépitude de tout ce qui est, s'affermissant et se ramifiant comme les métastases du corps Humain, avec cette rapidité foudroyante qui ne laisse plus la moindre place à la majorité des Peuples qui doit se taire, courber l'échine, se laisser violer ethniquement, se laisser avilir, conchier, jusqu'en sa religion Catholique et Romaine, qui elle-même, infiltrée par la subversion, se met à douter de sa réalité et s'enfonce dans le chaos programmé par la bestialité.

Nous pourrions ainsi discourir sur le passé dans le cadre de milliers de volumes, mais ce qui est intéressant c'est non seulement parler du présent, mais surtout de l'avenir en rapport avec cette haine qui cherche à foudroyer la réalité humaine, détruire les Nations, assigner les Êtres Humains à des religions de la soumission, faire accroire que la barbarie est synonyme de Liberté.

Ce jour nous présente une France totalement pervertie, de laquelle émanent des voix majoritaires qui sont tues, quand elles ne sont pas physiquement assassinées, comme dans certaines Nations. Cette majorité doit se redresser, et s'élancer vers la reconquête de sa réalité, loin de l'enfumage de la bestialité qui trône, ce n'est qu'à ce prix qu'elle pourra avoir voix dans le réel et détruire la virtualité qui cherche à la dominer du haut de ces communautarismes sans finalité, qui ne sont et ne seront jamais la France, et encore moins l'Europe, qui ne lui doivent, ni l'une ni l'autre, rien, sinon que leur destruction.

Comme je le disais lors d'un précédent, l'Islande est un exemple à suivre. Elle a su détruire la subversion agitée par ses agents et ses licteurs, les commensaux qui ce jour devisent notre sort sans que nous soyons interrogés sur les destructions qu'ils veulent commettre. Un Peuple libre est un Peuple qui s'assume dans son Histoire immortelle, n'en déplaise, qui en France depuis 1789 subit les coups de la subversion, dont il doit se libérer, en déculpabilisant de tout ce qui cherche à le culpabiliser, en respectant sa Nation, en respectant son Identité, en respectant et en faisant respecter sa Liberté qui sera fondation de son renouveau, éliminant ainsi les lois iniques et les réformes constitutionnelles qui veulent la destruction de sa réalité.

68 pour cent des Françaises et des Français ont démontré qu'ils ne voulaient pas de la subversion, reste tout simplement, en éliminant les différences, et en conservant uniquement un projet commun de reconquête, à voir ces 68 pour cent se lever d'un seul bloc pour par élections, d'où seront éliminés systématiquement les agents de la subversion qui végètent dans leurs loges et think tank destructeur, élire la capacité à la place de la médiocrité, élire celles et ceux, sans dépendances et addictions à l'usure et leurs agents, qui fonderont le renouveau de notre Nation, comme de l'Europe des Nations.

Je ne le rappellerai jamais assez, on ne peut servir deux maîtres à la fois, soit on sert la France, soit on sert la subversion, et pour paraphraser une certaine phrase, je dirai, ils nous emmerdent depuis 1776, il est temps de les renvoyer dans leurs foyers, où ils pourront à loisir faire valoir leur mégalomanie et leur hystérie latentes.

Cela viendra, je n'en doute pas, le Peuple de France étant capable s'il s'unit, au-delà de distinctions sans intérêts, face à la subversion, dans cet effort commun de redressement significatif qui lui permettra de sortir de la zone euro, de déchirer tous les traités inconcevables avec la réalité Humaine, car les vouant à l'esclavage, de résister à l'usure en la revoyant dans ses foyers, enfin de rebâtir son État sur une monnaie nationale qui ne devra rien à l'empirisme et la névrose archétypale des illuminés voulant voir une seule tête, une seule agriculture, une seule économie, et surtout une seule race d'esclaves.

Les vagues sont en train de bouger, et elles ne se trompent pas de cible : la subversion ; 61% des Français ne veulent plus de la mondialisation, 72% estiment que leurs idées ne sont pas représentées par le «système politique», 65% estiment qu'il faut renforcer les pouvoirs nationaux et limiter ceux de l'union européenne, enfin 70% en ont plus qu'assez du viol asymétrique de leur Identité par l'immigration forcée.

La culture de la honte

Les voyez-vous, maintenant dans leur révisionnisme exacerbé, allant jusqu'à réécrire la Bible pour les faire-valoir, et plus encore s'attaquant à notre Culture Occidentale qu'ils pillent comme cela n'est pas permis pour faire accroire qu'ils sont auteurs, compositeurs, pauvres pâles copistes que la raison a oubliés, nains sans failles qui dérobent des rubis pour les donner à valoir d'auges à cochons, paille et cendre de l'intelligence qui sous le feu disparaîtront en un seul instant.

Il y a dans ce siècle une dérive chronique que l'on ressent dans chaque épithète, dans chaque verbe qui se circonscrive à la dérision de ce qui fut et restera malgré le phasme qui veut les engloutir, les rendre ridicules, les voir bestialisés par une impuissance qui se croit glorieuse, sans souci, se vautrant dans la fange de sa servitude, de cette ponctualité de l'horreur qui voit l'Être devenir le non-être, une apparence, un genre comme ils en témoignent, incapable de se transcender tant sa lactescence s'enrobe de la noirceur la plus opaque née d'une atrophie qui ne dit pas son nom, une hystérie collective qui brasse les mémoires pour les sacrifier à l'autel de sa purulence.

Cette réécriture qui perdure jusque dans La Chanson de Roland où ces proscrits de la littérature qui s'imaginent viaducs vers la compréhension font miroir de leurs propres litanies, voyant dans cette Œuvre Occidentale dont la limpidité n'a pas à souffrir des phares sans gloire d'un freudisme attardé, une culture de la honte, et comment cela pourrait-il en être autrement en fonction de la léthargie qui compile, assimile, vomit la langue Française sans même en comprendre le sens ?

Cette prétendue culture de la honte se rapporte au sens le plus profond de l'Honneur que ne peuvent que méconnaître ses scribes ourdis de talents usuraires, de dithyrambes engrenages enlacés qui ne correspondent qu'à leur prurit sans consonance créatrice, tellement enfermés dans la jouissance de l'impondérable désert qui les nantit, un désert qu'ils voudraient faire nôtre, et qui ne sera jamais nôtre, un désert où tous leurs mystères s'accouplent dans un échevellement bestial qui relève du pur parjure de l'Humain, celui se voyant parcellisé à l'infini, incapable de recomposer sa réalité et dans la distanciation de ses appréciations préférant se fourvoyer plutôt que de naître au réel, à ce pouvoir de transcendance que marque si bien l'Honneur, qui n'a rien de convivial avec la honte, bien au contraire, qui délaisse la honte aux apprivoisés du déshonneur, aux forfaits, aux criminels, aux tares exemplaires qui n'ont ni conduite, ni Voie, ni transparence, ni écrin, formidable écheveau d'une écurie où se vautre toute la lie d'une humanité barbare qui se réfugie dans ses admonestations, ses fixations, dans des labyrinthes dont elle ne sait sortir, ayant perdu la clé du réel, ce réel qui ne lui appartient pas et qu'elle cherche à détruire par tous les moyens afin de s'en accaparer la substance.

La substance seule, car l'essence elle ne peut seulement l'imaginer, d'où ses plagiats sans nombre, ses tentatives de dénaturation de tout ce qui est l'Art Occidental pour le réduire à sa pauvreté intellectuelle qu'elle cache sous les apparences de doctes apprentissages qui font rire n'importe quel érudit. Il est vrai que l'acculturation est son moment de gloire, et qu'elle ne peut vivre qu'au milieu de cette acculturation où enfin elle s'imagine règne, règne, comme je le disais précédemment d'un désert total, celui de sa volonté, réverbérant son incapacité à toute création, la voyant dans ses errements, s'inventer une sous culture qui marque de façon éhontée toutes empreintes de notre Art multimillénaire qui n'a rien à voir avec ses étrons glacés qu'elle impose à la Défense par exemple, ces formes informes qui ne correspondent qu'à ses sous moi développés dans l'atermoiement, le larmoiement, la débilité chronique se voulant rayonnante.

Si nous regardons ce que cette lie a fait de Wagner en la représentation de ses opéras, de nouveau ici nous la voyons accaparer la substance et en aucun cas l'essence, un vertigineux outrage à la réalité de notre Chant Occidental que rien ne peut corrompre, lui en déplaise certainement, car de la symbolique, cette symbolique dont elle s'imagine maîtresse, garant à perpétuité d'une demeure Impériale que rien ni personne ne peut détruire. Elle veut donc réécrire tout de qui est, à l'image de ces pauvres individus qui ont cherché après cette révolution maçonnique de 1789 à réécrire l'Histoire de France, une Histoire hissée au plus haut degré par nos Rois, une Histoire que rien ne pourra égratigner et en aucun cas la bêtise incarnée par les charniers du révisionnisme issu de l'affligeante dépression de l'accroire se motivant en voulant tout détruire afin d'apparaître.

Ce fumier, émanation d'une littérature sans lendemain, qui se réjouit et se nobélise, ne porte en aucun cas atteinte au sommet qui regarde son vivier infect avec compassion, car ce qui différencie la haine surgit de ce boisseau de l'orgueil atrophié d'avec la splendeur des sommets, c'est que les sommets jamais ne conchient le purin qui bien au contraire met en évidence leurs clartés, leurs indivisibles sources créatrices, leur pureté originelle, qu'aucune copie, qu'aucun vol ne peut atteindre.

Car l'Art n'est pas considération de pillage, de copistes, de scribes enturbannés, de licteurs de la raison, d'esclavage conditionné, l'Art dans sa divinité précieuse correspond à la spiritualité la plus féconde et non à ce maelström de la destruction qui s'improvise, cette nullité de bazar qui se vend des millions de dollars dans des ventes agitées par la déraison qui flamboie, pitoyable errance qui, là, désigne son degré labial d'évolution, son degré tribal d'arborescence, son degré nul et non avenu dans la cour des grands artistes qui ne quémandent de leurs auges le moindre faire-valoir, car en fait ce serait un crime contre l'Art que de le voir rayonner en ses mystères dans leur basse-cour la plus fétide.

Alors donc au regard de cet embrasement, de cette activité fébrile des médiocres, regardons donc tout cela avec la seule compassion, celle de voir des nains s'accroire des géants qu'ils ne seront jamais, celle de voir de pauvres êtres vivants dans leur atrophie la vouloir maîtresse de ce monde, ce qu'elle ne sera jamais, celle de voir de pâles copistes s'évertuer à dépasser la grandeur, ce qu'ils ne parviendront en aucun cas à faire, puisque déshonneur, l'accroire que nulle transcendance n'existât les repoussant dans la nature matérielle la plus délétère, cette nature dont parfois ils ont une honte sacrale, cette honte qu'ils osent plaquer comme une morve sur l'Art Occidental pour chercher à en souiller de ses immondices la ténacité vigoureuse, l'exemple majestueux, qu'ils ne parviendront jamais à atteindre tant que leur atrophie sémantique et sémiologique les conservera à cette distance implacable qui voit le non-être et l'Être transcendant, non se confronter, non s'égaler, mais se situer à des années-lumière l'un de l'autre dans le respire commun de l'Éternité, ces années-lumière que ces copistes devront parcourir avant que de simplement toucher à l'étincelle vertigineuse de la Création, qui, comme une volonté majeure de la nature, leur ait ignoré.

Car il y a loin entre un Vinci et ces créateurs ridicules alignant des taches de peinture sur une toile, il y a loin entre un Mozart ou un Bach et ces délires musicaux enchantant la cacophonie, ces récitations de l'absurde qui veulent fondre le monde dans le moule de l'indifférencié, de l'inconstant, de la névrose, cette boue qui tient lieu de croyance, cette boue qui se veut Culture, Spiritualité, nouvel âge de la prosternation qui dérive de l'incongruité la plus parfaite de l'Honneur, de la grâce, de l'illumination, que s'approprient des serviles ce qui prête vraiment à rire, de la grandeur et de la splendeur qui ne peuvent être atteintes par ce bourbier où luit le désir de s'accaparer, de s'accroire et en toute illégitimité de voler et souiller tout ce qui n'appartiendra jamais à son atrophie qui paresse.

Inciter ce jour la Jeunesse à retrouver ses racines, à composer avec ses racines, devient donc la priorité culturelle qui se doit pour destituer cette écume qui se veut triomphante, triomphante jusqu'en nos écoles où la parodie maçonnique déviante s'instaure, jusqu'en ces médias qui ne cherchent et ne s'autorisent qu'à détruire, jusqu'en ces modes de vies imposés par la consommation et ses subterfuges délirants qui n'ont d'autres semences que le prurit venimeux qui assied ses auteurs, ses musiciens, ses sculpteurs et ses peintres, comme s'ils étaient au pinacle de l'agora alors qu'ils n'en sont qu'au sous-sol, ce sous-sol de basse-cour qui pérore sur le sexe des anges, qui pour obtenir un prix, qui pour vendre, qui pour se prostituer aux «idées» du temps, de ce mondialisme affairiste qui n'a que faire de la Culture, et la renvoie, et nous en sommes fiers, dans ses limbes attristés où l'on ne voit nul créateur, nulle créatrice, rien qu'un vent de poussière qui disparaîtra comme il est venu lorsque les Êtres Humains composant des Ethnies, des Peuples et des Races Humaines, l'Humanité, verront la décrépitude qui s'instaure, cette décrépitude si bien imagée par les destructeurs barbares qui ont détruit les Bouddhas couchés, et très récemment une bibliothèque Musulmane pour faire table rase du passé, barbares à la solde de cette errance poursuivant inlassablement son œuvre de destruction de toute culture.

Qu'ils détruisent ! La permanence mémorielle n'oubliera en aucun cas la valeur, la beauté, la grandeur, des œuvres de l'Humaine espérance qui s'initie transcendance et non désertification du réel. Je ne saurai donc trop conseiller aux jeunes, de lire, jusqu'à l'enchantement, d'écouter, jusqu'au ravissement, de regarder, jusqu'à l'illumination, toute la création de leurs aînés, et surtout de ne pas se laisser influencer par la subversion congénitale qui, à plus soif, réclame une paternité qu'elle n'aura jamais de l'Art dans sa splendeur. Et partant de leurs racines que ces jeunes s'irradient dans le réel et forgent la renaissance de ce siècle afin d'estomper graduellement le venin qui cherche à saturer la grandeur, qui cherche à destituer la réalité au profit de l'immondice.

Et cela est vrai pour l'Art comme pour l'Art social qui est celui de diriger la cité, donc politique, économique. Investissez tout, et ne vous laissez leurrer par les faux en écritures, par les vols sémantiques, par cette faculté innée du pillage qui oblige certains car dans l'incapacité de créer quoi que ce soit sinon que pour détruire, détruire l'Art, détruire la Religion, détruire l'Histoire, détruire la littérature, détruire la peinture, détruire la musique, détruire la sculpture, détruire l'architecture, au profit du néant, de ce néant qui veut s'imposer par réécriture, et qui prouve dans son état la létalité de sa permanence, tant il est ivraie de toutes formes, substance sans essence qui est son propre mouroir qu'il convient de regarder avec la pure compassion qui se doit, tant son agitation est stérile, tant son mensonge est flagrant, tant sa diversité est source de toute dénaturation, tant son errance est son accomplissement.

Culture de la honte par excellence, que bien entendu cherche à s'imposer à l'Honneur, la Grandeur, la Splendeur, le Triomphe de l'art Occidental qu'elle ne parviendra jamais à atteindre, sauf si elle se convertit à l'essence de son firmament, ce qui, malheureusement ne sera jamais le cas. Ainsi au-delà de la barbarie qui s'invente préciosité et qui n'est que pluviosité, Jeunesse, brandit l'étendard inextinguible des valeurs de l'Art Occidental afin de laver l'affront qui lui est fait par les scribes douteux d'un temps anachronique qui se veut superbe alors qu'il n'est que larvaire et indéfini, et de par ses rythmes disparaîtra comme il est venu.

La civilisation de la mort

Ainsi de notre demeure le sens du firmament qui ne se terrera sous la boue qui, glauque, envahit chaque face de l'Humain, enchaîné qu'il est par l'admonestation de l'hystérie maniaque et sadique de la perversité qui se veut règne, un règne de désolation, un règne désœuvré où la folie est le rythme des temps qui passent et devant lequel nous devrions plier genoux !

Un rythme barbare, né de la barbarie la plus putride, aux basses-fosses de la raison, dans cette indétermination, cette prostration larmoyante voyant naître le péril de la tyrannie comme soupape de sûreté à l'affliction la plus grande, au désert le plus obéré qui soit, celui d'un silence invariant qui déjà s'imagine splendeur alors qu'il n'est que nécrophage de tout ce qui est.

Voici donc la civilisation de la mort qui s'avance, avec ses faunes en devanture, ses rires simiesques, ses faces de démons qui singent l'Humain et auquel ils cherchent à prendre la forme dans leur informe caricature qui parade jusqu'aux cieux la trame de l'hilarante bestialité dont elle fait preuve. Il n'y a que les aveugles pour ne pas voir ce terreau dont le chiendent ne voudrait même pas, chercher à s'imposer par toutes faces comme un drame dont la terminologie est un réflexe pavlovien qui s'enchante, se réfugie, s'enlace et dans son désir de possession le plus rituel coordonne les Êtres Humains en leur prosternation à ses abîmes les plus ignobles.

Regardons de plus près cette désespérance qui vogue de terres en terres, de Nations en Nations et qui cherche par tous les maigres moyens en sa possession à détruire la beauté, l'honneur, la grandeur, la tempérance, la justice, regardons de plus près cette espèce qui s'éploie et se déploie dans un vol noir que rien ne semble devoir arrêter, hissant ses drapeaux de haine par toutes voies en toutes voies pour que chacun s'agenouille devant ses précipices et y trouve un réconfort de quelques instants, ébauche de la léthargie de ce siècle, prémisse de ce nouveau millénaire qui voit l'abîme et n'en sonde en aucun cas le vide impermanent, une fosse dans laquelle se mirent les électives affinités de l'atrophie qui se récompensent, s'adulent et se perpétuent, se mélangent, pourrissent les plus beaux écrins afin que leur venin soit au plus fort de la débâcle l'issue du rictus qui les déploie.

Pauvre épiphénomène qui depuis deux cents ans seulement alors que notre Univers a quatre milliards cinq cents millions d'années, que les civilisations Humaines existent depuis des millions d'années, s'imagine le réceptacle de tout ce que l'Humain peut enfanter. Et le Sage ici non de s'interroger mais de délivrer toute sa compassion pour cet orgueil immense qui n'est rien à la surface de la Terre, strictement rien à la surface des Univers, et encore moins dans l'Éternité, pauvre épiphénomène, qui s'imagine Roi alors que dans les veines et les racines Humaines des millions de civilisations parlent, par-delà les abêtissements de son angle obtus.

Qui croit en la bestialité de l'Humain, en sa raison correspondant à son fondement, en ses arts à l'hystérique préhension, en ses sciences à la réduction anthropométrique d'une courbure sans devenir, en ses philosophies à une gnose qui n'a rien d'essentielle aux regards des civilisations Humaines aux millénaires éblouissants, en ses religions à une domination qui trouverait sa densité en six mille ans, orgueil démesuré qu'une folie constrictive appelle, orgueil déployé dont les fanions ce jour se portent dans ces mines de sel où les grimoires côtoient les têtes de mort.

Où les épées usurpées s'en viennent sentences pour celles et ceux qui oseraient dire la vraie nature que déploie leur horizon sans lendemain, une nature châtrée qui est le fruit de la mégalomanie la plus abrupte, telle qu'on la voit à l'œuvre sur notre Terre, un champ de désolation mortifère où s'agitent des marionnettes stupides, des pauvres ères incapables de saisir le tout, qui tiennent entre leurs mains un flambeau qui éclaire à peine l'angle du labyrinthe dans lequel ils végètent et s'époumonent.

Ils règnent sur leur règne sous-animal, ils règnent par le venin du monde, l'usure, source de toute duplicité, source de tous théorèmes, source de toutes désacralisations, viaduc vers la lie et sa fortune, la forfaiture, la trahison, le meurtre, la souillure tant des corps que des esprits, et surtout des âmes, de l'Unité de l'Être Humain, qui, ici, ne peut trouver place tant la pourriture s'y incarne et en détruit le mobile, tant la moisissure y stagne et en défait la beauté, tant la rouille entrave le destin de toute transcendance Humaine.

Regardez-les, accomplis en leurs atrophies, ils courent d'un versant à l'autre de la terre, et s'ils le pouvaient de l'univers, pour faire croire à leur importance, porteurs de valises, porteurs de messages, petits esclaves costumés par les marques de leurs fripiers, parfumés par l'air de charogne qui défile, les voici, les voilà, et ils s'engraissent comme des truies du sang, des larmes et de la sueur des Êtres Humains qui travaillent sans relâche pour leur apporter ce superflu dont ils ont tant besoin pour ressembler à des Êtres Humains, ce qu'ils ne seront jamais, non-être qu'ils resteront dans la duplicité de leur servilité à Mammon, non-être qui se cachent si bien dans leur accoutumance qu'ils font croire ce qu'ils veulent en se servant des médias à leur botte, qui imaginent pour les masses tranquilles les soporifiques d'une diarrhée verbeuse qui est là pour enfumer le vivant, lui faire croire qu'il est là pour l'éternité alors qu'il n'est que de passage.

Qu'il est là pour servir, esclave bon teint qui doit se soigner pour des maladies inexistantes, esclave bon teint qui doit se courber devant les dires d'experts et de spécialistes totalement inconnus et servants eux-mêmes de cette machine de l'illusion et de la propagande accouplées qui se rient de l'esclave qui se tord en larmes lorsqu'on le lui demande ou bien devient hystérique de rire lorsqu'on le lui demande de même, petite machine enveloppée d'ondes électromagnétiques, mangeant de la merde pour réduire son temps de vie, applaudissant, levant la tête, baissant la tête, ignare et cultivé par l'ignare, le dépositaire de la sous-culture, qui lui-même tente d'accéder à la culture, à laquelle il ne parviendra jamais, son atrophie l'empêchant à tout jamais d'acquérir l'unité nécessaire à cette transcendance pour éclore à la Culture et la Culture.

Ce sang qui coule dans les veines des racines indestructibles de la terre, Ethnies, Peuples et Races qui en l'Humanité fondent le devenir, ne lui en déplaise, ce qui permet de voir que son point d'assomption venu, il s'écroulera comme le vide qu'il représente. Son venin le sait, dès lors par toutes forces s'applique à tout détruire, usant et abusant de la violence, usant et abusant en se préservant par des lois iniques afin de cacher son dessein, afin de cacher les génocides qu'il a mis en œuvre, afin de masquer la réalité de ce qu'il croit être le firmament, qui n'est que l'abîme lui-même.

Fondé il y a ces petits six mille ans pour teindre rouge sang notre terre, rouge sang le sang des Peuples et des Nations, rouge sang l'ordre naturel de la Terre qui n'a que faire de son imposture, de sa méprise, de ses croyances, de ses hystéries glauques, de ses avilissements, de ses injures grotesques, de ses ricanements obèses, de ce pourrissement qui n'est qu'une flatulence de volcan que dissipera l'atmosphère sans le moindre empressement pour bien faire voir où se situe la lie dans ce monde en naufrage aux rescapés de ce naufrage.

Car n'en déplaise les rescapés se comptent aujourd'hui par milliards et seule leur coordination reste à faire, afin de renvoyer dans leurs foyers ces bubons insolents qui couvent la misère, la destruction, la haine, la terreur, la mort partout sur leur passage glauque et immoral. Sept milliards d'Êtres Humains qu'il suffit de réveiller pour à jamais se séparer de leur lie, cela viendra en temps, et le temps ne presse pas, la terre devant connaître jusqu'où la lie se prétend afin que plus jamais elle ne connaisse son hérésie.

Ce temps vient, miraculeux, ce temps de saison nouvelle, balayant les miasmes qui se dressent devant nos yeux, une culture sous-calcinée par la médiocrité, une sous-politique de pantins anomiques obéissants en fonction de leur perversité, un nouveau désordre mondial voué à la guerre et à la destruction, un mépris de l'Humain arrivé en phase terminale par des êtres qui n'en portent même plus le nom tant la mégalomanie hystérique les prive du sens commun, instaurant en place et lieu de l'honneur d'Être Humain le déshonneur de l'Être Humain réduit au genre, à la masturbation comme ma sodomie obligatoire enchantée dans toutes les classes de notre école publique sous les auspices de la fraternité de la veuve qui porte bien son nom.

Car veuve de toute la réalité qui embellie ce monde, faisant voler en éclat les nations sous les coups de l'usure, inventant des guerres pour survivre sa faune, une faune arborescent la subversion jusqu'en ses tréfonds, s'imaginant une supériorité qui fait rire tout un chacun en regardant son délire se commuer dans ce qu'il est, le complexe de l'infériorité la plus grande face à la grandeur qu'elle n'atteindra jamais tant sa bassesse est le reflet de son cœur momifié dans l'errance, dans ce purgatoire infini où elle erre à la recherche de son identité qui n'existe plus depuis longtemps, percluse est-elle de toutes les forfaitures et les traîtrises qui soient commises au nom de l'or.

Cet or qui lui tient lieu de relique, cet or qui lui tient lieu de connivence, cet or dont elle jouit à ne plus soif dans la débauche la plus totale, dans la perversité la plus répugnante, dans le déni de l'humain le plus outrageant s'accompagnant de sa mise à mort dans certains de ses cercles les plus ignobles, mort pour le plaisir infecte, mort pour piller les organes du pauvre Être qu'elle accapare, mort dans des chasses à courre qui se terminent par le cannibalisme le plus extrême, mais pour cette lie l'Être Humain n'est-il pas un animal ?

Un animal qui ce jour semble encore se plier à la volonté de cette faune répugnante, de ses bassets et courtisans de la mort, de ses criminels en puissance en esprit et physiquement qui s'imaginent que tout un chacun doit supporter leurs addictions sexuelles sans ne rien dire ? L'outrage est dans sa permanence, il suffit d'ouvrir un seul journal, un seul blog, un seul site sur internet pour en voir la bestialité qui s'accomplit et se mesure, profane tout ce qui existe, voyant même dans notre Nation notre

Armée aider des barbares en Syrie qu'ils combattent au Mali, incohérence totale qui n'est que voie de fait sur notre Nation par la bubonique errance qui déjà gouverne certaines des Nations Européennes, travestissement de la lie qui se compose s'oriente et dirige même dans les arcanes de notre Parlement Européen, sans que le public ne le sache, sinon qu'avec parcimonie, mené très vite vers ses matchs de football truqués afin qu'il n'y accorde pertinence.

Voici ce royaume faisandé et pourri comme le fumier qui se voudrait recteur de ce monde, ce monde qui a bien autre chose à faire que de se prosterner devant son obésité simiesque, sa dantesque mégalomanie qui disparaîtra comme un feu de paille lorsque se lèveront sept milliards d'Êtres Humains contre sa bestialité. Sept milliards contre lesquels rien ni personne ne pourra rien, ni les bombes, ni les barbares à la solde, ni les culs de basses-fosses des loges avariées qui prétendent gouverner, les Peuples en leurs ramifications ne pouvant être détruits, les Peuples en leur détermination ne pouvant être vaincus, des Peuples qui restaureront leurs Cultures, qui élimineront systématiquement tous les miasmes qui les pourrissent, qui mettront à l'encan toute la pourriture intellectuelle de ce monde, les Darwin, les Freud, les Marx, les Einstein, les Friedman, et restaureront la liberté de penser, qui permettra de voir dans son horreur la plus absolue ce que fut cette dictature de l'usure depuis deux cents ans sur cette terre.

Cela n'est qu'une question de temps et ce temps n'est pas pressé, il vient, dans la douceur d'un printemps qui revitalisera la beauté Humaine en ses Ethnies, ses Peuples et ses Races, en son Humanité qui ne sera plus circonscrite et vouée à l'esclavage mais se débarrassera de ses chaînes et dans la lumière s'avancera dans la lumière du savoir et par cette lumière en la sagesse portera la première pierre du Temple Humain, qui n'est pas celui de ce nouveau désordre mondial, mais bien la réunion composite des Nations par les Internations en l'Humanité, respectueuse de toutes Nations comme de tous Peuples, disposant de cet aréopage dûment élu et contrôlé par un contre-pouvoir sans failles, qui permettra enfin à l'Être Humain d'accéder à son pouvoir de transcendance et non plus de végéter dans les geôles putrides de l'usure et de ses associés pestilents.

Ainsi et cela sera car cela est inscrit que cette tour de Babel infecte sera détruite, alors que se prononce dans la subversion la dissolution de la famille au nom de l'infection de la barbarie gouvernante dans notre Nation, ainsi alors que nous attendons avec impatience la suite de cette aberration qui trône, l'euthanasie dont les prêtres de la mort débordent des loges avariées qui se veulent pouvoir de notre Nation.

Attendons et voyons, jusqu'où ils tenteront d'aller avant que ne se déversent à flots continus les Peuples jusqu'en leurs sanctuaires pour renverser leurs idoles, libérer le Temple de ses marchands d'esclaves, toute cette faune simiesque qui n'est et ne restera qu'un épiphénomène de l'Histoire Humaine, qui ne lui doit rien et ne lui devra jamais rien, sinon l'exemple de la plus vile corruption que tout un chacun se doit d'éviter à tout prix afin d'être un Être Humain et en aucun cas un barbare.

Ésotérisme

Soyons clairs sur ces problèmes générés par une société subversive à souhait. Les potentiels permettant cette agression du réel sont liés à trois critères qui interagissent entre eux : l'usure, la corruption et la lâcheté. L'usure enserre dans ses mâchoires le Peuple en ruisselant sa nausée dans des thinks tanks dédiés à thanatos, la corruption par l'argent comme par le sexe comme le meurtre immobilisant toute tentative de contradiction, enfin la lâcheté du Peuple embrigadé dans la génuflexion, la propagande, le mensonge, les lois liberticides, achève ce tout suintant l'involution plébiscitée.

Ne nous leurrons pas sur la capacité du Peuple qui, encadré soit par des syndicats ou des associations aux ordres de l'usure, manipulant ce mensonge que Janus représente si bien, ne peut se dresser contre l'oligarchie de l'involution qu'elle manipule.

Au cœur de ce système on retrouve l'uniformité de croyances animales qui sont la sphère d'un ésotérisme kabbaliste déviant, portant en ses racines le mensonge létal de la capacité pour l'Être Humain de se voir transcendant sinon que dans une dualité l'inhérent en son généré involution et évolution, en d'autres termes de voir des êtres humains s'accomplir dans la matérialité la plus absurde, et d'autres Êtres Humains s'accomplir dans une spiritualité vécue.

Cette machinerie composite, incapable de voir que l'Être Humain est substrat, destine donc au défaitisme le plus destructeur, déterminant toute permissivité et bien entendu en ses racines contemplation de l'ordre comme du désordre, de l'involution comme de l'évolution, avec cette incapacité notoire, celle du dépassement, de la recherche de la transcendance, de la rencontre de l'immanence par le généré.

On retrouve ici les vacuités d'un fondamentalisme grégaire qui ne peut en aucun cas se surpasser mais bien végéter, image ésotérique du marxisme comme du freudisme, du einsteinisme comme du friedmanisme ne voyant pas plus loin que le petit bout d'une lorgnette dont les lentilles sont obviées, par le matérialisme le plus obscur.

En termes de ces racines illuminées par des croyances en conjonction, là se trouvent les maux que nous connaissons et qui ne peuvent être combattus ni par le Peuple, ni par ses "élites", qui se profanent dans cette cage de faraday sans le moindre avenir, sinon celui de la dissolution, de la coagulation au sens du terme, qui advient un éternel retour, une immolation à notre terre qui devient cristallisation de ce phénomène induit.

On comprendra mieux le souci de l'errance de condamner quatre-vingt-quinze pour cent de l'Humanité à mort, comme cela en prend tournure, au regard de la réunion à l'OMS de milliardaires dévoués à cette vision réductionniste et atavique, qui préparent ce génocide en toute impunité alors qu'ils devraient être déférés devant les tribunaux compétents pour répondre de tentative de crime contre l'Humanité.

Tout est lié dans cette chronicité s'évertuant réalité alors qu'elle n'est qu'épiphénomène, au regard zélote de sa primauté inventée, sacre de l'atrophie dans toute sa désinence et ses aberrations, aux fins de sanctifier un paradis terrestre sur notre petite terre, non pas à l'usage de l'Humanité mais à l'usage de ses initiés en son ésotérisme des plus boiteux.

Voici dans les grandes lignes cette propriété qui agit en sous-main, dans l'expression des loges, aux confins d'une pseudo-initiation dans le cadre de croyances déviées, dont les motivations sont toujours semblables : l'Être ne peut se surpasser et par conséquent doit être dominé par de pseudos élites dévouées à l'ésotérisme obvié précité, le Généré n'est qu'une écume qui involue et évolue concomitamment et sur laquelle il ne peut être agi, involution et évolution s'annulant, définissant ainsi le Généré comme non-être, donc animal par nature que cette pseudo-élite peut donc réduire en esclavage, ou tout simplement liquider puisque sans avenir en son terme.

Voici donc le problème en ses racines qui explique cette manifestation qui en réalité correspond une inversion temporelle dont tout un chacun peut voir les moisissures s'épanouirent, là dans la destruction de l'Humain au profit non de l'androgyne, mais de la bestialité, de la pédophilie, ici dans l'acculturation la plus profonde fabriquant des légions d'esclaves incultes asservies et consentantes à leur esclavage, plus loin dans la mise en place dans les institutions, fussent-elles politiques, scientifiques, spirituelles, de la prostitution des esprits louant l'infamie, la traîtrise, la duplicité, en fonction du verrouillage sexuel ou financier ou meurtrier dont relèvent leurs auteurs, pour faire place à une gouvernance administrée par des pantins agités par l'usure et ses suppôts.

Voici ce monde et les quelques déraisons qui font sa déréliction, cette contraction temporelle qui s'agite, se profite, se réjouit, s'amuse, viole sans conditions, tant physiquement qu'intellectuellement, spirituellement, car s'agréant dans cette involution qu'elle cautionne comme réalité, alors qu'elle n'est que fondement de la pure atrophie qui ne devient plus mystère mais s'autorise dictature de ce temps.

Il devient urgent de se sortir de cette illumination sordide, par concrétisation de la réalité en chaque Être Humain, fondement de la famille qui doit être respectée, racines des Peuples dont la rencontre doit être multiplication et en aucun cas division, forgeant les Nations dont la réalité bio géo historique est le fondement de toutes civilisations qui dans leur adéquation fondent l'ordre mondial naturel qui ne doit rien à l'abstraction de cycles involutifs évolutifs qui sont stagnation, mais bien au cycle évolutif qui est forge de la nature spirituelle permettant tant à l'individué qu'au généré d'évoluer vers leur destinée commune qui est celle de l'Absolu, et non de cette convexe radiation se mordant la queue que l'on nomme l'espace-temps, qui n'est qu'une nécessité et non une invariance.

Voici donc, pour contrer cette filouterie qui dans ses arcanes s'imagine déité, ce que chacun d'entre nous doit mettre en valeur, sa condition d'Humain, Femme ou Homme, quelle que soit son orientation sexuelle qui doit respecter l'Enfant comme étant accomplissement du futur, la condition de sa famille en aval comme en amont, la condition de ses racines primordiales, la condition de son identité inexpugnable, la condition de sa Nation qui doit rester souveraine, la condition de sa civilisation qui doit se gréer par des internations naturelles et en aucun cas domestiques, la condition de l'ordre mondial naturel qui doit être le berceau de l'élévation de l'Humanité dans sa totalité, ce qui implique l'éradication du mensonge, de la propagande, de la forfaiture, de la traîtrise, du parjure, de la félonie, de l'ésotérisme dévié, des ismes et notamment du socialisme, père de tous les génocides de cette planète, de toute la veulerie de ce monde.

Ce n'est qu'au prix de cette libération, en tous lieux, en toutes institutions, par chaque esprit, que ces contingences liées à cette erreur formelle d'un ésotérisme atrophié, que les Êtres Humains, les Ethnies, les Peuples, les Races, l'Humanité dans leur ensemble, retrouveront leur liberté, leur dignité, leur pouvoir de s'accomplir, ce qui signifie une guerre totale envers l'usure, envers la corruption, envers la lâcheté, par renaissance culturelle, vote signifiant, ignorance totale de la sous culture, de la subculture, des idéologies déviantes, sinon que pour les démontrer dans leur inanité.

Ce combat doit être inscrit nano seconde par nano seconde par tout un chacun, et tout d'abord dans le rejet de la consommation de masse des produits «sous-culturels», des produits «sportifs», des produits médiatiques initiant les consonances putrides d'un faux ordre mondial, le rejet systématique de toutes informations en provenance des journaux acclimatés par l'usure, des radios et des télévisions acclimatés par la reptation, des livres, des pièces de théâtre, des opéras, travestis par l'institutionnalisation de la dépravation de toute orientation classique, historique, culturelle, de toute cette bouffonnerie rayonnant le néant issu du néant et composant le néant.

Ensuite, ce rejet doit se faire dans le cadre de l'économie elle-même en rejetant tout produit qui ne soit local ou régional, ou national, inscrivant ainsi le potentiel de production des Nations, qui n'ont besoin d'une surconsommation létale, de nourriture avariée dont les multinationales enfantent la pourriture, le rejet systématique de vaccinations contenant des produits létaux, le rejet d'une pharmacopée délirante inventant des maladies qui n'existent pas pour s'assurer un chiffre d'affaires occasionnant une mortalité d'ignorants, le rejet de toute production motrice, de produits fabriqués dans d'autres Nations que notre Nation peut fabriquer, au-delà des surcoûts, tout un chacun pouvant ajouter un surplus pour les productions nationales, comme l'Australie le fait naturellement, qui aujourd'hui ne se vendent pas, au profit de produits internationaux condamnés par une obsolescence calculée qui ne correspond en aucun cas aux besoins de chacun.

Ce rejet économique doit être total et rendre létale les importations, quelles qu'elles soient qui si elles subsistent doivent être taxées afin de se retrouver au niveau des valeurs de production nationale. Rejet de la sous-culture, rejet de l'économie abstraite, fondent le rejet de la domestication initiée par une pseudo-élite aux ordres d'un ésotérisme déviant, et déterminent la nomination dans le cadre des élections démocratiques de représentants totalement libres des inféodations à cet ésotérisme, soit par loges, soit par thinks tanks, permettant ainsi d'élire la capacité contre l'enchaînement.

Au même niveau que ces actions doivent être mises en place par l'intermédiaire de chacun la novation culturelle, et de la région et de la Nation, par mise en œuvre d'associations culturelles permettant de faire renaître les propriétés culturelles de la Nation comme des Régions, conjointement par la mise en place d'établissements scolaires libres et indépendants permettant de recevoir les enfants afin qu'ils reprennent place dans leurs racines, leur Identité, leur patrimoine culturel, leur résonance bio géo historique, qui leur permettront d'accéder à la capacité de critiques constructives éradiquant l'incapacité, l'illettrisme, favorisant ainsi un haut degré de cohésion naturant la Création et la Créativité sous toutes ses formes artistiques, scientifiques, spirituelles, formant ainsi les élites de la capacité de la gouvernance à venir.

Coordination, en chaque commune doit se créer une association qui a pour objet la défense du patrimoine commun, des résonances bio géo historiques communes, de la culture régionale et nationale, de l'Identité, du respect de la Démocratie, du respect de la liberté de penser, permettant de subventionner l'élévation de profils politiques d'impétrants libres de toutes appartenances, en capacité de diriger la commune, le Département, la Région, la Nation.

Il n'y a pas lieu d'appartenir à un parti pour façonner cette renaissance, il y a lieu simplement de s'organiser pour éradiquer la déviance qui pourrit les Institutions, les internations, y compris cette «europe» du néant accompli par le néant, les Institutions internationales ou Nationales. Cette renaissance peut donc passer par l'action individuelle comme l'action commune dans le cadre associatif, ce qui ne pose aucune difficulté quelconque dans le cadre des Lois régissant notre Nation.
L'ignorance de l'incapacité doit être la règle, et la permanence de la viduité de tout un chacun dans le cadre de cette renaissance qui ne saurait être spoliée par une quelconque génuflexion, une quelconque félonie, un quelconque arbitraire, une quelconque insinuation par la subversion et ses alliances, une quelconque culpabilisation dont les actions mémorielles ne sont là que pour imposer la reptation devant des faits qui ne concernent en aucun cas les générations de ce jour qui bien au contraire sont violées systématiquement pour se voir avilies d'une barbarie dont elles ne sont pas les auteurs.

Une barbarie commune au national-socialisme et au communisme, les petits frères du socialisme, des dizaines de millions de morts pour le national-socialisme, cent cinquante millions de morts pour le communisme, ne l'oublions jamais, ce qui démontre l'inanité du socialisme dans toute son horreur.

Tout un chacun doit être fier de son Identité, de ses racines qui ne sont pas nées en France en 1789, révolution de la subversion se contrefichant du Peuple pour instaurer ses lois démentielles, dont tout un chacun peut retrouver les mobiles dans cet ésotérisme déviant qui ne cherche que l'esclavage humain pour assouvir sa haine liée à son incapacité de comprendre le règne de l'Absolu, qu'il ne peut concevoir en sa cage de faraday dans laquelle il continue invariablement les mêmes erreurs. Ces erreurs qui doivent être mises en exergue, ces erreurs qui doivent être comprises et culturellement dénoncées, ces erreurs funèbres qui nous font comprendre la société de mort dans laquelle nous vivons, qu'il convient d'évacuer définitivement afin de voir l'Humain s'accomplir, Femme ou Homme fiers de leur sexe, fiers de leur ethnie, fiers de leur Race, fiers de leur Nation, fiers de s'accomplir et d'accomplir ce monde que ne peut voir l'atrophie dans sa défiguration votive qui sculpte l'informe, à l'image de cet art décadent qui prostitue l'Humain, de cet étron qui trône sur le parvis de la Défense à Paris, qui résume bien la condition de cette étrangeté qui se veut gouvernance, la gouvernance de la tyrannie bien entendu s'absolvant toujours en se cachant derrière les lois liberticides qu'elle enfante afin de taire la réalité et dans la monstruosité la définir dans une virtualité répugnante où s'accouplent sa propagande, initiant l'ignorance, et son mensonge létal.

Ici, tout un chacun doit dans le cadre de la démocratie la plus pure s'ordonner afin de détruire la bestialité qui devient l'horizon de ce trône de la mort, qui verra bientôt des enfants vendus sur catalogue pour en faire des objets sexuels, ou des esclaves dociles, l'euthanasie régner avec le malthusianisme le plus écœurant qui soit, la disparition de toute identité par métissage imposé et forcé, la disparition de l'histoire par mensonge outrancier accepté par l'ignorant culturel devenu propriété d'une éducation larvaire et délirante, ne permettant ni capacité constructive, ni critique systémique, la disparition de la Nation au profit de larvaires inféodations créant le terrorisme intellectuel, physique, spirituel pour imposer des lois sans issues, fortifiant par les armes des groupuscules qui n'ont d'autres vocations que de semer la terreur et la panique par une barbarie intolérable dans les

Peuples afin que ces Peuples se soumettent au diktat de néants institutionnalisés aux ordres de l'usure et de ses féaux.

Ici tout un chacun doit porter la contradiction formelle à cet état de décadence la plus totale arborée par l'ésotérisme signifié dans sa déviance, s'élever en sa condition d'Être Humain, en son accomplissement d'Être Humain, en libérant l'Humanité de ce fardeau, par des actions valorisant la renaissance de la réalité Humaine, composite d'ethnies, de races, et de l'Humanité, dans le cadre des régions, des Nations, et des Internations qui forgeront la gouvernance d'un monde qui ne sera plus dévoué à l'usure, la corruption et la lâcheté.

À chacun de se manifester, soit dans la puanteur des égouts qui veulent nous engluer, soit dans la propriété de l'Universalité qui fonde l'élévation de tout Être Humain par cette petite terre qui n'est que domaine provisoire afin que l'Humanité acclimate l'Espace et sa raison, dans le cadre d'une connaissance profonde de sa réalité qui surpasse de très loin les cycles involutifs-évolutifs, prétextes à toute dénaturation, par un cycle évolutif détaché de toutes déviances, permettant tant à l'individué qu'au généré d'atteindre la transcendance qui en rencontre de l'immanence forge la réalité de tout devenir de la Vie, où qu'elle soit, quelle qu'elle soit.

Réaction Actions

La folie domine ce monde, dont les particularismes se déchaînent comme des vents violents que rien ne semble devoir arrêter. Nécrose de l'inversion de la Voie, ici se situe l'extrême déshérence dans tout ce qu'elle a d'affligeant et de ridicule. Croire un seul instant que l'Humain ne soit qu'un ventre, une bouche, un anus, qu'une invitation sexuelle, qu'une accentuation acceptant l'avortement comme l'euthanasie, la mort donc, relève de la stupidité et du nihilisme le plus désœuvré, et pire encore de l'institutionnalisation du meurtre, meurtre de la Vie dans ce qu'elle a de plus précieuse, de plus volontaire et de plus déterminée, meurtre de la Vie couronnée par la vaillance, l'honneur, l'attitude aristocrate qui ne relève d'aucuns parjures et agit sans faiblesse dans le sens de la Justice, qui n'est pas l'apparat de la mortelle essence que nous connaissons actuellement, une justice désaxée profondément, donnant plus de droits aux meurtriers qu'aux victimes, gazant les manifestants, et notamment les enfants qui défilent avec leurs parents.

Société de mort et de tueurs nés, dont l'aberration la plus sublime se situe dans la nature même de son système, basé sur le racket, l'extorsion de fonds, le blanchiment d'argent, absous par une clique paranoïde qui se dit oligarchie, lorsqu'elle n'est que représentante de l'atrophie la plus répugnante.

Et ce pourrissement des valeurs humaines trône, inscrivant au niveau de cette "europe", reniée par tous les Peuples contraints de s'y additionner, un parlement noir qui n'a d'autre dessein que la mise en esclavage de nos Peuples, un état dans l'état, suprématie de tous les degrés de l'avilissement, de la prostitution des corps, des esprits et des âmes.

Nous sommes dans l'âge des ténèbres porté par cet âge des "lumières", qui n'est que la représentation d'une contraction temporelle, voyant la fureur des nains qui devant l'Olympe, qu'ils jalousent, s'efforcent à être alors qu'ils sont et ne resteront que paraître, faces hideuses de l'Humanité qui grouillent, dans une infection et une prolifération vivipare, dont l'Histoire Humaine ne retiendra rien, sinon le néant qu'elles furent. Faces de sombres personnages déguisés dans l'ombre ayant perdu tout honneur pour une parcelle de pouvoir qu'ils pourvoient par une dénature accablante, circonstance pitoyable que même une tribu de singe ne copierait tant elle est lamentable.

Des éclairs de capacité parfois illuminent cette stérilité qui se matérialise dans cet abîme, mais si peu nombreux qu'ils sont réduits à la noirceur qui anime sa bestialité purulente. Une bestialité qui ruisselle les caprices de la nature comme de la nécessité d'ailleurs, dont la typologie relève de l'atrophie la plus hystérique qui soit, voyant le matérialisme se hisser spiritualisme et dans son inverse, devenir ramure de toute contraction temporelle, bâtissant son "empire" sur les fresques d'une Histoire qu'elle cherche à détruire, à effacer de la mémoire humaine, voyant ici le triomphe de tous ses agents de la destruction en œuvre, ici en Europe en laminant l'existence immortelle de royautés et d'empires en majesté, là en Mésopotamie en détruisant les racines de civilisations fabuleuses, Irak, Syrie, et bientôt Iran, toutes Nations inspirées par les invasions Indo Européennes qui ont été trône jusqu'en Égypte, traces supérieures à tout gémissement, à tout larmoiement, à toute mendicité, à toute usure, qui resteront immortelles, que leurs destructeurs ne se trompent, car inscrites dans les gènes des Humains bâtisseurs.

Humains qui créent, Humains créateurs qui ne se couchent devant l'insanité, la pourriture, la lèpre, de l'intelligence fourvoyée, leur errance constituée dont on voit aujourd'hui les lames de fond s'épuiser. Car elles s'épuisent ces inénarrables débilités du temps, ces romans en exergue qui ne sont que des publicités déguisées pour des marques sans raison, ces philosophies de pacotille qui s'égosillent dans la veulerie et la microscopique préhension de leur sujet toujours en dévotion devant l'usure et ses féaux, ces poésies nidifiées dans la nostalgie masturbatoire qui guident vers le néant, ces rescrits d'histoires ridicules revisitées par l'errance et ses surgeons spasmophiles et ignares, ces essais politiques qui suent la reptation dans toute sa dépravation, ces médias, qui sont au sommet de cette morve insolente, qui ne gréent que le tourbillon de la génuflexion, de la culpabilisation, qui toutes les heures nous imposent d'aimer, d'apprécier, de se noyer d'admiration pour le mensonge qui en Europe et en Russie a participé à l'exécution de soixante millions de personnes, au nom de l'idéologie socialiste de la mort, sous l'abréviation de communisme, qui verra un peuple, par l'intermédiaire de la même idéologie, sous l'abréviation du national-socialisme, mettre en camps des millions de personnes afin de les exterminer, les plus pauvres, les plus humbles, qui ont souffert le martyr, comme tous les résistants à l'oppression de ce socialisme déliquescent.

Les beaux médias, donc, qui à l'image de l'art dégénéré qui se promeut, aujourd'hui sont sujets à toute risée quant à leur interprétation du réel qui se noie dans le virtuel, cette inversion du champ temporel où se réjouissent toutes les reptations de l'esprit, toutes les prosternations des âmes, toutes les disruptions des corps, mânes pour l'atrophie et ses vautours. La nécessité de leur existence est là, pour faire apparaître tout ce que l'Humain ne doit pas suivre, cette boulimie de la suffisance, cette incarnation de la déshérence, cette familiarité rituelle avec toute la morbidité, ce vampirisme de l'usure, cette folie conditionnée et caractérisée qui va aux extrêmes du pourrissement de tout ce qui est existence.

Une litanie ubuesque que tout un chacun doit évacuer de sa raison afin que sa raison jaillisse en proscrivant toute cette infamie, ce chancre qui de l'Humanité se repaît. Inscrit en ses outrances envers la Nature, le darwinisme, le freudisme, le einsteinisme, le friedmanisme, qui sont les équations de l'aphonie dont le ridicule est notre mets quotidien trônant dans l'ordure d'une sous-culture où se gargarise la bassesse, où se soulagent toutes les perversions, la pédophilie, l'inceste, cette criminalité qui veille à son bien-être, légiférant l'inadmissible pour apothéose. Un genre, une chose dénaturant l'Humain pour le convenir source de revenus, de luxure, bétail anémié, acculturé, illettré, se précipitant dans la syphilis issue de cerveaux tronqués, l'euthanasie et ses dérives, afin que l'usure protège sa "destinée", qui sera celle qu'elle mérite, la disgrâce à perpétuité.

Car il n'est question dans ce qui viendra inévitablement de faire martyr de cette insanité, mais bien au contraire de la montrer dans sa réalité qui est monade de la contraction que nous subissons, menée par des êtres vils, menteurs, fourbes, sans honneur ni moralité, tueurs nés de l'intelligence au profit non de l'or spirituel mais de l'or matériel, s'engraissant sur la misère, le paupérisme, l'esclavagisme, faiseurs de guerres ignobles, envoyant à la mort par embargos et famine trois millions d'enfants Irakiens, ignorants les six millions de victimes congolaises, l'épuration spirituelle du Darfour, la liquidation systémique des Êtres Humains de Race noire de Libye, taisant le meurtre sanctifié de toute la Chrétienté de ce globe, génocides dont on ne parle pas, voyant ses émules égorger, éventrer, éviscérer, sodomiser, tout un Peuple qui n'agrée à ses démences comme en Syrie qui se défend avec vaillance contre son génocide enchanté par toute la pestilence rouge, l'immondice que l'on nomme le socialisme qui est le vecteur qu'il convient de détruire idéologiquement en montrant historiquement la nature de sa répugnance, auteur du crime organisé, de la mise à mort de centaines de millions d'Êtres Humains à travers le monde, afin de libérer l'Humanité de ses exactions.

Ce socialisme cherchera, en vain, à taire sa nature, comme il a voulu le faire avec Soljenystine, tout un chacun peut en connaître la réalité, son crime envers l'Humanité jamais jugé, le meurtre de plus de cent cinquante millions d'Êtres Humains à travers le monde, dont la sous culture de fin de race ne parle pas dans ses médias ravagés par l'ignorance, ces Cent cinquante millions parqués comme des bêtes, assassinés froidement, par la Tcheka, le Kominterm, la Loubianka, sa Gestapo National Socialiste, Sa SS Nationale Socialiste, toutes fosses communes faisant place à ce qu'est la réalité du socialisme, une usine de la mort, un goulag où la pensée unique domine, où la médiocrité culmine, où l'esclavagisme est règne, et où le meurtre comme la perversité triomphent.

Triomphe de l'innommable, de l'usure son animatrice et sa rédemptrice, cette religion de la dénaturation, de l'horreur sanctifiée, voyant ses nains se vautrer dans les viscères de l'Humanité, avec un gargouillis obscène, celui de s'accroire maîtres du monde, alors qu'ils ne sont qu'esclaves de leur atrophie. Voleurs magnifiés que l'on voit en action à Chypre, où les petits épargnants devraient se voir taxer sur leurs économies pour renflouer leurs erreurs systémiques, car ce charnier économique est le leur et non celui des Peuples, ne l'oublions jamais, pauvres Peuples asséchés intellectuellement que l'on amuse avec des jeux, des pantomimes du vivant, avec une télé réalité insipide, afin qu'ils ne voient pas cette réalité, qu'ils ne doivent pas un centime à cette pourriture qui veut les flouer de leur épargne.

Il n'est question ici de prendre des gants pour s'exprimer contre ce qui décide du sort de l'Humanité dans ces conditions phénoménales, et le traiter comme il se doit par les noms les plus distincts. On prend des gants avec l'Honneur, on fait dans la dentelle avec le Chant d'Amour, mais lorsque des êtres décident d'affamer, de voler, de saccager l'héritage de Peuples entiers, de détruire toutes leurs racines, biogéohistoriques, culturelles, spirituelles, et en sus s'accordent pour détruire, par euthanasie consentie, une partie de l'Humanité au nom de principes économiques issus de la perversion la plus aphone, il faut nommer ce qui est et ce qui règne : la pourriture, ce remugle qui nous vient des égouts de la Terre et y retournera, car la nature a ceci de particulier, c'est que lorsqu'elle est attaquée par la virtualité, elle revient toujours à l'équilibre dans la réalité, c'est une loi que rien ni personne ne peut contrôler, car elle n'est pas née avec les élucubrations post-révolutionnaires, mais avec la Vie elle-même qui nettoiera la fange qui cherche à la détruire.

Pour comprendre cela, faut-il prendre de l'altitude, et ne pas vivre dans l'immédiateté, dans cette lâcheté indivise qui semble la cornée des Peuples qui ne savent plus se révéler, des Peuples qui baissent les bras, des Peuples qui se laissent dériver en soumission. À ces Peuples faut-il leur dire qu'ils sont les pierres angulaires de ce monde qui devra se bâtir sur le réel et non le virtuel, et qu'ils doivent être fiers, je dis bien fiers de leurs origines biologiques, de leurs origines culturelles, de leurs origines spirituelles et cesser de se comporter comme des lâches devant les invasions barbares qui tentent de les annihiler, de les vautrer dans un cosmopolitisme qui ne correspond que la virtualité, un métissage où s'inversent toutes les valeurs, alors que la confluence des Peuples est multiplication des valeurs, donc être fiers de leurs Identités, être fiers de leur histoire, qui est l'Histoire Humaine en action et non en reptation devant la soumission, comme on le voit actuellement où l'oppression de l'inintelligence a atteint ce degré labial de la perfection de se dissoudre dans le néant.

Tout Peuple a pour tâche de se relever de la putridité qui cherche à l'envelopper, de fustiger et par voie légale d'assigner toute propagande intolérable qui cherche à fustiger dans l'outrance, la provocation, sa réalité Humaine, devant la Justice. Les Peuples doivent se faire respecter et cesser d'être les sujets de l'outrance de ces verbes d'usuriers qui les accoutrent du nom de «populisme», qui est l'injure par excellence que se réserve l'errance à leur sujet. Ce terme doit faire l'objet d'une poursuite devant les Tribunaux pour atteinte à l'intégrité de la réalité qui est celle du peuple, de celle qui ne transige pas devant l'ordure, le parasitisme, le vol, le pillage, l'assassinat qu'il fut collectif ou individuel, le mensonge associé à la propagande.

La Loi n'est pas faite pour les chiens et la Loi du respect ne doit pas être unilatérale. Toute atteinte à l'intégrité du peuple dans sa consistance biogéohistorique doit faire l'objet d'un procès à l'encontre de la purulence qui cherche à noyer la réalité afin de mieux cacher ses crimes. Lorsqu'on voit que sont ignorés les défilés en protestation du mariage gay, qui ont accueilli un million quatre cent mille personnes, que des enfants et des parents ont été gazés par la gouvernance, on peut voir que tant que tout un chacun ne se fera pas respecter devant les Tribunaux, pour atteinte à sa dignité, pour atteinte à son Identité, pour atteinte à son histoire, tout un chacun sera malléable dans cette écurie où baigne la destruction attisée par la fange, et plus particulièrement par le Socialisme, cornaqué par les basses loges déicides et sataniques qui défèquent matin et soir sur la réalité pour promouvoir cette ridicule prétention d'une «république» «universelle» imposée par la force, l'outrage, la démesure, la perversité, l'abjection, la fourberie, le viol systémique, toutes aberrations conjointes à celles des illuminés, qui depuis bientôt trois cents ans sont les insanités de ce monde, dont ce monde doit définitivement se séparer.

En considération, cela implique le vote utile, le vote qui sanctifie la capacité contre la médiocrité, le vote qui ne s'annonce pour toutes les appartenances qui ne servent pas les intérêts de la Nation, mais les intérêts de la bestialité couronnée, afin d'apurer le corps de la Nation de ses parasites, de cette syphilis intellectuelle qui est le nectar encouragé par toute la putridité «philosophique» aux odeurs pestilentielles qui suent les génocides par milliers sur cette petite planète au nom des intérêts de l'usure et de ses féaux.

Face à ces nids de scorpions et de vautours, prédateurs simiesques, il convient de renaître à la pertinence de la reconquête de la Voie, qui n'est un mystère que pour les sapiences retorses qui n'osent affronter le réel dans sa grandeur, reconquérir avec ce sens de l'honneur inné, issu de la rémanence formelle des Peuples, ces Peuples, que dans sa nécrose, la bestialité cherche à obérer afin que tout un chacun se noie dans ses immondices, ces Peuples qui doivent renaître à eux-mêmes afin de fertiliser le devenir et non plus s'atrophier par culpabilisation inventée de toutes pièces, légalisée par l'outrance afin de masquer ses crimes.

La reconquête qui en fait n'est que la conquête de la Voie est là, permanence inamovible que tout un chacun doit reconnaître et par là même inscrire dans son devoir de gréer l'avenir et non les fondements de la coagulation dans une mystique matérialiste qui n'est que le refuge des lâches, des pervertis, des aphones, de tout ce que comporte l'Humanité de délétère, qui se matérialise dans la matérialité la plus absurde, refuge pour les couards, les pleurnichards, les atrophiés de la Vie qui cherchent à l'estropier.

À l'aube d'une troisième guerre mondiale qui se déroulera entre la Chine, les USA et leurs alliés, qui pourrait très certainement être évitée si, et si seulement, la portée de l'usure démentielle que nous connaissons actuellement s'élimine naturellement, que les ressources de notre planète soit équitablement partagées par-delà le vampirisme, ce qui ne sera malheureusement pas, il serait temps donc que tout un chacun des Peuples rééquilibre ses potentialités tant physique, que culturelle, qu'économique, afin de faire face à l'adversité démentielle qui s'annonce, celle d'un mondialisme totalement dévoué à l'errance et l'usure, qui ne cherchera en aucun cas à l'élévation de l'Humanité mais bien sa castration totale.

Afin qu'elle serve son bon vouloir, par désintégration subséquente qui verrait naître cette «république» «universelle», si chère à certains, en prosternation devant le veau d'or, le matérialisme le plus hostile, gouverné par une médiocrité accentuée initiée par le seul pouvoir de ce matérialisme grotesque, de cette coagulation où trôneraient les «sages» grands prêtres de thanatos, les mains pleines de sang des humains, en condition de l'avortement et de l'euthanasie obligatoires et légalisées du «genre», de cette larve qui fut autrefois humaine, réduite à l'état de sous-animal, n'ayant d'autres fonctions que de servir la bestialité dans toute son horreur, son avilissement, sa répugnance.

Ici, non pas des artefacts de poète, de la science-fiction, mais bien la réalité qui se dessine au regard des prouesses que certains s'autorisent dans une sexualité débridée, principalement pédophile, qui s'autoprotège, une mentalité de tueur né qui cherche la destruction de Peuples entiers pour le profit d'un petit pouvoir, une arrogance de médiocre qui ne se convie que par l'importance d'un portefeuille et en aucun cas d'une intelligence, un viaduc vers toutes permissivités, dès l'instant où la destruction de la réalité est initiée, nobélisant tout ce que compte d'agents de la désintégration de l'Être Humain, une portée que Sparte eut détruit dans l'œuf mais qui aujourd'hui brille de tout son clinquant dans une rutilance infecte qui s'imagine merveille du monde, alors qu'au regard de chacun elle se sanctifie dans l'atrophie la plus profonde et la plus affligeante que l'Humanité ait connue.

Et ce ne seront les leurres, les flagorneries, les sourires en coins, les bêlements en tout genre, circonstanciés pour amadouer les Peuples qui changeront quoi que ce soit à sa distinction, à sa prononciation, tant il y a de quoi être écœuré par tant de banalité dans la prosternation de la culpabilisation, que n'apparaît dans ses créances sur le devenir que sa bestialité, son inféodation, et son larbinisme, que tout un chacun, lorsqu'il est conscient, rejette d'un revers de main significatif.

Car il est déjà bien trop tard pour cette atrophie accouchant de la mort en pastille dorée, labellisée par des lois iniques, le vent de la conscience fait des ravages dans les Peuples, les réveillant de leur torpeur agraire, et ce n'est qu'un début, devant le mensonge patent, l'hypocrisie, la forfaiture battant son plein, la traîtrise exultant, toute considération disparaît à la vitesse de l'éclair, ne rassemblant autour des «principes» de cette atrophie, cette République avortée, plus que le noyau de l'inintelligible qui, dans son navire qui sombre, voudrait encore rassembler, mais rassembler qui et pourquoi ?

Qui est aveugle certes, pourquoi, pour désintégrer l'Être Humain, répudier la Femme dans la circonscription du genre, avilir l'Homme dans une bestialité sans devenir, métisser de force les Peuples afin qu'ils perdent leur harmonie, illustrer une «europe» fédérale dérisoire où trône un Parlement dans le Parlement qui ne sera jamais l'Europe, n'est pas César qui veut, pourquoi donc, pour tout cela qui est sans intérêt par rapport à la réalité Humaine transcendée par ses Peuples, ses Identités, ses Races, ses Cultures, l'Humanité, sans le moindre intérêt pour qui seulement se donne le temps de réfléchir et voir que tout un chacun est l'esclave de la virtualité de l'atrophie, ce monde fondé sur l'usure et ses féaux qui est le voile de l'illusion, ce voile qui se déchire et devra disparaître pour faire place à une Humanité responsable, des Peuples comme des Identités respectées et respectueuses, qui forgeront non pas comme je l'ai déjà dit ce «nouvel» ordre mondial dévoué à l'usure, mais l'Ordre Mondial naturel qui dans la réalité permettra de dépasser toutes ces scories accumulées qui sont les freins à la croissance Humaine, à son élévation, à son couronnement par son accession à sa transcendance, par la reconnaissance de sa totalité et non de cette seule facette, le matérialisme, qui n'est que la pacotille que l'on donne aux roitelets pour rendre esclaves leur Peuple.

Cela vient, mais avant bien des épreuves, bien des génocides programmés, bien des meurtres collectifs et individuels, ne nous leurrons pas, la bête est pugnace, cependant elle n'a que trois cents ans, et à l'échelle de la Terre comme de l'Humanité, elle a à peine quelques secondes, ces secondes qui se déploient dans l'inversion du champ temporel qu'il faut redresser en tous lieux, en toutes Nations, par toutes Identités, par tous Peuples, par toutes Races, par l'Humanité globalement, en toute conscience et par toute conscience à travers ce petit monde.

Nous le savons tous, cette inversion est portée par une infinitésimale partie de l'Humanité, qui ne représente strictement rien si se coordonnent les actions des Peuples en vue de son reformatage, par éviction de tous votes envers les féaux de ce quarteron de l'usure qui cherchent un refuge dans l'esclavagisme afin d'assouvir leur atrophie intellectuelle. Car c'est bien d'atrophie qu'il s'agit, une atrophie liée à la démesure de la matérialité comme de la spiritualité déviante, moteur de la désorganisation globale de l'Humanité, mantisse de sa destruction programmée, dans une sous-culture de la mort qui se veut dominante.

Et c'est contre cela que tout Être Humain normalement constitué dans la raison de l'empathie comme de l'altérité naturelles, se doit de se battre avec tous les moyens légaux à sa disposition afin de fonder sa réalité dans un monde où je le répète, chaque Identité biogéohistorique constituée, chaque Peuple, chaque Nation, chaque Race, respectueux et respectés, pourront revitaliser dans le cadre d'une organisation comme d'une structure organique l'avenir de ce petit monde, tout simplement en instaurant l'Universalité et non cet espèce de magma sans nom que l'on ose nommer le mondialisme, encore un isme, où ne se respire que la putréfaction des cadavres dus aux génocides alimentaires, aux pollutions intentionnelles de l'eau comme de l'air, à la prolifération de molécules destinées à tuer et non à soigner, tel le h1n1 dont les souches ont été envoyées en Europe, au délire concerté de guerres perverses initiées pour la vente d'armes et la prise de possession des matières premières d'autrui, se servant du terrorisme manipulé afin de faire accroire à de quelconques guerres de libération qui en fait ne sont que des guerres programmées pour asservir des Peuples entiers à l'usure et ses féaux, etc., etc., n'en jetez plus, la cour est pleine de ces insanités.

Le nouveau défi de ce petit monde sera donc de faire en sorte que chaque Être Humain se prenne en main, que chaque Peuple se prenne en main, que chaque Race se prenne en main, que l'Humanité tout entière se prenne en main pour renvoyer à leurs chères études les dictatures en tout genre qui se manifestent et n'ont d'autres intérêts que l'asservissement. Le pouvoir n'appartient à personne, il se prend avec les armes qu'utilise l'ennemi de l'Humain, dans l'hypocrisie s'il le faut, dans l'entrisme comme l'insinuation de toutes les Institutions, qu'elles soient privées, publiques, associatives, syndicales, ouvertes, discrètes ou secrètes, rien ne doit arrêter le combattant de la Vie pour la Vie en la Vie, et ce n'est que par sa volonté qu'il pourra, dans sa multiplicité, qui n'a besoin de banderoles pour défiler, d'écusson pour se faire reconnaître, conquérir tous les pouvoirs en place et les destituer pour faire rayonner la Vie et non la mort qui est le fier panache de l'usure et de ses associés.
Tout doit être objet de l'insinuation la plus pénétrante afin de nettoyer les écuries d'Augias qui persistent et veulent faire accroire leur puissance, qui n'est qu'une impuissance à régir, une impuissance à élever, bâti de la monstruosité qui s'épanche et se félicite dans sa médiocre difformité spectrale.

N'oubliez jamais, en compréhension de l'Ordre Mondial naturel, ils ne sont rien, nous sommes tout, voilà la réalité du pouvoir, ce pouvoir dont ils ont une peur morbide, les voyant lancer leurs grenades lacrymogènes contre les travailleurs, les enfants et les parents défilant contre le mariage gay, et tutti quanti, protégeant leurs banques, leurs deniers, leur usure comme des mégalomanes, tant leur croyance limitée les prive de regarder le réel où les Êtres Humains se débattent dans leurs rets avides. Ils ont tout oublié, de cette réalité qui dépasse leur entendement, savoir que Tout est en Un et Un est en Tout, et qu'ils sont donc compris dans ce Tout, qu'ils sont en dépendance de nous-mêmes, ce que nous ne sommes pas, si et si seulement nous les comprenons dans ce Tout, non en les stigmatisant mais en ouvrant leur regard fermé sur le réel qui jamais ne peut être contraint, contrairement à ce qu'ils voudraient croire.

Face à leur délire, la solution réside comme précité par leur insinuation totale et conjointement pas une action de pesanteur globale qui se trouve régit par le rejet inconditionnel de toutes les formes qu'ils agissent que ce soit dans la consommation, par une consommation locale, que ce soit dans les modules culturels, par une résurgence des cultures propres aux Identités et la mise à l'index totale de la sous culture, que ce soit dans la matrice spirituelle par la résurgence des croyances naturelles et divines propres à chaque Peuple, et dans la cohésion comme pour la sous culture, le rejet global de ce qui cherche à soumettre l'Être Humain par l'intermédiaire de flux qui se disent religieux et qui ne sont que masques de politiques dont les ingérences doivent être dénoncées avec force afin qu'elles ne deviennent pas coutumes, ce qui implique le rejet des communautarismes qui veulent s'instaurer dans chaque Nation et exercer des droits inexistants et inadmissibles en fonction de leurs «spécificités».

On le voit la pesanteur peut être le moyen le plus signifiant qui puisse exister pour mettre fin à l'intolérable, à cette déviance accentuée par le viol systémique des Peuples, des Civilisations, qui ne sont pas en état de choc contrairement à ce que l'on pense mais bien en état de désintégration si on n'y remédie pas.

Pesanteur, insinuation, et rejet global par non-consommation de produits «culturels» avariés qui ne sont que les fruits de l'outrage et de la perversion, voici les maîtres mots d'une libération des Êtres Humains de leur asservissement dont on voit si bien les symptômes lorsqu'on regarde soit dans la rue, soit dans les moyens de transport collectifs, les ravages en la présence d'une virtualité consommée, cette virtualité qui se présente les écouteurs branchés dans les oreilles, et en parade d'une téléphonie sans fin dactylographiée où récitée, qui représente si bien la diarrhée de cette économie du non-sens devant laquelle nous devrions nous incliner.

En résumé, outre l'insinuation et le droit de pesanteur organique prés cités, se nourrir local avec des produits sains, consommer local, évacuer toutes les scories «culturelles», n'acheter en matière de littérature en aucun cas la peste rouge qui y sévit, le prurit de la sous publicité qui s'y engage, et surtout évacuer totalement les pseudos philosophes de basse-cour qui y regorgent, totalement pervertis à l'usure et son règne, et notamment ceux du «mondialisme» où l'on en voit se mettre à rêver d'une euthanasie comme moyen de gouvernance, d'Êtres Humains assimilés à des animaux, de cités sans fin qui seront les goulags de l'avenir, et bien entendu pour ces illustres personnages de la voirie devenir les sages qui conditionneront des larves qui du berceau à l'euthanasie conditionnée seront leurs esclaves patentés, des esclaves sexuels, des esclaves productifs, des vaches que l'on abattra lorsqu'elles seront bien grasses, où que l'on fera crever en leur inventant des maladies imaginaires, et que finalement on piquera afin de les envoyer dans l'au-delà avant qu'ils ne bénéficient d'une simple retraite.

Et pour finir, s'abstenir de tout vote de la dépendance à des sectes qui veulent régir en demandant à chaque impétrant ses appartenances, et surtout, par pitié, voter pour la compétence et en aucun cas pour la médiocrité conditionnée par corruption ou hypocrisie, voter des Êtres sans appartenance ni étiquette qui les feraient esclaves de lobbies quelconques, en substance comme en essence voter pour la capacité.

Les derniers événements prouvent que la corruption est partout, à tous les niveaux et qu'elle s'entraide, qu'elle se blanchit, qu'elle se coordonne, qu'elle est le ruissellement de cette féodalité qui s'instaure, les uns les autres qui s'en initient, se tenant les uns les autres en fonction de leurs actions prévaricatrices pour les uns, sexuelles pour les autres, meurtrières pour les derniers, le tout couronné par la pédophilie qui est une laisse pour les impétrants au pouvoir, ne l'oublions jamais.

Mais les Peuples ont-ils encore le courage de se battre contre l'opportunisme, la dictature, le mensonge, à l'image du Peuple Islandais? L'avenir nous le dira, en attendant chacun en son lieu et son espace, d'ores et déjà peut un tant soit peu combattre avec les armes explicitées ci-dessus. Il n'y a pas besoin de réunion, il n'y a pas besoin d'appartenance, il n'y a pas besoin de blason, pour réussir cette contre-révolution naturelle, bien au contraire, sept milliards d'Êtres Humains en action peuvent réussir sans la moindre faille, sans la moindre escarmouche cette renaissance à la réalité, dans une autodétermination motrice qui n'a pas besoin de partis pour s'exprimer, car cette expression se trouvera dans sa source même, celle de la vie et du vivant se confrontant avec la moisissure de ces quelques secondes cherchant à asservir et qui devant la quantité d'actions individuelles qui se multiplient, et non ne s'additionnent, disparaîtront naturellement.

À chacun de se situer et de s'ouvrir à la pérennité où de disparaître dans le néant de la matérialisation la plus abjecte que l'Humanité ait connu.

L'esclavagisme

Le masque est là, dans sa théurgie, dans son inamovible béatitude et prostitution de l'esprit, dans son manteau subversif ne voyant que le bout de la lorgnette pour faire accroire, pour faire valoir, pour faire exploser ses sentences ridicules, ses démons outrageants, ses délires surannés, toute cette pestilence, qui, dans sa morgue, se voudrait culpabilisation.

Le révisionnisme est son assaut, ses louanges, ses émois et ses dithyrambes consternations, dans cet effort qui est celui de la couardise, dans cet essor qui est celui de l'aveuglement. Et il nous faudrait, en reptation se faire son adorateur, dans la prosternation d'un mensonge qui n'est pas le premier ni le dernier qu'inventent toutes ses hordes qui se veulent le règne avant même que de naître au règne, qui se veulent la pensée alors qu'elles n'en sont que les insultes, des insultes que nous devrions accepter au nom d'une mémoire tronquée, avide, d'une mémoire qui ne broie que le délire d'obtenir des subsides, des espèces tintinnabulantes. Quel regard devons-nous porter sur cette misérable désinence, sinon celui de la simple compassion, tellement il est ridicule, aussi ridicule que tout ce qui le porte, de ces mouvements de mentons qui feraient rire tout individu normalement constitué, tant il est dérive de la réalité, allant vers cette imbécillité chronique qui depuis trois cents ans pourrit la vie de Peuples entiers, esclaves de cette putridité qui se montre, fouette, s'engraisse, se parfait dans la destinée funèbre qui est la sienne, celle de l'horreur dont les commensaux sont féaux.

Visitons donc cette horreur qui fut et continue, de ce que l'on nomme l'esclavage et pour lequel chacun d'entre nous doit être rendu coupable afin qu'il paie pour celles et ceux qui l'ont commis et s'en sont bien repus, les uns les autres, boutiquiers, petites mains, criminels en tout genre qui font oublier qu'ils étaient le sommet d'une partie de cette usure qui ce jour commet le plus grand marché aux esclaves que la terre ait connu, un marché où l'on voit les enfants s'exténuer à travailler, les adultes, pour une bouchée de pain, dans les camps de concentrations économiques, faire fondre leur vie pour quelques euros ou dollars afin de vivre dans les taudis qui prospèrent, et non seulement dans des pays que l'on dit pauvres, mais bien dans nos Nations où tout exogène n'est qu'un parfait esclave, en considération mutant l'endogène lui-même esclave d'un capital éhonté qui bruit la paresse, l'insolence, la duplicité, la morgue de tout ce qui toujours régna jusqu'à cette pestilence, de nouveau bien vivante, ce que l'on veut nommer l'esclavage, d'un Race ?

Non, de toutes les Races, voici la vérité dans sa cruauté, dans cette légitimité qui fait que diviser permet de mieux régner, afin que l'arbre cache la forêt. La traite que l'on appelle la traite des «Noirs» ne fut commise qu'avec l'accord participe des chefs de Tribus dans cette Afrique où l'on veut faire oublier la réalité, et cette traite bien entendu n'était due au seul fait de ces chefs de tribus, mais bien dû et ce depuis l'antiquité aux marchés sauvages initiés par les Arabo musulmans, lâchement oubliés par la «repentance» caractérisée de l'atrophie qui veille à réinscrire l'histoire dans son délire.

Rendons donc à César ce qui appartient à César, et que tout un chacun puisse voir que la loi dictée envers les générations nées après 1848, en ce qui concerne les Françaises et les Français qui n'ont strictement rien à voir avec cette traite, est sans finalité sinon que celle que voudraient lui donner tous les suppôts de la subversion qui mêlent le réel et le virtuel afin d'initier cette nauséeuse perversion que l'on nomme la repentance. Toute Française comme tout Français, ce jour n'a pas à subir cette flagellation ordonnée par la subversion, et ne doit en aucun cas tenir compte de son propos qui est celui du mensonge né du révisionnisme le plus dénué de sens historique, d'accomplissement historique.

Car si repentance il devrait y avoir, elle doit être initiée à la source, et doit être celle des marchands d'esclaves et en aucun cas de Peuples entiers qui devraient payer pour quelques êtres sans morales qui ont pratiqué et continue à pratiquer l'esclavagisme le plus stupéfiant, oubliés dans tous les discours, les tenants et aboutissants de l'usure dans sa destinée destructrice. Regardons dans notre Nation ce qu'il en est de cet esclavagisme le plus consternant qui soit, dominé par l'usure, les prêts à intérêts les plus répugnants qui soit mettant la corde au cou à tout un chacun désirant bâtir son foyer, et pour des durées absolument inconvenantes, regardons cet esclavagisme voyant les endogènes se soumettre par obligation à l'usure pour accepter n'importe quel travail et surtout s'y taire, ne point manifester, afin de le conserver, pour bien entendu payer les usuriers, regardons cet esclavagisme poussé au maximum par infiltration de toutes populations exogènes, acceptant tous travaux pour des paies moins importantes et ainsi dévaluant le travail au profit du capital, esclaves parfaits qui ont droit à tous les égards, logements, soins gratuits, retraites pour celles et ceux qui n'ont jamais travaillé sur le sol de France, au détriment des endogènes qui dès lors font l'objet d'un racisme affligeant, qu'ils doivent accepter, jusqu'à être traités de sous-chiens, sans que la moindre pensée ne les effleure que de se voir ainsi dans la prosternation de tout ce qui n'est pas la France et ne le sera jamais, n'est-ce par-là le plus bel esclavagisme qui soit ?

Un esclavagisme dont se gardent bien de parler les poncifs viscéraux de cette loge outrancière qui domine actuellement notre Nation. Oui, nous sommes esclaves, esclaves de l'usure et de ses représentants dans ce marché du travail totalement usurpé et déployé dans l'abrupte pauvreté, oui nous sommes esclaves d'une pensée unique délirante, révisionniste, en reptation devant tout ce qui n'est pas notre Histoire, notre cohésion Nationale, notre aspiration internationale, oui nous sommes les esclaves de l'usure dans sa globalité, cette puanteur de la fainéantise qui collecte son droit de cuissage, non pour nourrir ses employés, mais pour nourrir ses coffres où s'entassent des centaines de milliards d'euros escroqués aux Peuples, fruits de leurs larmes, de leur sang, de leur sueur, de leur mort, cela on ne veut bien entendu ne point en parler pour laisser accroire, par un mot sur ce qui ne s'adresse à une Race, mais à toutes les Races, ces Races que n'aime en aucun cas l'usure, qu'elle voudrait voir fondre dans cette couleur sans couleur afin d'induire l'esclave parfait, aimant sa domination, aimant être flagellé, comme un toutou remuant la queue pour quelques miettes de pain.

Voilà la triste réalité pour laquelle nulle loi de mémoire n'a été activée, alors qu'elle devrait être la seule loi ouvragée permettant de juger ces criminels ayant réduit au servage l'Humanité pour leur seul plaisir, tristes personnages qui se voudraient pouvoir, alors qu'ils ne sont qu'atrophie des pouvoirs, régnants sur des larves acquises à coups d'argent quand ce n'est pas le sexe, et pire encore le meurtre par ordonnance. De la «repentance» devant cette abjection ? Laissez-moi rire, et que chacun rit à gorge déployée devant cette outrance du langage qui ne regarde que par le petit bout de la lorgnette pour mieux diviser, et surtout mentir, mentir et mentir encore, car voici le vœu, car voici le choc dans les esprits, que ce mensonge fasse oublier cette réalité indivise entre les Races, indivise entre les Peuples, en Chine, comme en Inde, en Indonésie comme en France, en Allemagne comme au Bangladesh, etc....

Tout un chacun subit l'esclavagisme de l'usure, d'un quarteron de «généraux» dont l'édifice n'est pas celui qu'ils croient, car bâti sur le sable de l'ignorance, bâti sur l'outrance du verbe, sur de fallacieuses répugnances qui se devisent, le viol de l'Esprit, le viol des Peuples, le viol dans tout ce qu'il a de plus horrible, car sévices envers l'Humanité, crime par excellence que tout un chacun ne voit pas, perdu dans les affligeantes reptations à la génuflexion devant le mensonge et sa barbarie. Lorsque comme en Islande, tout un chacun aura compris que le véritable esclavage, de tout temps, de tout siècle, de toute condition, de toute Nation, est celui porté par l'usure, alors le jeu de cartes monté par les esclavagistes s'effondrera en l'espace d'un éclair, et là nous pourrons effectivement inscrire une Loi Humaine, une Loi qui se débarrassera à jamais de l'esclavagisme, une Loi qui décrétera criminelle envers l'Humanité toute action usuraire quelle qu'elle soit. Comme je le disais plus haut, il ne faut pas que l'arbre cache la forêt et si comptes il y a à demander, c'est bien à l'usure et ses exactions les plus répugnantes, à tout un chacun d'ailleurs de celles et de ceux qui en vivent grassement, à toutes celles et ceux qui importent des produits fabriqués, avec des salaires de misère, par des enfants principalement dans certaines Nations livrées à la barbarie de l'usure.

Il est temps de mettre à plat ce système de l'errance et de lui substituer un système cohérent, basé sur des échanges productifs et fructueux pour tout un chacun, voyant tout bénéfice divisé en trois, une partie pour l'investissement, une partie pour la rémunération du capital, une partie pour la rémunération du travail, voyant les taux usuraires liquidés pour faire place à des taux de principes qui permettent à tout un chacun de s'épanouir librement, sans le joug de la fainéantise, sous regard des États, voyant les Banques Nationales émettre leur monnaie et non plus se trouver enlisées par des marchés usuraires qui en viennent jusqu'à s'inventer des formules mathématiques afin d'abstraire le réel et le rendre toxique, voyant les lois sur le travail proscrire le travail des enfants, et soumettre les entrepreneurs à la règle de trois circonscrite ci-dessus, voyant les syndicats aux ordres du patronat dissous au profit de corporations veillant à la rectitude des droits moraux concernant le travail dans chaque édifice de la production etc.

Ce n'est qu'à ce prix que les esclaves que nous sommes se libéreront de l'usure et de ses féaux, ses chiens de guerre qui immolent la pensée pour la fourvoyer dans ce néant insipide qui nous voudrait tous atteint du syndrome de Stockholm, ce qui n'est fort heureusement, pour la majorité, pas le cas, contrairement à ce que voudraient nous faire croire les bêlements des loges subversives qui idolâtrent le néant.

Que tout un chacun ici prenne mesure du mensonge lié à l'errance et ses propos, cette errance qui toujours se cache derrière des drapeaux anonymes qui au regard de l'Histoire avec un H majuscule, se dissolvent toujours. Le révisionnisme est ce qu'il croit sa force, mais ce révisionnisme qu'il déploie permet bien au contraire de voir les failles de son discours, ses incohérences, ses ineffables acceptations du néant qui le dirige. Il est temps de sortir de ses impasses les plus intolérables, les plus ignobles, les plus perverties, les plus glauques, les plus sordides, qui voudraient atteindre nos enfants, dans ce qu'ils ont de plus fragile, leur altruisme naturel, leur empathie génétique, et faire éclore en tous lieux, en toutes Nations, en toutes Races, en tous Peuples, en toutes Ethnies, le cœur réel du problème de l'esclavagisme, et non ce conte dévoyé où le malheur et la souffrance de celles et ceux qui ont été vendus par leurs pairs directement, ou en place publique par les réseaux arabo musulmans, ou autre, nous enseigne que le mensonge est une atteinte même à cette fragilité humaine qui a permis à l'usure de s'enrichir.

Il n'y a donc devoir de mémoire pour les Peuples innocents, mais bien devoir de mémoire pour les victimes de cette insanité qui pervertit le monde depuis des millénaires. Ainsi que tout un chacun ne se trompe pas de cible dans le cadre de ce mensonge qui n'en est qu'un parmi les multiples que nous devons entendre, rabâchés les uns les autres afin que tout un chacun accepte sa servitude à l'usure, son acculturation, sa flagellation, sa contrition, sa disparition dans le genre, dans ce point final de l'humain qui, dans son ignorance, accueillera avec dévotion son euthanasie la plus répugnante. Il suffit donc du mensonge et de sa honte manipulatrice, de sa déshérence la plus commune, aucun enfant, qu'il soit de quelque couleur qu'elle soit n'est responsable de l'esclavage, par contre il se doit de lutter contre l'esclavagisme qui depuis des millénaires détruit l'Humanité et ses représentations bio géo historiques, et ses réalités qui ne sont d'adventices errances mais bien des points d'appui sur lesquels se fondera ce monde qui ne sera pas celui de l'usure mais de l'Humanité dans sa réalité, ses couleurs complémentaires, ses cultures multipliées et non divisées, ses ardeurs magnifiées dans la création, par l'épanouissement nécessaire à son épanchement, qui ne pourra se réaliser que par la disparition de l'usure, l'esclavagisme par excellence, dont on voudrait faire oublier la réalité.

Équation

Des coordonnées fractales par trois cent soixante degrés, les sphères passant de degrés en degrés sont les prolégomènes d'une réalité consciente dont les portiques permettant de passer d'une sphère à l'autre par les pôles desdites sphères. Il n'y a rien là que de naturel dans la formalisation du mouvement qui est la pure création de l'attraction entre elles de ces sphères énergétiques induites initiant la gravitation et par-delà l'association sont correspondances d'espace-temps qui vivent chacun leur mobilité.

Ne prenons à la légère ce principe qui comprend en lui-même, en sa concaténation la reconnaissance quantique universelle de toute composition astrale. Nous pourrions penser que la formalisation de la Vie en cette désinence se correspond de degré en degré. Il n'en est rien, les quanta d'action ici se multiplient, ce qui dessine non pas un champ séquentiel de trois cent soixante radiations vivantes mais bien la multiplication de ce nombre par lui-même, chacun des degrés concernés s'automultipliant eux-mêmes dans les caractéristiques qui leur sont propres.

Ce théorème conjugue l'historiographie des galaxies, des amas de galaxies, des superamas de galaxies, représentant un univers parmi les univers créés et qui continuent à se créer. Nonobstant cette parenté, ce théorème explique les possibilités infinies du champ d'action de la Vie, qui dans ces coordonnées développées autorise la perception de la multitude des univers et conjointement la préhension de cette multitude, et met en valeur le potentiel de l'immanence qui en ses coordonnées conjoint par la transcendance permet à l'unité comme au nombre de déterminer les expansions comme les régénérations du flux vivant.

Il explique aussi les différentes rencontres exprimées dans les mondes qui se découvrent. Il n'y a ici que volition de la concordance entre l'immanence et la transcendance dont les effets induits sont opérandes de toutes déterminations, de l'unité comme de la quantité circonscrite dans un espace-temps dont ils doivent parcourir la mobilité avant que de s'initier à la motricité. Ainsi est l'équation universelle de la Vie qui dans la profusion de ses déterminations ne peut, en fonction des degrés d'évolution circonscrits, que s'épanouir, malgré la déperdition induite, elle-même recyclée.

On retrouvera ici les principes des réincarnations qui ne s'instaurent dans le quantum espace-temps initié, mais parcourent les degrés temporels qui se suivent, sauf nécessité absolue déterminée. On remarquera ici que ce théorème donne explication, non seulement sur la rencontre de plusieurs mondes en l'épicentre d'un monde, mais aussi la rencontre de plusieurs mondes en provenance d'autres mondes.

Ainsi dans la coordination de la cellule primale tripartite l'horizon fécond des recherches qui se doivent pour au-delà de la chronicité événementielle concaténer le temps par l'intermédiaire des champs contre gravitationnels en expansion de tores tripartis inverses en leur rotation, qui permettront non seulement l'exploration des univers épicentriques, mais bien aussi la multiplicité des univers créés, et au-delà atteindre le champ d'expansion nécessaire à la survie de l'humanité en son degré initié.

Science-fiction ou Science ?

Science-fiction ou science ? Si nous partons du principe que un est en tout et tout est en un, nous pouvons comprendre qu'il existe une infinie de potentialité à naître à la fois ce que nous appelons le temps comme ce que nous appelons l'espace, sans oublier l'interférence entre ces deux polarités qui dans notre esprit coexistent, mais qui dans la réalité sont des paradigmes inexistants au sens de la vertu énergétique que tout un chacun anime, tout un chacun car chacun est unique et ce qui relève du réel n'est qu'une trame de la réalité, leur multiplicité engendrant la réalité.

L'énergie est tout, et dans sa simplicité peut se résumer dans une particule et bien entendu dans son action qui représente le champ énergétique que l'on pourrait traduire aussi bien par une onde. Il n'y a en définitive qu'une correction à apporter qui est celle de la compréhension qu'en action la particule est onde, qu'au repos elle est de même onde, une onde stationnaire, donc un champ d'énergie mobile ou non. Partant de ce principe en interaction avec le principe de l'action, chaque être est source d'un champ d'énergie, d'un champ d'onde qui est le reflet de son action comme de son inaction, un potentiel fabuleux capable de se transférer, de se métamorphoser, de se densifier, de s'unir, de s'opposer, de s'intensifier.

À la racine de l'action se situe l'immanence qui reste le socle de la concaténation des énergies et leur transcendance. La rencontre de la transcendance et de l'immanence déterminant l'évolution, l'inverse la désintégration. Il faut imaginer ce seuil pour bien comprendre que le déterminisme est la clé de voûte de cet agencement, et que ce déterminisme est lié donc tant pour l'individué que pour le généré à l'accession de son pouvoir de transcendance pour opérer dans l'immanence, ce qui est possible grâce à la rémanence énergétique issue de ces deux pôles.

Chaque Être étant unique, ses composantes énergétiques le menant à l'infini des possibilités, on voit pour ce qui est de l'ensemble des Êtres que les possibilités d'évolution comme d'involution sont la résultante non pas d'une addition mais bien d'une multiplication des énergies quantitatives de chaque Être. Lieu et temps sont du domaine de la genèse, états de nature primitive ou ultime en voie ou non d'accession à leur transcendance, marque de l'évolution qualitative énergétique.

Ici l'on comprendra qu'il existe des degrés par lesquels passent les Êtres qui ne sont pas sur des mêmes niveaux de compréhension et dont la majorité par enchaînement reste dans la quantification involutive liée à la domination d'énergies ou de groupes d'énergies négatives pour des raisons de divers ordres, principalement matériels, l'impossibilité pour ces énergies négatives d'accéder à une énergie positive étant liée à des variations parasites les conduisant à l'atrophie de leur potentiel énergétique.

Comprendre l'univers comme l'ensemble des Univers c'est comprendre la Vie dans son mouvement régénérateur de l'immanence, et à partir de là exposer capacité comme incapacité, liberté comme enchaînement des formalités énergétiques qui s'ébruitent bien souvent dans la virtualité pour se confondre dans le néant, plutôt que de s'ordonnancer et se répandre, acclimatant l'incomposé pour le recomposer, en signifiant les états de la nature profonde de la vie et son évolution signifiante.

En aparté, nous pouvons ici voir les modélisations politiques totalitaires liées non pas à des modalités génératrices d'action mais bien au contraire au couronnement du statisme invoqué par le mimétisme qui se canalise par l'invariance, qui se résume par le sigle, la parole, le chant, qui ne sont que des ondes motrices, non pas contrairement à ce que l'on pense d'action, mais de statisme dans la considération de leur compréhension organique, voyant l'intelligence énergétique diminuer comme l'inverse du carré de l'échantillon compromis par l'illusion, ce qui n'est pas le cas des modélisations politiques ouvertes, liées à des modalités génératrices d'actions, car participes par complémentarités de gestalts de préhensions s'ordonnant naturellement dans l'évolution au regard de l'intelligence ici se multipliant et non se divisant.

On voit ici que l'intelligence naît de l'interaction énergétique. Cet aparté fait de la régulation qui peut être inverse ou en adéquation avec la Voie, savoir l'évolution qui est par transcendance rencontre de l'immanence, explique parfaitement les modèles psychosociologiques que peuvent revêtir toutes déterminations, compte tenu du champ de vacuité, et compte tenu du potentiel énergétique individué comme généré.

Ceci explique aussi la capacité de l'Être à développer et se développer par l'évolution comme l'involution, et met en exergue que la matrice de ces coordinations relève de l'implication des champs énergétiques tant individués que générés qui formalisent l'état des civilisations créées, en devenir, ou en formation. À ce stade, nous allons aller plus loin, pour bien prendre conscience que le temps comme l'espace peuvent être joués, comme un jeu, dans le cadre du développement énergétique en sa conscience et par sa conscience.

Le temps comme l'espace ne sont que des projections et ne reposent que sur une adaptation séquentielle que rien ne justifie dans le corps des univers. À ce degré nous dirons que ce sont simplement des expressions qui peuvent se deviser à l'infini, se concaténer, s'abstraire, s'ignorer, se replier. Au moment où le voyage dans l'espace devient une nécessité afin d'essaimer notre galaxie, il conviendrait de se rappeler de ce postulat.

En aparté, alors que les scientifiques s'éreintent sur la manière de domestiquer l'énergie gravitationnelle, en est une bien plus simple à canaliser, c'est celle de l'énergie hadronique, dont l'inverse du rayon de son gradient permet par la concaténation de ce que nous nommons arbitrairement l'espace/temps, de se déplacer à la vitesse subatomique, pulvérisant toute autre formule cherchant désespérément à mettre en pratique des vitesses approchant la vitesse de la lumière. La vitesse de la lumière n'est qu'un leurre prédéterminé par une onde, onde qui peut être surpassée par sa modalité intrinsèque, existant dans les univers d'autres caractéristiques confondant sa systémique incomplète et erronée.

Pour poursuivre, nous dirons qu'il ne faut plus avoir comme référence une vision purement séquentielle, mais bien une vision géométrique de l'ensemble constitué par ce un en tout et tout en un qui génère la Vie qui doit s'accomplir afin de régénérer ses constituants, sachant que nous ne sommes les uns les autres qu'une particule de ce que l'on pourrait nommer une sphère couvrant un prisme aux facettes infinies, en lesquelles et par lesquelles nous devons trouver un chemin parmi l'infini pour parvenir au but, savoir la régénérescence du tout.

L'Esprit

Un est en Tout, Tout est en un. Le refus de cette évidence est le fer de lance du nihilisme. L'ouverture sur cette évidence qualifie notre capacité, dans ce passage à évoluer vers un degré de surconscience qui devrait être le fait de tout un chacun, que tout un chacun comprend en lui, mais que, par culture, par fanatisme religieux, il refuse aux Autres. La typologie en découle, il y a les aveugles qui s'enferment dans la matière brute, et qui ont besoin pour cela de convaincre, donc rejette toute forme de spiritualité, dénonçant ainsi leur caractéristique qui est celle du corps-âme, où l'âme se dissout dans le corps, le non-esprit dominant. Il y a les borgnes qui par totalitarisme, et par singularité se déterminent dans la matière en aspirant à la Spiritualité, corps-esprit, ou se déterminent dans une forme de la spiritualité (l'autoritarisme en matière religieuse en est la conséquence) en asservissant la matière, esprit-âme. Il convient de bien comprendre que ces deux caractéristiques précitées sont les plus violentes dans le déterminisme individuel, l'un accentuant sa corrélation en se définissant religion, l'autre accentuant sa corrélation en se définissant pouvoir temporel, les deux ne permettant à personne de prendre état de sa capacité de transcendance avec l'immanence.

Enfin restent les éveillés qui ont pleine conscience de ce passage Temporel qu'ils vivent et doivent conquérir et maîtriser avant que de parcourir les étapes suivantes de leur singularité. La perception de tout un chacun vis-à-vis de la spiritualité que l'on peut définir comme la Tradition par excellence, est donc nuancée par cette typologie en laquelle il se fonde ou non, d'ailleurs. Il ne reste non pas à les oublier mais bien au contraire les élever à leur potentiel de transcendance par le cœur de l'unité de leur réalité, corps-esprit-âme, qui mène au chemin de l'universalité, et non de l'universalisme qui n'est qu'un isme parmi d'autres, et ne veut strictement rien dire.

Il devient parfaitement évident que la Tradition devient donc l'objet de la tentative de sa destruction par celles et ceux qui ne ressortent de l'unité, mais de l'atrophie, née des typologies que l'on peut nommer, primitive, matérialiste, spiritualiste, qui caractérisent la subversion et le totalitarisme. Face à cette tentative de destruction de leurs vecteurs, l'important réside pour tout un chacun unifié en ses facettes, dans le cœur d'une avance imperturbable, ainsi que le don de ce que l'on maîtrise.

Le regard de chacun étant notre regard, il nous appartient de l'élever afin qu'il bâtisse, construise, et non se laisse terrasser par l'ignorance et ses usurpations. Il convient de bien comprendre que l'égalité n'existe pas, ni dans le domaine temporel, ni dans le domaine spirituel, sinon en droits, malheureusement interprétés. Nier cela, c'est nier notre devoir de transcendance, et accepter l'inacceptable. Le « Nous » que nous sommes, Un en Tout, Tout en Un, dans sa correspondance transcendante se doit de hisser vers la spiritualité les facettes inégales et multiples de la Vie, et non simplement, comme le veut cette civilisation qui s'enfonce dans la matière brute, être spectateur.

Être en la Vie, pour la Vie et par la Vie, c'est être acteur, si cela n'est, on aura perdu l'essence même de la concrétisation de la Vie en ce lieu et par ce temps, qui se doit exfoliation, rencontre de la transcendance tant de l'Être Humain que de l'ensemble des Êtres Humains avec l'immanence. Le reste n'est que miroir d'accroire, geste stationnaire qui ne mène qu'au néant lorsque le néant domine.

Lorsqu'on a dépassé la dualité, qui comme on le voit se dissout dans La Trinité naturelle, la liberté dans la construction devient infinie. Lorsqu'on n'a pas dépassé la dualité, la liberté dans la destruction est infinie. À chacun de choisir sa voie, sachant qu'en dernière extrémité, la nature même de la Vie revient à l'équilibre indissociable de l'harmonie. Ceci implique que le pouvoir trinitaire permet d'intégrer les dualités et les résorber.

Le circuit qui s'inscrit en faux contre la déperdition de la famille est un exemple supérieur de la réalité de la force trinitaire sur la dualité négative qui se veut pouvoir. L'amour porte le désir du cœur, de l'esprit, de l'âme, et transcende par le corps sa vertu dans le don de lui-même à la personne aimée. La séparation du sexe du corps n'existe que dans la contrainte acquise par l'écorce religieuse, politique, philosophique. Le sexe n'a jamais été indépendant du corps et ne le sera jamais. Le corps manifeste son désir, tout est là question d'équilibre de la maîtrise de notre enveloppe en ce lieu, soit désignée pour le don à autrui, soit désignée pour le don à l'Être aimé, soit désigné aussi par le don à soi-même.

L'Amour n'est donc pas dissociée du corps, mais un de ses éléments naturels qui non conditionné, mais équilibré devient porteur de toute embellie de la nature humaine, car promesse de pérennité. Cette pérennité, naturellement n'est assurée que par la rencontre d'une Femme et d'un Homme, cellules primordiales du Vivant. Le reste n'est qu'expérience de la virtualité, formalisation du néant qui se fabrique une destinée qui n'est que le reflet de la décadence la plus profonde, ici et en ce cas, détermination de destruction des civilisations, des Peuples, des Identités, des Races, pour fonder sur un magma le non-être par excellence, un golem manipulé et manipulable, jouet de la perversité et de ses illusions.

On comprendra que le monde ne peut être porté par cette dégénérescence dont l'induction est la tyrannie, dont la métamorphose est la folie, dont la quintessence est la destruction. La réaction spontanée de l'équilibre face à la corruption des mœurs, qui est une atteinte virtuelle à l'ordre naturel, en cela démontre que la rémanence génétique issue des racines ordonnées et civilisées, biologiques, générées par une Histoire multimillénaire, tel un macrophage s'est attaquée avec détermination au virus pandémique injecté par l'atrophie duale.

Cette réaction est d'autant plus intéressante, qu'elle dévoile que la sous-culture rémanente des typologies des atrophies n'a permis une atteinte quelconque de la rémanence génétique des racines confrontées à une loi génocidaire programmée par la sous-culture. Car cette rémanence n'est en aucun cas culturelle, elle est génétique, ce qui prouve encore une fois que la Nature dans sa recherche d'équilibre ici fonde les motivations de la Vie en ses différences, ses volutes, ses desseins et ses floralies. L'assise utopique de la programmation de la destruction de cette rémanence s'avoue vaine, et en conséquence relève pour se déterminer de la tyrannie.

Cette tyrannie est là, palpable, présente, voyant l'incarcération de milliers de manifestants, le gazage d'enfants, la torture physique par brutalités inimaginables, violences d'agents de police commises sur tout un chacun, torture morale par rétention abusive, condamnation au nom de principes virtuels de jeunes gens, toutes formes engendrées par l'alliance d'une justice et d'une police intégrées dans le moteur même de la subversion par insinuation de leurs institutions par la subversion par l'intermédiaire de sectes aux ordres dual.

D'ores et déjà, on comprendra que cette tyrannie est vouée à l'échec comme toute tyrannie, quel que soit son vocable dont les centaines de millions de morts demandent et obtiendront justice et réparation de l'atrophie, la Vie revenant toujours à l'équilibre et destituant tout ce qui se porte en faux à son encontre, dans un mouvement irréversible qui emporte tout sur son passage. Rien ni personne n'arrêtera ce pourquoi l'Être Humain est destiné, aucune censure, aucun emprisonnement, aucune chaîne, car sa pensée est au-delà de toutes ces triviales barbaries que fonde la subversion en sa tentative d'enfermer dans sa matière brute tout un chacun en l'invitant à s'y perdre.

Car l'Esprit n'appartient ni au temps, ni à l'espace, et cet Esprit est éternel et toujours par-delà les vicissitudes sait interrompre le cours de la bestialité accouplée à l'inévitable dictature de la médiocrité qui la déploie, car l'Humain est au-delà de la bestialité. Il est couronnement de l'évolution et évolution, et non involution, ferment de toute cette subversion qui s'imagine pouvoir sur les Esprits, alors qu'elle ne les effleure pas, que jamais, elle ne pourra les désintégrer, car l'Esprit sème où il veut.

Moteur de la tradition par excellence, il fulgure les temps et les sacralise et lorsque tombe le couperet de l'ignominie il surgit afin de porter son étendard qui n'est pas celui de l'affliction, mais bien au contraire de la lucidité la plus parfaite, malgré les fers qui peuvent parfois l'enchaîner. Les chaînes de la subversion ne dureront pas. Elles ont été brisées dans ses avatars idéologiques, et seront de nouveau brisées dans son mouroir qu'elle instaure dans notre Nation et de par ce monde.

Acculturation et illettrisme sont ses permissivités, ses modalités de fonctionnement. Face à cela l'Esprit est là et tout un chacun doit s'en instruire afin de taire la prosternation, la flagellation, la bêtise, le mensonge, la duplicité, la traîtrise, la fourberie et l'hypocrisie, qui sont ses mamelles. Le temps n'a aucune importance dans la résorption de cette déliquescence, il vient, c'est tout. Ainsi que ne s'inquiète ceux qui sont dans les chaînes, arrêtés et condamnés arbitrairement par l'idéologie de la mort, elles ne sont rien, l'Esprit est là et rien ni personne ne pourra le détruire, car il est symbole de la liberté de conscience qui née de la Tradition perdure la Tradition malgré le chiendent qui cherche et cherchera en vain, à en décimer les racines.

Et les générations qui viennent et viendront redécouvriront sa force inépuisable, inextinguible, tout juste enrobée de la fange bestiale, qu'il suffira tout simplement de nettoyer définitivement pour en faire luire l'immortelle essence, qui est celle de l'évolution Humaine en sa détermination de transcendance et non désertion de cette transcendance.

Actions

Tout un chacun aujourd'hui a conscience qu'il existera un gouvernement mondial. Mais quel sera-t-il ? Face à l'offensive du matérialisme le plus désintégrant, nous pouvons observer que ce gouvernement ne pourra devenir, de facto, qu'un gouvernement machiavélique, dans le sens du leurre démocratique, un gouvernement autoritaire de maîtres, je ne parle pas ici de capacité mais bien de médiocrité – car basée sur la valeur surnuméraire et non sur la valeur intellectuelle – gouvernement régnant sur une massification d'esclaves que l'on dirige actuellement tout droit dans le cadre d'un consentement agrégatif, savoir acceptant leur enchaînement au nom d'une liberté tronquée, allant jusqu'à ce conditionnement ayant né l'avortement, bientôt l'euthanasie légalisée, enfin la destruction de toute humanité par instauration de la théorie du genre.

Vertu, l'Être Humain doit se dresser contre cette matérialisation la plus avide, la plus torve, la plus décadente que l'univers ait connue. Se dresser ne veut pas dire descendre dans la rue pour hurler avec les meutes, mais bien individuellement se battre dans tous les phares de cette désintégration. Ces phares sont actuellement posés, ils relèvent des institutions nationales comme internationales. Le pouvoir, je ne le répéterai jamais assez n'appartient à personne. Il est à celui qui le prend avec une volition inextinguible, il est à celui qui le prend par une énergie inflexible, qui sous-tend bien entendu une surconscience qui n'est pas dédiée à la désintégration mais bien à l'élévation.

Les transgressions se suivent et se ressemblent par rapport à la réalité pour informer une virtualité façonnée par une subversion parfaitement bâtie, mais d'une fragilité exemplaire, car en ces temps où circule l'information à la vitesse de la lumière, peuvent être répertoriées dans leur essence pyramidale l'ensemble des sociétés discrètes participant à la destruction de l'Humanité. Les lois sont aujourd'hui faites par une finance apatride, pour une finance apatride et totalement délétère. Les masques de ces Lois formalisent l'instinct de la perversité qui règne et est entretenue dans ce que j'appelle la franc-maçonnerie défendant la voie inverse, qui règne en pur dictateur sur le destin des Nations qu'elle cherche à détruire pour les fondre dans un magma boueux qui ne ressemble à rien, sinon au silence de l'Humanité en ses floralies, une boue glauque et sordide dans laquelle se vautre la soldatesque barbare qui est florilège de cette franc-maçonnerie déviante.

Face à cette adversité, reconnue et subordonnée par les multiples usages de la corruption, qu'elle soit financière, qu'elle soit sexuelle, qu'elles soient meurtrière, tout un chacun des impétrants de ces sociétés néfastes étant liés par ses crimes et ne pouvant plus en sortir défend les vues de leur idéologie putride que soumet à l'opinion totalement aveuglée des élus, élus comme des marques de savonnettes, qui ne sont que les illusionnistes de ce nouveau millénaire dont ils se voudraient règne. D'instinct les populations devinent qu'il n'existe en ces images aucun pouvoir sinon celui d'un consentement à tout ce qui est aberration et concept de destruction.

L'exemple de la France est aujourd'hui extraordinaire dans les façades qui se croisent et s'entrecroisent. On voit une gouvernance totalement inféodée à la trame du Grand Orient, obédience défendant la voie inverse, n'ayant pour principe que la destruction des États, des nations, des gouvernances, des familles, des identités, nihiliste par excellence, manœuvrer dans la subversion totale de tout ce qui existe en hâtant des lois hors la loi en utilisant les services de police, afin d'instaurer une dictature globale sur la pensée, la liberté de circuler, la liberté de penser, et face à cela un autre parti qui aujourd'hui se révèle dans son agrément et son allégeance à la proximité du précédent, hurlant à la désintégration du Peuple par un métissage obligatoire légalisé, où l'on voit que l'exogène a plus de droit que l'endogène, par coulées financières des caisses de retraite, implantation de l'Ame permettant de soigner la terre entière, logement de préférence etc etc.

Un magma sans nom qui se croit, du fait de lois iniques majorité de ce Peuple qu'il viole avec l'encouragement des gouvernances qui se succèdent pour mettre en place cette boue précitée qui sera malléable à souhait, comme il se doit. Ce viol n'est suffisant pour l'outrance qui voit désormais cette France noyée dans une europe virtuelle dominée par la dictature en puissance de la finance apatride qui ne veut voir dans les Peuples que des esclaves consentants, allant plus loin encore en créant des boîtes noires financières dont personne, je dis bien personne n'est responsable, qui facilite le racket, dans une mafia bien organisée, des Peuples, des retraités principalement, qui doivent disparaître au profit de ce fêtu de paille qui demain aura pour destinée une durée de vie uniquement conjointe à sa productivité ou de la productivité nécessaire à une économie de larves.

Il n'y a que les aveugles pour ne pas voir cette insanité se couronner, se glorifier, se décerner des Prix Nobel et notamment celui de la Paix, alors que certains de leurs impétrants n'ont d'autres gloires que celles d'utiliser des drones pour assassiner n'importe qui à travers la planète. Pour en revenir à la France, le déploiement des oripeaux se montre dans la face janusienne qui se réjouit et croit encore détenir un quelconque pouvoir vis-à-vis du Peuple, alors que tout un chacun se contrefiche des épouvantails des loges pour lesquels, il conviendra bien entendu lors des prochains votes de les éliminer systématiquement en dénonçant leurs appartenances.

Cette dénonciation prend actuellement de plus en plus de hauteur, voyant tout un chacun découvrir que les grands corps de l'État, notamment la Police et la Justice, sont totalement inféodés aux loges défendant la voie inverse, que la gouvernance dans sa presque totalité est elle-même sujet, et que le parti de « droite » lui-même est pratiquement totalement inféodé à cette bassesse de l'esprit, ce reniement de l'élévation, ce reniement des valeurs. Tout un chacun désormais peut voir les courroies de transmission de cette désintégration dans la pyramide qui se veut maîtresse et coordinatrice de ce combat de déments.

On y voit là dans le corps de la France, le Siècle qui trône avec l'IFRI, l'un l'autre aux mains du Bilderberg, lui-même tributaire de la Fabian Society, elle-même tributaire de la Mountain Table, qui depuis 1884 s'attache à mener la défense, la propagation, l'instauration du socialisme, cette immondice de la pensée dirigeant chaque Être Humain à l'esclavage le plus total. La preuve par neuf est là dans ce décor factice qui ferait rire n'importe quel enfant, de voir tous les esclaves de cette voie inverse s'illuminer de leur sombre certitude, une gouvernance totalement agenouillée devant ces maîtres, les usuriers apatrides, un parti qui se dit de droite lui-même en reptation devant les mêmes usuriers.

On aura compris que le maître mot du combat pour se sortir de cette ornière d'un gouvernement mondial dirigé par des usuriers, qui financent toute la subversion depuis toujours, est l'infiltration totale de ses différentes sectes qui défendent la désintégration. Infiltration, insinuation, aucune secte ne doit être épargnée afin de les désintégrer, par une prise du pouvoir totale renvoyant à leurs chères études les apprentis dictateurs mondiaux. Le combat face à cette déréliction, cette culture totalitaire de la mort, s'avoue donc actuellement en deux branches, une branche ouverte et politique, une branche fermée et discrète. Ces deux branches se rejoignant dans le cadre de l'information globale. Cela veut dire pratiquement que tout un chacun qui aspire à l'élévation et à un gouvernement mondial confédératif, respectueux et garant de la sécurité des Identités, des Nations, des Êtres Humains, des Peuples, des Races, (la disparition du mot Race est d'un ridicule consommé, il existe des Races de chevaux, des Races de Chiens, des Races de chats, etc., et la subversion voudrait voir les Races Humaines, qui sont complémentaires disparaître dans le magma boueux de leur délire darwinien), des internations naturelles liées aux vecteurs bio géo historiques, de l'Humanité dans son ensemble.

Le combat se révèle donc celui de l'information, non plus une information éclectique, évasive, figée ou liée à l'instantanéité, mais bien à non seulement l'information sur les sectes subversives mais à leur insinuation globale permettant d'en éradiquer le venin idéologique. Le reste n'est que verbiage houleux qui ne sert strictement à rien, et dont se pâment les outils de cette impuissance qui règne. Les troupes sont à cet égard d'un ridicule à toute épreuve, concernant la subversion, cent mille personnes en France qui infiltrées seront déroutées et reprogrammées dans le sens des valeurs où libérées de leurs adjonctions par mise en l'encan.

Voici l'enjeu, individuellement par insinuation de toutes les sectes tendant à vouloir la disparition de toutes valeurs, comme d'ailleurs de leurs partis publics, collectivement par vote des partis défendant la Nation, l'Identité. Si soixante millions de Françaises et de Français adhéraient par exemple, au parti socialiste, le pouvoir n'appartiendrait pas à sa minorité dévouée à l'usure et serait sans problème renversé pour tomber entre les mains du Peuple qui ne veut ni son génocide, ni son métissage, ni se fondre dans la boue magmatique de l'esclavage consenti. Ceci est vrai pour l'UMP.

Face au diktat qu'instaurent ces partis de façades totalement inféodés à la subversion, cette action permettrait de les désintégrer totalement. Voilà la force du Peuple si et si seulement il se réveille de l'illusion dans laquelle l'enferme le diktat précité, qui aujourd'hui, pire que tout institutionnalise sa Tcheka, sa gestapo, sa justice politique, utilisant tous ses commissaires politiques au tablier en peau de bouc. Ceci n'est qu'un exemple de ce que peut faire le Peuple.

À lui seul, il peut reprendre le pouvoir et faire rayonner la vie, et non cette pourriture moribonde qui s'enchante de la mort qui se veut pouvoir. Il s'agit là d'instaurer naturellement en France un contre-pouvoir naturel qui renversera la situation que nous y connaissons, et cela est valable pour toute Nation quelle qu'elle soit à travers ce petit monde où la pieuvre sectaire se veut dominante. Nous savons que le meurtre est l'excellence de cette perversion, le meurtre des opposants, comme on l'a si bien vu avec la chute de l'avion des dirigeants Polonais dont les ailes étaient bourrées de TNT – on n'en parle pas, n'est-ce pas ? - On citera les opposants qui se retrouvent dans une chambre d'hôtel les bras percés par des aiguilles dorées à l'héroïne, d'autres qui se jettent dans le vide en sautant du clocher d'une église, les bras liés dans le dos, d'autres encore qui disparaissent corps et biens sur notre territoire en enquêtant sur les réseaux pédophiles internationaux, et d'autres encore qui découvrent un réseau pédophile et sataniste au MIT, etc, etc...

Mais que peut donc cette secte meurtrière contre un Peuple qui se lève dans les règles de la Démocratie la plus pure et en applique les Lois ? Rien, sauf à penser qu'elle veuille assassiner et faire assassiner tout un Peuple, ce qu'elle est en train de faire en Grèce actuellement, ne l'oublions pas. À bon entendeur (je fais souvenir de mon système de freinage sur mon véhicule personnel présentant l'existence d'une pièce qui ne doit pas s'user selon le fabriquant qui était à la limite extrême du bris, merci au contrôle technique), donc que tout un chacun sache que si individuellement il peut être l'objet de toute l'horreur que peuvent commettre les esclaves de la subversion, le Peuple ne peut être, même avec la destruction de la liberté d'expression, l'objet de ce genre de phénomène.

Car la force et je le répète la force se trouve inscrite dans les règles de la Démocratie même, qu'il faut utiliser totalement afin de renverser l'hydre auquel nous avons affaire, en ignorant le vote des affiliés aux sectes, en élisant la capacité contre la médiocrité, et conjointement en insinuant toutes les sectes pour en reprendre le pouvoir et les briser de l'intérieur par information conjointe politique et discrète, permettant l'éradication de leur pouvoir mortifère.

Actuellement nous assistons à l'émergence d'un ensemble de mouvements contre-révolutionnaire, qui ne doivent en aucun cas rester seuls et s'unir au parti nationaliste existant qui représente déjà plus de 30% des citoyennes et des Citoyens de France. Diviser pour régner est le principe directeur de la subversion, ne l'oublions pas. Et je ne serais pas surpris qu'existassent au sein de ces groupuscules de dignes représentants des renseignements généraux, qui manipulent à souhait comme ils aiment à le faire. Ainsi, méfiance, pour tous ces groupuscules, qu'ils fassent le ménage chez eux avant de s'unir au front qui défend les valeurs de la France.

Nous avons affaire à une guerre silencieuse qui doit s'ébruiter, tonner dans ces ridicules médias qui enchantent le mensonge, le grotesque, la bêtise, l'insanité, en résumé l'inintelligence la plus risible. Utiliser pour cela les réseaux sociaux sur lesquels l'information circule à la vitesse de la lumière, filmez, photographiez tout ce qui vous semble ressortir d'un abus de pouvoir, notamment dans le cadre des arrestations arbitraires, ensuite demandez aux victimes de déposer plainte près de l'AGRIF, afin que dépôt de plainte circonstancié soit fait près des tribunaux pénaux afin de juger les commissaires politiques et leurs tchékistes qui agissent en faisant fi des lois.

Ce combat contre la subversion, coordonné naturellement par le vote des partis défendant la Nation, peut-être mené individuellement par l'insinuation, le renseignement, l'information, collectivement dans le cadre de la vie politique. Le reste ne relève que de l'attentisme, de l'humiliation, de l'acceptation de la dégénérescence totale des Nations, des Êtres Humains, des Peuples, des Races, de l'Humanité dans une boue idolâtre guidée par le nihilisme, la mort et ses principes.

Voici le combat qu'il convient de mener, en toutes Nations, pour se sortir du péril de l'usure, du péril de la médiocrité, du péril de la vanité et de la puérilité, et enfin faire rayonner chaque Nation, dans le cadre des internations naturelles, dans le cadre d'une confédération mondiale initiant un gouvernement de la capacité et non de la fatuité. Ce combat a commencé et rien ni personne, je dis bien rien ni personne ne pourra l'arrêter, car il est de la force de la Vie que rien ne peut atteindre, et certainement pas les puisatiers de la mort, atrophiés du vivant, qui s'imaginent la gloire alors qu'ils ne sont que désespérances, glauques ombres avariées qui demain disparaîtront comme elles sont venues pour ne jamais revenir sur une Terre embellie par les floralies de ses Nations et de ses Peuples en concertation d'un gouvernement mondial veillant à l'élévation de chaque Être Humain, garant de sa sécurité et du respect inconditionnel de chaque Peuple, de chaque Nation, de chaque Race, de l'Humanité dans sa globalité dont le devenir n'est pas de rester accroché comme une chauve-souris aux arêtes de notre petite terre mais bien d'essaimer la Galaxie, dans le cadre d'un gouvernement naturel.

Films divers

Ainsi à la veille de ces élections dites européenne, recevons nous de cette petite Terre, cette lettre d'un de ses ressortissants :

« Alors que l'antichristianisme bat son plein, que les églises sont brûlées, taguées, volées, pillées, que les Chrétiens font l'objet des pires sévices tant au Moyen Orient, qu'en Afrique, qu'en Asie, voyant certains d'entre eux décapités, crucifiés, brûlés vifs, vient sur le devant de la scène cette mise en cause d'antisémitisme en raison d'un film qui peut être sujet à controverse, qui nous rappelle l'acte barbare dont fut l'objet une jeune femme d'origine Africaine dans un hôtel aux États-Unis, perpétré par un ressortissant Français de confession juive.

Il y a là quelque chose qui ne tient pas, qui n'a pas lieu d'être et qui est une injure à la face de ce monde, que de vouloir traiter d'antisémite tout un chacun qui se doit de juger par les actes et non par la virtualité tout un chacun qui commet de tels méfaits. Je rappellerais ici le viol d'une jeune Française par cinq mineurs, trois d'origine Turcs, et deux d'origine d'Afrique du Nord, qui après l'avoir battue à mort, violentée et souillée, sous la menace d'un couteau, au motif que c'était dixit « une putain blanche », dans cette bonne ville d'Evry dont chacun sait qui a été le Maire, n'a pas fait l'objet d'une quelconque note dans la presse dite bien-pensante, alors que ce fléau se perpétue dans chacune de nos villes dans le ravissement semble-t-il des communautarismes, et des ligues de vertus qui n'osent affronter le réel en se cantonnant dans les dits communautarismes.

On me dira mais quel rapport ? Mais ce rapport est total, initiant là le véritable drame de notre Société Française flagellée, mortifiée, culpabilisée, par l'outrance et ses propos, cette dérive du sens de chaque mot qui voit dans chaque Française et chaque Français un « raciste », un « antisémite » et que sais-je encore dans la gloire des « ismes» qui sont les mamelles de la terreur la plus inique qu'il nous soit donné à vivre, pire que l'inquisition, qui elle avait un motif légitime de combattre l'insinuation de l'Église par toutes les dérives possibles et imaginables.

Soyons clairs, toute personne qui se respecte, respecte autrui, quelle que soit sa confession ou son origine raciale, et doit se faire respecter. Depuis plus de cinquante ans, on flagelle sans discernement un Peuple en fonction de ces anachronismes que sont les « ismes, voyant aujourd'hui le Peuple de France, toute confession confondue, sous les sarcasmes pitoyables de toute une junte qui voudrait réguler la pensée, et qui dans ses abstractions, sa vulgate consternante, voit ce jour un Peuple à genoux, sans vitalité, sans correspondance, dans un abîme en lequel il s'abrite pour complaire à ses geôliers.

Soyons clairs, je respecte Israël et son Peuple, ainsi que les Êtres Humains de confession juive, je respecte l'Islam ainsi que les Êtres Humains de confession musulmane, je respecte les Races quelles qu'elles soient, et ceci pour tourner court à toute l'imbécillité chronique dont la France crève, se voir taxé de ces « ismes » ridicules qui sont le gagne-pain d'une hystérie totalement sans fondement.

Les Êtres Humains, les Peuples, les Races, sont complémentaires les uns des autres, et ne devraient pas perdre leur temps dans cette caractérisation totalement désuète, qui est le miroir de la virtualité, laquelle profite uniquement à celles et ceux qui préfèrent diviser pour mieux régner, et surtout ne pas unir, car cette union de la volonté se multiplierait et écraserait leurs invectives et leurs injures à jamais. Il ne s'agit ici de nier les particularismes de chacun, mais bien au contraire de les révéler et les multiplier dans le couronnement du savoir, sachant que nul n'a la vérité, et que cette vérité ne peut être révélée que dans la complémentarité qui sied à l'intelligence.

Si nous prenons le cas de la confession Juive, on verra qu'elle est éclairée dans le cadre de la Kabbale qui tire l'enseignement de la tradition Bouddhiste dans une forme symbolique qui ne peut qu'être valorisation de chaque Être Humain, au même titre que l'enseignement du Christ dont les opérandes sont de la clarté la direction de la Voie par excellence. Le Coran lui-même est une source d'inspiration sous la réelle convenance de ne pas exacerber ses interprétations, telle qu'on le voit malheureusement en œuvre actuellement.

Ces trois religions monothéistes sont des phares pour l'Humanité et ne sont ni supérieures ni inférieures dans le cadre de la Voie, de la Législation et de ses ordonnances capitales. En ce creuset qui est l'accomplissement d'une civilisation qui se devrait phare de l'Humanité, car concaténation du Verbe si bien défini par la tradition Védique et ses diverses manifestations notamment bouddhistes, remontant à des centaines de millénaires, sinon plus, on verra que sa division entraîne irrémédiablement une chute qui peut se comparer à une contraction temporelle, qui elle-même n'est que la manifestation d'une involution dont aujourd'hui semble la longue-vue de tout ce qui ne veut comprendre et cherche dans l'hystérie d'une supériorité vaine, un décor de vanité qui est sans fondement.

Pour en revenir au tumulte occasionné par ce film que personnellement je n'irai pas voir, car donnant trop d'importance à ce qui relève uniquement du voyeurisme et en aucun cas du judiciaire, qui est le fait de notre monde actuel totalement lové dans la fétidité d'une pensée unique abstraite, il convient ici de voir qu'il y a usurpation d'une thématique que certains appellent l'antisémitisme, qui n'existe que dans le cœur de ceux qui ne se respectent pas et donc ne respectent pas autrui et plus encore ne se font pas respecter, que tout un chacun de confession juive ou autre doit remettre à sa place. Car enfin comment peut-on allier le viol ou la tentative de viol qui ressort uniquement de la législation, dans le cadre d'un acte commis délibérément, à une confession quelconque, et qui de ce fait se voudrait soustrait du Pénal au motif de ladite confession ?

Il faudra ici expliquer à tout un chacun qu'il existerait du fait de l'appartenance à une confession quelconque des passe-droits qui détermineraient vertu ce qui est crime. Je ne doute pas un instant que les Êtres Humains de confession juive quels que soit leur Pays d'adoption et leur Nation propre, rejettent avec consternation cet amalgame nauséabond. Si j'étais de confession Juive, je m'insurgerai contre cette prétention, car comment combattre le viol si on considère que le viol est autorisé par ma confession ? C'est là et on le voit que le terme antisémitisme est sans fondement. Ce terme n'existe que pour masquer, désunir, obliger, bâillonner le réel au profit du virtuel.

Et là, comme l'a souvent prouvée la Nation Israélienne, fer de lance de l'Occident au Moyen Orient, lorsqu'elle est attaquée de toute part, il convient d'attaquer cette prétention et demander raison à ce détournement fallacieux et totalement ridicule de ce barbarisme qui ne doit en aucun cas être omnipotence, au titre du respect mutuel et inconditionnel entre chaque Être Humain, chaque Peuple, chaque Race Humaine.

Que l'on fasse procès au film pré cité dans le cadre du Pénal et même du Civil, pour atteinte à la personne, cela emporte l'agrément de chacun, mais pour antisémitisme, cela est sans fondement, sans légitimité, sinon celle encore et encore de fermer les yeux des Peuples qui respectent les uns les autres, les renvoyer dans cette virtualité qui n'a d'autres leviers que celles de faire accroire qu'il existât de par ce monde deux poids deux mesures en fonction de sa confession. Chaque Être Humain de notre terre, quelle que soit sa condition, sa confession, sa Race, son Ethnie, son Peuple, est redevable d'une loi commune, une loi qui ne doit pas être déviée par une quelconque appartenance.

Nous attendrons là la suite de cette mascarade qui ne peut que nuire dans ses obligeances à la confession Judaïque, par une interprétation inique qui ne ressort pas de la raison, mais bien plutôt d'une adhésion à laquelle ne peut souscrire aucun membre de confession Judaïque qui se respecte de par ce monde.

Nous en venons maintenant à un tout autre film qui fait débat, savoir : « Mais qu'est-ce que j'ai fait au Bon Dieu ? » Ce film est un témoignage d'une réalité que les bien-pensants veulent ignorer, savoir la permanence naturelle d'un rejet, qui n'est lié en aucun cas à un quelconque racisme, mais à la résultante scientifique de l'appariement entre les différentes Races, Ethnies de notre petit monde Humain, qui veut que s'assemblent ceux qui se ressemblent et ce de tout temps, sans qu'il y ait là une connotation subjective telle qu'ourdie ce jour de peur de l'autre, de ce « racisme » ridicule qui tel une déferlante voudrait faire accroire que tout un chacun aurait peur l'un de l'autre, posant en victimes idéales les immigrants d'origine Africaine ou Asiatique.

Mon oncle qui a combattu pour la France en Indochine et a été assassiné par les sectes Vietminh s'est marié par amour avec ma tante, Vietnamienne d'origine, mariage qui a été consommé et a vu fleurir la naissance de deux enfants, mes cousins Eurasiens. Ce film fait ressortir que ce n'est que l'amour entre deux Êtres quelle que soit leur origine qui peut les mener à cette aventure de la Vie, et en aucun cas le manège sémantique du métissage forcé qui ne rime à rien sinon qu'à produire des couples désunis et des enfants malheureux, incapables de se situer dans le temps comme dans l'espace tant dans l'Histoire que dans la philosophie de cette Histoire.

Dans ce film surgissent entre les différents amours des rejets entre les personnages qui ne sont que naturels et non pas issus d'un quelconque «fascisme », ou idéologiquement «national-socialiste » (ces vecteurs du socialisme dont le frère en isme, le communisme ont occasionné, je le rappelle intentionnellement plus de cent cinquante millions de victimes dans ce monde, les dernières revenant à l'Ukraine où on a vu la parade nationale socialiste faire brûler vif vingt-deux personnes et en assassiner dans les caves plus de cent dix après les avoir torturés, lynchés, étripés, évidés, comme seule la monstruosité de cette idéologie socialiste peut le faire, et cela bien entendu avec l'aide des mercenaires de ce que sont devenus les États-Unis comme de cette « europe » répugnante.).

Donc là, nous sommes loin de ces clichés et tout entièrement livrés à cette vérité naturelle qu'il n'existe de communion entre les Races, les Confessions, que l'amour pour dissiper le jeu prouvé scientifiquement du qui se rassemble s'assemble. Cela gêne considérablement toutes les officines qui défendent l'antiracisme, et nous ne pouvons que le constater, jusqu'à voir, dans ce film très vivant et très comique, des salles entières ne pas oser rire, tellement la culpabilisation de ce qui n'existe pas, est devenue l'eau dormante de la plupart de nos concitoyens.

Vu à La Rochelle, qui après avoir été l'un des ports les plus célèbres des Templiers, devenue ville Protestante, ce film effectivement, et j'en suis témoin, n'a vu rire que sept à huit personnes, ce qui est le comble du ravage des lieux dits qui exterminent toute pensée motrice et créatrice s'il en fallait. La virtualité endeuille la réalité, et cette réalité dans ce film qui peut être et doit être vu par tout un chacun pourra peut-être faire comprendre que ce que certains appellent « le racisme », qui n'existe que dans le cœur de celles et ceux qui ne se respectent pas et ne respectent pas autrui, n'est en aucun cas unilatéral mais multilatéral et total.

La parabole de ce film enseigne qu'il n'y a que dans la réalité de l'amour et en aucun cas dans la contrainte législative ou bien la philosophie négationniste de la réalité Humaine, que des Êtres Humains peuvent s'apparier et se comprendre, le reste n'est que conditionnement et bien plus tiroir-caisse de tout ce qui ne se respecte pas et bien entendu ne respecte pas autrui s'il n'est de sa communauté. Cette face qui fâche tous les ténors de la virtualité, mise en exergue par ce viol collectif de mineurs sous menace d'une arme au motif que la victime est une « putain de blanche » dans la bonne ville d'Évry, doit faire réfléchir et permettre de désengorger le cerveau de nos concitoyens, quelle que soit leur confession, leur Race, leur Ethnie, de toute cette armature initiée par la bêtise, l'accouplement du mensonge, la propagande stérile qui voudrait voir en chacun d'entre eux, un immonde «raciste », un immonde « fasciste ».

Ces mots n'ont aucun sens et révèlent ici la purulence qui n'est qu'une face de la division que cherchent à instaurer celles et ceux qui se voudraient pouvoir alors qu'ils n'en sont que des nains, tant ils sont soumis au négationnisme de l'Existence Humaine, ne pouvant en cela élever l'Humain mais bien au contraire le rabaisser dans le néant qui est leur lieu commun. Un néant issu de ces idéologies perverses et sans fondements, sinon ceux de la mise à mort de l'Humanité, le socialisme, viaduc des loges et des sociétés de pensées perverties et insinuées par l'atrophie de la pensée, ce matérialisme purulent qui ne surnage que par l'horreur, le meurtre, le false flag, la dénaturation, la déliquescence, la bêtise, la propagande, telle qu'on peut le voir actuellement dans nos Nations soumises à cette effrayante bestialité.

Une bestialité qui ne vient que de celles et de ceux qui ne supportent pas la Vie, qui la réduisent à cette défécation qui surgit si bien dans leur art dégénéré, dans leur littérature déficiente, dans leur philosophie cannibale, dans leur orientation politique signant toute la dégénérescence qui se veut vertu, morale, alors qu'elle n'est que retour vers le vide, vers cette matière brute qu'ils ne savent tailler, mettre en œuvre, tant la création n'existe pas en leur lieu, et par conséquent se réfère à la destruction pour survivre.

N'oubliez jamais que leurs moteurs sont là dans ces deux abstractions que reflètent si bien ces films, ces « ismes » qui ne sont que les preuves s'il en fallait de leur crainte de les percer à nu, de voir avec effarement qu'il existe des Êtres qui sont cacophonie et non harmonie et qui dissipent leur haine d'eux-mêmes sur le reste de l'Humanité qu'ils considèrent comme un troupeau de bêtes, lorsque l'Esprit sème où il veut, et que personne ne peut se dire élu de cet Esprit, que personne ne peut accroire s'y inscrire en Vérité, la Vérité n'appartenant à personne et devant se révéler en chacun et par chacun, au-delà de ce négationnisme de la réalité Humaine, qui est le plus fantastique atout de l'Humanité, car en la complémentarité de tous émergence de toute transcendance tant individuelle que collective.

Mais allez parler de transcendance de l'ensemble de l'Humanité à celles et ceux qui se résorbent dans leur petit «moi », oubliant le « soi » qui est la racine même de l'élévation Humaine ! C'est parler au néant, à la liturgie de la déficience mentale, à cette dérive spoliant la réalité pour le profit d'une virtualité basée sur l'abstraction la plus négative. Ici se confrontent deux mondes, là ce monde basé sur la désintégration, ici un monde naturel basé sur la construction.

Voici l'enjeu de ce siècle que de voir le négationnisme du réel réduit à sa plus simple expression afin que se redresse le monde naturel que cherchent à plier, et ils n'y arriveront pas, les féaux de toutes les infections, de toutes les gangrènes, de tous les mensonges qui s'initient propagande, qui œuvrent à la destruction de l'Humain. Le reste n'est que supputations sur le sexe des Anges.

Deux races de l'Esprit vont se confronter irrémédiablement, la Race des féaux de la destruction, et la Race de l'Esprit par excellence, qui est celle de la construction. Cette confrontation n'a pas besoin d'être guerrière au sens strict du terme, mais sera intellectuelle prioritairement, une guerre totale et sans compassion pour ce qui protège le crime, le viol, le génocide, la subversion, les idéologies mortifères, les enseignements ridicules dévoyant la réalité en la niant, les théories politiques réductrices, les théories économiques anémiées et dévouées à l'usure, les théories scientifiques mensongères et dénaturées, les arts dévoyés et dégénérés, la littérature atrophiée et réductrice, la musique propagandiste et déviante, tous ces miasmes qui se fardent, se congratulent, se réclament, s'idolâtrent, se veulent nobélisés, tous ces phasmes qui masquent le réel afin d'instaurer une société esclavagiste et purulente qui ne vit que sur le sang d'autrui, un monde de cannibales qu'aucun Terrien ne doit accepter.

Que l'on se rassure, les Peuples se réveillent, et à l'image du Peuple d'Israël qui se fait respecter, feront respecter leur Nation, au-delà des prébendiers, des voleurs, des violeurs, des génocidaires, des guerres factices, des tentatives de coups d'État par le nihilisme qui est l'ennemi numéro un, car rouage de la subversion la plus glauque, au-delà de ces « ismes » martelés à l'infini et qui ne correspondent strictement à rien sinon qu'à porter la division entre les Peuples, entre les Races, entre les Ethnies, entre les Nations, au sein même des Nations qui ne se verront réduire à portion congrue par un régionalisme issu de l'esprit univoque de quelques atrophies qui se veulent règne sur cette nouvelle division qu'ils veulent instaurer.

Nul ce jour ne peut être aveugle et encore moins aveuglé par la perversité qui se veut règne, par cette bestialité qui voit tout un chacun sous la menace de la virtualité, sous le joug de la virtualité, baignant dans une propagande dont le ridicule chaque jour devient lumière pour les uns les autres de son conditionnement par tout ce qui n'est pas l'Humain et ne le sera jamais.

À l'heure où des élections se préparent pour cette tour de Babel que l'on ose appeler l'Europe, en conscience de ce drame collectif qui voudrait tout un chacun soumission au motif des mots d'ordre de la virtualité, chaque Peuple doit se réveiller, bouter hors de tout pouvoir tous les meneurs, les trompeurs, les négationnistes de la réalité qui sont légion d'impétrants à cette course au pouvoir et faire valoir leur Peuple comme leur Nation, dans ce qui sera demain l'Europe des Nations, et non des aberrations, une Europe politique forgée et œuvrant pour le salut du bien commun de chaque Peuple en son sein, et où chaque Nation restera souveraine dans les choix attributifs qui la placeront debout derrière cette table ronde instruisant le destin commun.

Le temps du Temple des marchands doit faire place au Temple chevaleresque qui doit dans le réel officier cette détermination, et amener tout un chacun à son pouvoir d'évolution qualitative, et non à cette dramaturgie inventée par la marchandisation, qui est par essence médiocrité car incapable de la moindre création, voulant jusqu'à instaurer la marchandisation de l'Humain, petite chose dont se serviront ces outres vides de contenance, comme esclave économique ou sexuel et qui sera euthanasié après que d'avoir été pressé comme un citron.

L'outrance a des limites, et son sommet vient d'être atteint et nul ne doit se cacher les yeux pour la voir papillonner comme une prostituée afin de faire accroire à sa splendeur qui n'est que déception, prurit de l'inintelligence la plus achevée et la plus délétère. Le respect n'est pas unilatéral mais bien multilatéral et tout un chacun doit en prendre conscience, et ce respect commence par le respect de soi-même, et conditionnellement d'autrui duquel il faut se faire de même respecter. Voici les limites de la tolérance, le reste n'est que soumission au négationnisme et à son vertige absolu qui voit les complexes d'infériorité se transformer en complexes de supériorité, et en cela provoquer toutes les intolérables tolérances qui sont abstractions, mouroirs de l'Humanité et de sa préciosité.

Ce n'est donc qu'au prix de l'enlèvement du voile que voudraient voir sur les yeux de chacune et de chacun, que tous, par un seul répons affirmeront leur autorité dans le pouvoir qui n'appartient ni au mensonge ni à la propagande, mais à chacun d'entre nous, et ainsi pourront au-delà du négationnisme de leur existence, prouver leur réalité et affirmer leur réalité dans ce monde qui n'appartient en aucun cas à de sectaires entreprises n'ayant pour volition que la destruction aux fins de complaire au maître mot de cette gangrène qui pourrit le monde jusqu'à l'os, l'usure, savoir le servage d'autrui au profit de ce que l'on pourrait nommer ni plus ni moins qu'une mendicité indue.

N'oubliez pas, pour paraphraser Napoléon Bonaparte, que votre Civilisation est multimillénaire et ne doit rien à ces révolutions outrancières n'ayant pour but que de vous condamner à l'esclavage. Nous ne saurions de même rappeler que dans notre France, il fut un temps avant cette « révolution dites française » où ce que l'on nommait l'aristocratie avait le devoir de protéger le Peuple comme les frontières, et était gardienne de la stabilité du royaume, que le Peuple ne mourrait en aucun cas de faim, que bien au contraire ses aspirations allaient au-delà du matérialisme et permettaient de voir s'élever les esprits les plus brillants de notre Europe, jalousés par ces pauvres prévaricateurs que furent Rousseau comme Voltaire, deux enfants de la subversion, permettant ainsi par la perversion des mœurs de la bourgeoisie de faire œuvre de la plus basse exploitation, une bourgeoisie qui a terrassé l'aristocratie par l'usure, pour la remplacer afin de mieux rendre esclave notre population jusqu'à vouloir la décimer, par génocide comme en Vendée, et soustraire par eugénisme les trois quarts de sa population au chômage ce dut à l'abolition des corporations.

Voici un exemple de la tyrannie de la médiocrité qui ce jour brille de tous ces feux, dont la noirceur est le signe de la corruption, du mensonge, de cette parure insane qui est le propre de tout ce qui ne donne rien à la société, de ce qui n'est que menace pour l'élévation de l'Être Humain, en le mutant dans l'abstraction, cette abstraction qui est actuellement gouvernance de notre Nation, la voyant avant même que d'être élue, se prosterner à la City, devant cette finance apatride et internationale qui est le joug de l'Humanité, décréter ses vœux mortifères aux familles, en les culpabilisant dans l'outrance de l'esclavagisme, sans tenir compte qu'il n'est pas le fait de leur génération, en les souillant par le mensonge, un mensonge mis en œuvre pour masquer l'action des commanditaires de l'esclavagisme, la traite des esclaves étant diligentée par les Mauresques et les Chefs de Tribus Africaines, quand il n'était pas à charge des prébendiers en tout genre qui s'en flattaient, un mensonge masquant la mise en esclavage du Peuple de France à l'usure et ses féaux.

En signant un traité transatlantique relevant de la pure forfaiture envers les Françaises et les Français comme les Peuples Européens qui désormais seront des esclaves patentés, notamment de multinationales sans foi ni loi qui vont conditionner le travail à moindre coût, le défaut de mesure de prévention et de protection des travailleurs, la liquidation de leurs acquis sociaux, la disparition progressive de leur économie au profit du travestissement du réel notamment en matière agricole, par l'obligation d'importer la pourriture en termes de nourriture, les bovins dopés aux hormones, les poulets lavés à l'eau de javel, les OGM et tutti quanti, n'en jetons plus, la cour est pleine de ces immondices.

156

Voici donc ce qui nous est gouvernance, tant en France que dans nos Nations Européennes, une médiocrité à genoux devant les marchés internationaux, petits pions dociles d'un règne économique ne visant qu'à la destruction, qu'ils encouragent avec la mise en œuvre systématique de l'avortement, demain de l'euthanasie comme on le voit si bien dans cette Belgique dont les parlementaires qui devraient être traduits devant la Cour Pénale Internationale pour crime contre l'Humanité, osant aller voter l'euthanasie des enfants !

Ce monde est totalement infesté par la pourriture viciée de cette gangrène qui se veut maîtresse d'esclaves dociles qui n'auront pour toute nourriture spirituelle que l'enchantement du nihilisme, pour toute nourriture intellectuelle que l'enchantement de la bêtise, pour toute nourriture corporelle que l'enchantement de leur sexualité, et ce jusqu'à l'étouffement dans le cadre du bâillon des « ismes » issus de la prostration dans l'abîme de la démence outrancière qui ne respecte rien.

Beau monde, belle Europe, belle France, que ceux-ci, éclairés par les mentors de la putridité nauséeuse, signe du Kali Yuga par excellence. Nous y sommes et il est temps d'en sortir aussi vite que nous y sommes rentrés par contrainte propagandiste et mensonge, sévissant depuis trop longtemps dans notre Occident qui fut le fer de lance de l'Humanité, et se trouve ce jour exsangue de sa puissance comme de sa volonté, jusqu'à voir les Peuples de nos Nations ne plus œuvrer pour l'avenir, tant obnubilé par la permanence des on-dit de la machiavélique opération de castration de nos Peuples, de notre Race, de nos Ethnies, par toute la contrebande intellectuelle de dévoués à la flagellation, à la culpabilisation, pourvoyeurs des hydres des plus insignifiants aux plus dénaturés, qui masquent le génocide de nos sources, de nos racines, de notre grandeur comme de notre honneur.

Non, le devenir de notre Europe ne sera pas celui-ci, pas plus que le devenir de la France, pas plus que le devenir des Nations Européennes. À l'image de la Nation Israélienne, il convient de porter le fer immédiatement dans la plaie qui veut détruire et anéantir notre vitalité,

157

dans ces urnes qui doivent ne voir sortir que les noms de celles et de ceux qui défendent les Nations, libres de toutes appartenances sectaires, afin de les protéger contre la bestialité qui rôde, cette émergence économique qui devra se plier à l'Ordre politique et en aucun cas s'y substituer, qu'elle le veuille ou non.

Nous avons un exemple avec Israël, soyons moteur comme l'est cette Nation qui prend les devants et n'attend pas qu'on la détruise, voici ce qu'est le véritable message de cette Nation, qui doit être un exemple pour tout un chacun qui veut défendre sa Nation contre l'imposture, le néant, cette gangrène frigide et dénaturée qui spolie le devenir de nos enfants comme de nos petits enfants qui devraient apprendre dès l'âge de cinq ans à se masturber et à se sodomiser en chœur dans ces écoles de la putridité que l'on ose appeler Nationales et qui ne sont que les viviers infâmes de la pédophilie la plus ignoble, afin que nos enfants et nos petits enfants vivent dans un monde où la Liberté, et notamment d'expression, ne soit plus un vain mot, afin que leur devenir soit le souci constant des impétrants au pouvoir, sous surveillance d'un contrepouvoir naturel qui écartera toute la lie qui se vautre dans la fange de la destruction telle qu'on la voit en action actuellement, afin que l'unité harmonieuse des Nations se fasse sur cette Terre, ce jour broyée par le mensonge et son néant, permettant à l'infamie d'être règne par spoliation, esclavagisme et tutti quanti, afin que nos enfants et nos petits-enfants vivent dans un monde multipolaire, dont Les États-Unis d'Europe seront partie intégrante, dirigés non pas par des boutiquiers et des usuriers, mais par des femmes et des hommes politiques qui n'auront d'autres considérations que l'élévation de l'Humanité en ses multiples facettes, en ses Races, ses Peuples, ses Ethnies, au sein de leur Nation respectée et respectueuse dans un cadre multilatéral qui ne laissera place à la destruction, mais bien au contraire par multiplication des savoirs, des idéaux, permettra à chacun de s'élever tant spirituellement, qu'intellectuellement, que corporellement, par-delà les atrophies et leurs épanchements de moisissures qui sont la plaie de notre Humanité.

À suivre donc dans le cadre de ces élections Européennes où on voit toute la boue tenter de salir les femmes et les hommes qui défendent leur Peuple comme leur Nation, cette boue qui doit disparaître au regard du résultat des votes qui viendra, et dont l'ampleur est certitude devant tant de bassesse consommée, devant tant de reptation, devant ce qui est la virtualité représentée par tous les féaux, les valets, les esclaves de l'usure qui ne mettent en œuvre que le pillage, le vol, le viol des Peuples, leur asservissement.

Pour en terminer, rappelons que ce jour le politique est soumis à l'économique et que là se tient le lieu du mal absolu qui ronge notre terre, nos Nations, l'Humanité, nos Peuples, et que les théories de l'absurde, si bien résumées dans les deux films en exergue de ces «ismes » qui ne sont que les phares d'un proxénétisme virulent, tels d'ailleurs le darwinisme, le marxisme, le freudisme, le friedmanisme, doivent être dissoutes par l'intelligence afin que l'Humain puisse se relever de leur esclavagisme, de leur mensonge, par toute personne qui se respecte, respecte autrui, et se fait respecter.

Les Peuples Européens sauront-ils se faire respecter par un vote de salubrité publique ? La suite nous le dira. »

Deux Idéologies effectivement ici s'affrontent, gageons que l'Esprit de la construction sera sémantique de l'avenir de cette petite Terre. Nous attendons la suite avec impatience...

Noachisme

Des nouvelles de cette petite Terre, bien enlisée dans la croyance d'une quelconque élection du Dieu Souverain qui est l'Absolu, mais lisons :

« Le Noachisme est la plaie de l'Humanité, il se révèle dans sa splendeur, son accoutrement délirant, voyant dans les noirceurs les plus infécondes de l'Humain, son règne vouloir s'instaurer par la force, dans le métissage obligatoire de chaque Être Humain, sauf bien entendu celles et ceux qui le défendent, aux fins de naître l'être sans racines sous sa domination dictatoriale.

Ne rêvons pas, les prémisses de cet artefact sont lentement mais sûrement mis en place par cet ordre qui trouve mesure par l'intermédiaire de ses propagandistes, une partie du monde des Protestants et une partie du monde Judaïque, qui, par l'intermédiaire de loges acclimatées de diverses sociétés dites discrètes, dont la franc-maçonnerie défendant la Voie inverse, partent par milliers à la conquête de ce petit monde. La tuerie est le propre de sa dimension, la tuerie des Peuples comme des Nations, la tuerie de l'Identité surtout, la tuerie commune à toutes celles et ceux qui sont atrophiés de la Vie et voudraient voir en chacun le bon esclave docile à sa permissivité.

Cette permissivité qui se fait allégorie à la fois de l'avortement comme de l'euthanasie et notamment des enfants, cette allégorie née au moyen orient, avec laquelle nous n'avons strictement rien à voir, et qui sous le sceau de sa perfidie voudrait faire accroire que nous en soyons acteurs. Acteurs consentants, acteurs trompés, acteurs dérivés, cela n'a aucun sens pour nos racines éternelles, n'en déplaise, qui sauront secouer ce joug de l'infection, de ce sida intellectuel, lorsque le temps sera venu.

Les maîtres à danser, dans l'imaginaire de leur atrophie voulant ce monde né il y a six mille ans, continuent à spolier l'honneur comme la grandeur, pour user et abuser dans leur traîtrise couronnée, de la duplicité, de la génuflexion, de la reptation de tout un marigot d'espèces humaines qui n'ont pas encore compris qu'elles sont les momies, où devrais-je dire les zombis, c'est à la mode et les enfants comprendront mieux, qui sont prêts à tout à condition de se renier, de renier leur Patrie, de renier leur Ethnie, de renier leur Race, de renier l'Humanité, au profit du marécage putride que cette injonction invente, la « république universelle » qui n'est autre que la dictature universelle.

Il serait temps à l'Être Humain de respecter ses origines et sa grandeur, et de ne plus être une larve pourrissante pour la plus grande joie des nains stériles officiant la plaie qu'est le Noachisme, qui se veut gouvernance de ce monde, préparant un holocauste global tendant à la réduction de l'humanité à cinq cents millions d'individus, qui, bien entendu serviront d'esclaves économiques ou sexuels dans un transformisme global à un cénacle de barbares attitrés se cachant derrière l'horizon fade et insipide de leur croyance ovipare.

Cela ne sera pas, car notre petite terre en a vu d'autres depuis sa naissance il y a quatre milliards cinq cents millions d'années, de sa création à la création des Races Humaines, notamment d'une Race de Géants, eh oui, n'en déplaise qui précéda l'apogée en ses formes multiples des Êtres Humains, initiés par quatre Races principales qui connurent des civilisations fantastiques qui ne sont pas nées il y a six mille ans, mais remontent à l'origine de ce monde. Il est temps pour tout un chacun de relire les Upanishad et d'aller beaucoup plus loin dans la fantastique aventure, en ce qui nous concerne en particulier, des Aryas, dont nous sommes après flux et reflux par migrations successives les descendants directs, ce qui gêne effectivement toutes ces théories sectaires inventées pour faire accroire que l'Être Humain descendrait du singe, ne serait orienté que par l'anus, devrait connaître un communisme global, et j'en passe et des meilleurs.

161

Le Noachisme a réussi donc à tout pervertir et continue à pervertir, jusqu'à voir l'Église Catholique, je ne parle pas de l'Église Chrétienne, se convertir à ce style programmé de la déliquescence de son œuvre, reniant la Trinité, et la Gloire du Christ, le Messie, Fils de Dieu, non le Dieu d'une quelconque religion, mais le Dieu Souverain de toute création universelle, prémisses à la servitude honorée et glorifiée à ce Noachisme arbitraire, sans consistance, déviant, marginal lorsqu'on sait reconnaître sa voie inverse, ridicule pour chacun qui se respecte et se fait respecter.

Cette vision est totalement dictatoriale et réductrice de l'Être Humain, réductrice dans ce particularisme qu'il n'y a pour lui que la matérialité la plus stupide pour s'épanouir, l'intellect comme la spiritualité n'étant le fait que des féaux de ce Noachisme, donc issus d'un dirigisme au diktat qui se fait sentir avec impertinence dans notre époque contemporaine. Nier la Trinité, c'est nier le Corps, l'Âme, l'Esprit, c'est nier la matière, la Spiritualité, l'Intellect, c'est nier toute raison au profit de la désintégration, un retour brut vers le point, toujours ce retour vers la matière brute, qui est le propre de l'atrophie et de ses défenseurs, de ses chantres, de ses hydres pour qui la vie d'autrui n'a aucune importance, des rets de la déliquescence attisés par la subversion qui est leur unique héritage.

Cette subversion disséminée par toutes les places fortes de la Chrétienté, tente jusqu'à aujourd'hui avec ses outils les plus délirants, et notamment ses ismes, d'imposer au monde qui est né je le rappelle intentionnellement il y a quatre milliards cinq cents millions d'années, qui est un organisme vivant qui détermine son équilibre, par l'intermédiaire, de l'eau, de la terre, du vent, sa Trinité, et de son quaternaire le feu, un monde qui a connu des civilisations dont on trouve des témoignages extraordinaires sur toutes ses surfaces, et que l'on retrouvera d'ailleurs sur notre satellite et sur nos planètes avoisinantes, n'en déplaise, des civilisations donc que renie ce Noachisme aux fins d'imposer sa Loi, la Loi de Noé, avec lequel la majorité des Êtres Humains n'ont strictement rien à voir.

N'oublions jamais que nous ne vivons pas sur une croûte terrestre fixe, mais sur des plaques tectoniques qui naissent, meurent, se rencontrent, fondent de nouveaux continents, font disparaître des continents entiers, et que de réduire au Noachisme les fondements de notre monde relève du discours de celles et de ceux qui pensaient que la Terre était plate et qu'en ses bords se trouvaient les abîmes. Ce Noachisme avec l'aide de ses pseudos scientifiques tente, vainement, de faire descendre l'Être Humain d'un Être commun, et notamment par l'intermédiaire de singes simiesques dont on retrouve les restes dans ce que l'on appelle l'Afrique ce jour, s'aidant en cela de la théorie darwinienne qui est le leurre le plus parfait au regard des écritures, notamment le Livre d'Enoch et les livres sacrés des mondes Indo aryens.

Il existe plus de choses sur notre Terre que ne peut en contenir notre pauvre philosophie, et que ne pourront jamais taire les artefacts, notamment les ismes « religieux » réducteurs à souhaits du devenir de l'Humanité comme de l'Être Humain. Ces ismes si bien représentés par une partie de notre « science » comme de nos « religions » qui sont totalement inféodées à des idées qui n'ont pour but que de taire la vérité, et ne faire en aucun cas connaître tant à l'Être Humain qu'à l'Humanité, son potentiel inné de transcendance, qui rencontre de l'immanence, permet à l'Être Humain de reconnaître sa nature divine immortelle, permet à l'Humanité de correspondre à sa destinée qui est celle d'essaimer l'Espace et non pas stagner comme esclave de barbares dont la terreur qu'ils ont des Univers les conditionne dans le non-dit, dans cette pensée unique à l'usage des débiles qui comme des marionnettes s'agitent sur nos écrans où dont on entend les meuglements sur toutes nos radios.

Si l'on voulait prendre le pouvoir globalement sur cette planète, comme une autre, non dans un but d'élévation, mais dans le but d'une exploitation totale de toutes ses ressources, humaines comme matérielles, on ne s'y prendrait pas autrement pour réduire par le mensonge, la duplicité, la forfaiture, la traîtrise, la capacité de ses Êtres vivants. Nous en sommes là, dans l'invention, dans le mensonge, dans la propagande. Il suffit de voir les guerres qui s'enchaînent, dites pour certaines de libération, inventées par l'utilisation des extrémistes de tout bord, qu'ils soient religieux ou politiques, pour constater qu'il existe une tentative de mise sous le boisseau d'une partie de cet univers, et notamment de ses Peuples, faute de pouvoir prendre en charge la totalité de ce monde, la guerre nucléaire rasant à jamais toute possibilité de vie pendant au minimum quarante ans sur notre planète.

Vous me direz, celles et ceux qui s'autoprotègent dans leur atrophie ont déjà préparé les caches souterraines où elles et ils pourront vivre ces quarante années, qu'ils ont préservé les plantes, les semences de notre écosphère, et qu'elles et ils n'attendent que cela pour réaliser le rêve messianique de la folie domestique qui les enchaîne, l'immolation de l'Humanité à leur « dieu» qui n'est pas le Dieu de la Création, mais un avatar né pour la destruction, un avatar qui n'est que leur fantasme, et qu'ils inventent afin de complaire à leur atrophie. Ces lâches, qui ne s'en émeuvent pas dans les médias aux ordres, se réunissent à l'OMS pour envisager la désintégration de l'Humain par eugénisme, déjà favorisé par les chemtrails, et, il y en a qui s'en étonneront, s'unissent pour nous faire adorer notre mise en servage lors d'une conférence qui sera suivie de beaucoup d'autres dont vous n'entendrez jamais parler.

Lady Lynn Forester de Rothschild a été l'hôte le 27 Mai, de cette « conférence sur le capitalisme inclusif », à Londres, conférence qui s'est tenue à huis clos, fermée donc au public et à la presse. La conférence fut suivie par 250 délégués, qui collectivement, représentaient 30 000 milliards de US$, soient un tiers de la richesse du monde. Les conférenciers qui prirent la parole incluaient le prince Charles d'Angleterre, Bill Clinton, Christine Lagarde du FMI et Mark Carney, entre autres. Le but de la conférence était de rebâtir la confiance et la légitimité dans le système du capitalisme d'État en y faisant la promotion de changements factuels.

« Pour la première fois dans son histoire, la civilisation occidentale est en danger d'être détruite de l'intérieur par une cabale de dirigeants corrompus, criminels qui est centrée autour des intérêts Rockefeller, qui incluent des éléments des familles Morgan, Rothschild, DuPont,

Brown, Harriman, Kuhn-Loeb et d'autres groupes également. Cette junte a pris le contrôle de la vie politique, financière et culturelle de l'Amérique dans les deux premières décennies du XXème siècle. » (Historien Caroll Quigley) et nous rajouterons de nos Nations Européennes.

Parlons donc du capitalisme inclusif, il se coordonne obligatoirement dans la recherche du profit maximum, tant par exploitation totale des ressources naturelles, que par l'exploitation totale de l'Humanité. Vous comprendrez qu'ici, on ne parle plus de l'Histoire, mais de cette macabre congestion de l'atrophie dont le seul désir est de soumettre à son seul profit toutes les ressources naturelles, comme l'ensemble de l'Humanité, hâtant ainsi la disparition des frontières naturelles, la désintégration des États, comme on le voit actuellement avec cette «régionalisation » en France, hâtant ainsi la disparition des « objets » devenus inutiles à cette économie, les vieillards, les retraités, les impotents, les accidentés de la vie, les enfants réticents, en instaurant comme règle d'État, et l'avortement et l'euthanasie obligatoires.

Objet de l'économie comme des fantasmes sexuels de cette force hybride, l'Être Humain doit disparaître après la disparition de ses États, de ses Nations, de ses Racines, de sa Race, de son Ethnie, par le jeu d'un métissage forcené par implantation de peuples exogènes, lesquels il faut pleurer lorsqu'ils tentent la traversée de la Méditerranée, afin de les mieux faire accepter. Nonobstant cette désintégration des racines, viennent les désintégrations de ses croyances, et notamment la Chrétienté, qui voit ce jour cette doctrine totalement annihilée par les forces alliées à la subversion qui n'a qu'une complainte la destruction de l'Église Catholique, qui demeurera, n'en déplaise.

Regardez tout simplement ce qu'il se passe au Moyen Orient, où la France aide des Djihadistes en leur fournissant des armes, facilite le passage des tueurs nés dans les pays de cette région, en provenance de notre Nation ou d'ailleurs, qui n'ont entre autres pour ordre que celui de la destruction de tout ce qui est Chrétien, par décapitation, crucifixion, gazage, viol, tel qu'on peut le voir en Irak qui commence tout juste à intéresser l'Occident, etc. Voyez seulement cet apogée de l'UMP remettre la Légion d'honneur à un frère musulman à Bordeaux, les uns les autres se courber jusqu'à la terre afin d'introniser mosquées et lieux de culte, pendant qu'ils ne disent pas un mot sur les incendies des églises, la profanation des églises, et pire encore le viol des jeunes filles blanches au motif que ce ne sont que des « putes de blanches et Françaises de plus ». Voyez, comme en Espagne en 1936, les prisons se libérer d'une armée de délinquants, petite armée au service d'un pouvoir qui fait rire le monde entier avec ses trois pour cent d'acquiescement, petite armée qui viendra aider la milice d'état qui n'est jamais inquiétée lorsqu'elle ordonne des émeutes, qui demain avec les djihadistes de retour de Syrie et d'ailleurs vont semer la terreur afin que le Peuple de France se réfugie dans le giron de la subversion.

Voici ce qu'il vous est donné à voir, y compris le laminage des classes moyennes, la destruction de l'éducation, l'apologie de l'anglais dans le plus grand mépris du Français. Ceci n'est qu'un exemple à l'échelle nationale, l'international n'est pas mieux, voir cette « europe » gargantuesque vouloir imposer sa loi d'airain sur l'Ukraine, envoyant pour ceci, via les États Unis, les blackwaters pour assassiner, torturer, dépecer, brûler vif, des populations pros russes, ne donne qu'une image de ce constat terrible, que nous sommes sous le joug de la barbarie la plus putride qui soit. Une barbarie trouvant ses racines dans ce Noachisme qui est une hérésie parmi d'autres tendant à la déstructuration de la réalité au profit de la virtualité, cette virtualité qui se voit si bien dans les actions de l'atrophie, détruisant partout où elle le peut, n'ayant d'engagement qu'envers les ressources naturelles et se servant de l'Humain comme d'une serpillière, aux fins d'attraire à son profit ce petit monde.

Échelle internationale, prenons mesure du génocide du Peuple Congolais, sans que personne ne s'en émeuve, sept millions de Congolais assassinés pour les matières premières de cette région, sans compter tout ce qui meurt au Nigeria, au Mali, etc., manipulés toujours par les mêmes intérêts qui se servent des uns des autres afin d'imposer leur délire messianique, leur correspondance au néant, qui est lié à l'unique appât du gain, de l'intérêt, de l'usure qu'ils peuvent escompter en détruisant toutes sources historiques, toutes sources religieuses, en mettant en exergue leur folie qui doit devenir cause commune de larves devenues, que seront les Humains, sans l'ombre d'une seule connaissance de leurs racines, se réjouissant dans la fange de ce que leur laisse déjà cette pantomime barbare.

Le foot Ball, cette maladie induite voyant des Êtres Humains se comporter comme une tribu de sous singes, dont la coupe du monde est si bien représentative, les films bien sanglants et les séries où on compte un meurtre par minute, ou bien les films où le sexe n'est plus qu'une mécanique, le cul le devenir de cette larve devenue de ce qui fut un Être Humain, et bien plus des idoles ridicules qui chantent des niaiseries, ou bien lancent leurs culottes dans un public extasié de recevoir les résultats de la branlette de l'une ou l'autre de ces « icônes ».

Pauvres Êtres Humains, ne pouvant aligner plus de cinq cents mots pour s'exprimer, les oreilles rivées par des casques hi-fi leur desservant la bonne parole de la mondialisation, du métissage, du transformisme, les yeux rivés sur des lucarnes où le mensonge et la propagande sont les mamelles de ce dessein bestial qui se dessine. Car ce dessein n'est autre que celui de la mise en esclavage de l'Humanité, au nom de cette logorrhée que l'on nomme le Noachisme.

Il est temps que l'Être Humain se réveille de cette condition, mette en retrait toutes les philosophies du néant, les contractions réductrices religieuses qui s'imaginent être dépositaires de «dieu» lors que Dieu n'appartient à personne, mais à toutes et à tous, à la Vie pour la Vie et en la Vie, et dont le Fils, le Christ, n'en déplaise à démontré dans la simplicité, eh oui la simplicité existe et il n'est nul besoin de la masquer par un « ésotérisme » de pacotille, la Voie à suivre pour faire comprendre aux Êtres Humains que ce qu'ils appellent la mort n'est qu'une transformation et en aucun cas un retour dans la poussière, sinon que pour son véhicule, le corps.

Nonobstant ce savoir convient-il de reconnaître que un est en tout et que tout est en un, et donc que la Vie est dans sa multiplicité une unité dont la seule connaissance permet à chacun de comprendre qu'il convient de faire naître les uns les autres à cette complémentarité pour que tout un chacun puisse s'épanouir dans ce monde de la Vie. On cherchera longtemps la complémentarité dans tous les ismes stériles qui tournent en rond dans leurs tours d'ivoire et qui n'inspirent que la compassion, tant leurs latitudes sont vouées à l'immolation. On cherchera longtemps la complémentarité dans le monde économique où seul le profit de certaines castes compte et en aucun cas l'élévation de l'Être Humain comme de l'Humanité. On cherchera longtemps la complémentarité dans ces mouvements politiques qui ne sont créés que pour diviser ce qui n'est pas option de division, et qui s'enchantent et se masturbent dans leur croyance qui toujours se révèle létale pour autrui. On cherchera longtemps la complémentarité dans les hymnes dits «religieux» qui ne correspondent qu'à des polythéismes, le cœur même de ces religions se croyant dépositaires de Dieu, lors que Dieu ne se laisse emprisonner par des théories fumeuses, des incantations stériles, mais sème où il veut, donc sur l'ensemble de l'Humanité, car porteur de la Vie et symbole par excellence de la Vie. Ce qu'ignorent les féaux de la destruction, de la désintégration, le néant étant leur principe, leur viaduc, qu'ils inventent et enchantent, en pillant en général les livres sacrés, enchantant des dieux stériles, iniques, et cyniques qui ne correspondent qu'à leur atrophie la plus pulvérulente.

Soyons parfaitement clairs, la lutte contre l'esclavage passe par le respect inconditionnel et multilatéral de l'Être Humain, de son Ethnie, de sa Race, de sa Nation constituée historiquement et biologiquement, le reste n'est que fumisterie tendant à la désintégration totale de l'Humain, dans ce transformisme qui s'accroît, où n'existeraient plus de femmes et encore moins d'hommes, mais des larves incultes mises à disposition des barbares atrophiés qui veulent diriger ce monde. Dieu sait que là, ils en feront des fournées à euthanasier, à faire avorter, à liquider économiquement, intellectuellement, spirituellement, comme ils le font faire actuellement par leurs valets qui se disent des «politiques» qui ne sont rien d'autre que la première ligne des esclaves à leur service, comme ils le font faire avec leurs armées privées, les djihadistes, les mercenaires, et tutti quanti.

Soyons sérieux, est-ce cela que veut l'Humanité, ne plus être tout simplement, se dissoudre dans la boue la plus glauque sortie des loges noires de cette folie qui renie la tripartition de l'Être Humain, qui renie la Trinité, qui renie le Corps, l'Esprit, l'Âme, et leur unité symbiotique, qui renie le Christ, aux fins de voir se confondre dans leur nuit tous les Êtres Humains. Un monde de dictateurs atrophiés par l'argent, toutes Nations désintégrées au profit d'une seule Nation ne cherchant que le profit et infatués dans leur délire se prédisposant, sans la moindre culture de l'État, sinon celle de la désintégration, sans la moindre connaissance de l'Art Royal qui est celui de gouverner, à gouverner ce monde !

On en rirait tellement c'est comique de voir des pilleurs, des voleurs, des fainéants, des violeurs, devenir le règne de ce monde ! Cela en l'état prouve que leur mainmise sur la conscience morale des Êtres Humains est en cours, gagnée par la traîtrise, le gain, la pourriture officiante qui séduit les demeurés et les malades chroniques, si bien récompensées par des « affaires », des «délits d'initiés», des « retraites dorées », des « comptes bancaires bien garnis dans les zones de non droits », aidés en cela par la mafia permanente qui sévit pour blanchir les capitaux, tant dans les banques que dans les petites zones où la drogue se vend comme des petits pains. Ah ! La drogue ! Mais comment se fait-il que ses circuits ne soient pas démantelés ? On comprend les policiers qui se suicident, car rien ni personne ne fera croire un seul instant que les États ne soient pas alliés à cette pourriture qui détruit la jeunesse, soit en touchant, soit en permettant de faire respecter la « paix sociale » par quadrillage par le petit banditisme, et cela n'est rien par rapport à la traite humaine, tant des organes que des enfants, femmes, hommes, dédiés à la traite sexuelle, et pire encore à la mort dans des conditions atroces donnée par la livrée noire de ces sédiments de la folie qui se veulent règne.

Les Êtres Humains sont aveugles, la presse et les médias totalement pourris par leur insinuation, le monde politique une porcherie où se meuvent par intérêt toute la dégénérescence de l'Humain, se courbant, domesticité parfaite tenue par ses avoirs ou ses problèmes sexuels, où ses instincts de meurtre, toute une bestialité tenue par le joug de l'usure qui gambade lorsqu'on le lui demande.

La France est un exemple remarquable et remarqué de cette bestialité ordonnée, puisant ses racines dans les loges noires qui frétillent dans tous les couloirs de son pouvoir, puisant ses racines dans tout ce qui ne représente pas la France mais des intérêts étrangers, notamment par l'intermédiaire de la fondation franco américaine, courroie de transmission de la Fabian society, courroie de transmission de la Mountain Table qui regroupe les éminences bancaires citées plus haut. La boucle est bouclée de l'infection qui ronge notre Nation, comme elle ronge les Nations Européennes, comme elle ronge l'ensemble des Nations, hors la Russie et la Chine, et on comprendra pourquoi toute la veulerie s'émeut et se dispute à qui mieux mieux pour vomir la Russie, et tortiller du cul devant la Chine, n'osant l'affronter de face, car leur vendant la corde qui servira à les pendre, ne nous en inquiétons.

Prenez mesure du Noachisme, et vous pourrez lire la trame de notre pauvre Histoire qui a commencé à s'enrayer avec la distinction prononcée par le Protestantisme, né grâce aux prestations Judaïques. La lecture de cette Histoire de sang et de haine, la haine de l'usure envers tout ce qui ne veut pas être son esclave, est là devant vos yeux. Il n'y a de complexité que lorsque la complexité devient la simplicité. En regard, ouvrez vos yeux et cessez de vous intégrer à ce qui détruit le moindre carré de la Liberté Humaine qui est celle de s'élever vers l'infini, et non de se terrer dans notre pauvre petite planète qui dans quatre milliards cinq cents millions d'années aura disparu de cet univers.

La peur, la terreur de l'Espace, qu'il soit biologique ou Énergétique, voici exactement la plaie qui ronge notre Terre. La peur, la terreur de la Vie, voici ce qui est la plaie de notre monde. Savoir construire, édifier, prospérer, élever, ne sont pas les verbes de ces peureux qui se veulent gouvernance, incapables sont-ils de voir l'Humanité s'élever, car rapportant tout à leur petite atrophie, à leur petite personne qui n'annonce que le déclin de l'Humain, l'Humain n'étant et ne devant en aucun cas être leur jouet. Et n'oubliez, compassion pour ces pauvres êtres qui n'ont rien compris à la Vie et dont ils ont peur, préférant se terrer dans la fange de l'usure, résultante du sang et de la sueur de leur exacte réplique, qui elle n'est pas atrophiée, mais qu'ils cherchent à atrophier pour mieux la diriger.

Comme le disait un personnage, si seulement les Êtres Humains savaient qui gouverne leur destin, ils se révolteraient. Il serait temps, devant les méfaits, la barbarie totale dont font état ces quelques individus, que l'Humanité dans son ensemble se réveille et prenne mesure de son joug pour s'en défaire, dans ce qui reste et restera, la Démocratie, la Démocratie née des Peuples et non des sectes, cela viendra, n'en doutons un seul instant. Les civilisations Humaines, naissent, évoluent, puis disparaissent, lorsque la subversion est leur moteur. L'empire soviétique, aidé par les Banquiers internationaux, a duré soixante-seize ans, le national-socialisme, aidé par les Banquiers internationaux a duré quelques décennies, le mondial socialisme ne durera que ce que dure l'éclosion des roses, savoir l'éveil de l'ensemble des familles Humaines qui ne doivent en aucun cas devenir les esclaves de cette insanité nageant dans le sang de l'Humanité.

Je le répète le monde n'est pas né il y a six mille ans, et l'Humanité en ses familles poursuit sa route depuis quatre milliards cinq cent milliers d'année. Les ismes et notamment ce Noachisme n'ont donc aucune valeur, et ne portent aucune valeur pour les Êtres Humains qui se respectent et se font respecter, qui honorent leurs racines, leur Race, leur Ethnie, leur Identité, leur Nation, et ce monde dont les floralies sont les Nations, et n'ont pas à plier aux fantasmes de cette boue putride que cherchent à imposer tous les ligueurs conscients ou inconscients de ce Noachisme inventé et subjugué par les élytres de la subversion. Rendons à César ce qui appartient à César, et à Dieu ce qui appartient à Dieu et renvoyons aux philosophies religieuses dictatoriales, ainsi que ses féaux, le Noachisme. »

Gardons l'espoir de voir cette relecture dessiller les yeux des Êtres Humains en voie de disparition sur cette petite Terre, si les mythes nés de complexes d'infériorité continuent à œuvrer, tant le retour dans la matière brute est leur vecteur outrancier.

Les masques du foot Ball

Petite nouvelle de Terre où le jeu devient la raison d'une humanité larvée dans le factice, mais lisons :

« Le foot Ball est l'opium de l'Humanité, une chose curieuse que l'on appelle jeu, mais n'est-ce pas ce qu'il faut donner aux Peuples, du pain et des jeux ! Le fantasme mondialiste trouve ici sa garantie, dans les acteurs de cette « folie» rendant l'Être Humain bien en dessous des qualités intellectuelles du singe. Lorsqu'on regarde la télévision, que l'on écoute la radio, bien entendu sous propagande obligatoire compte tenu des fonds qui tiennent ces organes de désinformation, on est stupéfait de voir que ce jeu passe avant les actualités de fond, que le monde se tait dans l'attente des résultats de Pays divers et variés, qui, comble de l'ironie, mettent en valeur leur Nation comme leur Identité dans le cadre de ce que l'on appelle un événement.

Lorsqu'on se promène dans les rues au moment des fameux matchs, les rues nous appartiennent, il n'y a pas un chat, à peine un pauvre chien qui déambule. Quel beau prétexte pour un coup d'État ! La vie s'arrête, et on s'amuse de voir agglutinés comme des veaux des êtres humains qui trépignent devant des écrans, de plus en plus grands, pour leur faire croire qu'ils deviennent acteurs de cette fête décérébrée à souhait. Car enfin qu'y a-t-il de noble et de grand à taper dans un ballon comme les otaries dans un cirque? Comment peut-on payer des millions d'euros ou de dollars des joueurs divers et variés ne sachant faire que cela et prenant leur « retraite » à trente ans et moins !

On en rit, tant le ridicule atteint ici ses sommets. Que l'on aime le Foot Ball, dans le cadre d'une joute sans contrepartie financière, cela est admissible, mais que l'on aime des joueurs de Foot Ball payés des millions lorsque le salaire moyen en France est de mille cinq cents euros, cela ne fait plus rire du tout et démontre l'inanité totale de nos concitoyennes et concitoyens qui se réfugient dans l'artifice, le virtuel, pour tenir debout. Et lorsqu'on regarde l'énergie dépensée lors de ces « messes » pour le prolétariat, on se dit que si cette énergie était dépensée pour assurer la dignité de la Nation, tant économique, culturelle que spirituelle, cela bouleverserait la donne politique, où l'on voit une gouvernance oser gouverner avec trois pour cent d'acquiescement, et bien entendu correspondrait plus à la réalité que l'on ne la perçoit.

« Fête » mondiale, cet artefact se retrouve bien là dans le cadre de cet opium qui voit des Peuples entiers s'adonner à des danses tribales, des cris délirants, des ovations sans raison, pour ce qui est finalement petit, sans avenir pour l'Humain sinon que sa propre désintégration dans une parodie, une parodie sportive où encaissent celles et ceux qui savent si bien en tirer profit. Un profit de servage, servage de joueurs qui ne se rendent même pas compte qu'ils sont achetés et vendus comme n'importe quel esclave et qui en sus doivent rapporter à leurs maîtresses, ces équipes qui vivent sur le dos d'une charité bien ordonnée qui commence toujours par celle du vivier qui pourrit l'activité sportive pour ses petits et grands profits.

L'exemple de ce Brésil est extraordinaire, que de voir préférer affamer son Peuple plutôt que de ne pas être le pays d'accueil de cette farce ridicule, jusqu'à envoyer les chiens de guerre pour empêcher que la réalité soit mise en évidence devant des yeux étrangers, qui, n'en doutons pas, se voilent la face, tellement ils sont insignifiants, des yeux de bobos, des yeux bling bling, qui n'ajouteront et ne retireront rien au devenir de l'Humain, fort heureusement, quantité négligeable de petits suces queues de leurs maîtres qui paradent. On se rappellera sur ce propos le film remarquable Rollerball qui n'est plus de mise dans le cadre de la science-fiction, mais bien mis en œuvre actuellement dans le cadre de cette « fête » sans intérêt pour celles et ceux qui se respectent, qui respectent leur corps qu'ils ne vendent pas pour un gain quelconque. Et pendant qu'on amuse tous ces spectateurs qui ne se livrent qu'au regard et en aucun cas à l'action, le temps des assassins arrive, dans un laisser-aller remarquable, voyant le Conseil d'État demander l'arrêt de la Vie d'une personne végétative, et un jury populaire acquitter le meurtrier de personnes âgées sous l'étiquette de sa fonction de médecin !

Dans quelle Nation vivons-nous ? Dans celle du meurtre officialisé, dans celle de l'assassinat individuel par ce que l'on ose encore appeler médecin, qui ne sont pas la majorité fort heureusement, dans le cadre de l'avortement sans raison, dans le cadre de l'euthanasie barbare de tout un chacun ! Voici ce qu'est devenue cette République chargée de protéger les citoyennes et les citoyens, le vecteur de ce camp de concentration qui se réalise où les plus faibles doivent disparaître afin de laisser leur place à une invasion exogène amplifiée et statufiée.

Notre Peuple est en train de se faire assassiner en sus que de se faire violer par ce monde entier qui nous coûte presque cent milliards par an à notre détriment. Car dans l'esprit de cette incarnation de la dénature, il convient de tuer, de tuer encore et plus les Peuples, les souiller par le viol, les humilier par la flagellation, les culpabiliser pour mieux les détourner de la Voie de leurs racines afin qu'ils s'étouffent dans la boue qui ruisselle. Cette boue fétide née des loges maçonniques avariées, cette boue fétide engendrée par l'usure et ses féaux, cette boue dont la morve transpire sur les écrans de télévision et sur les ondes des radios, la morve du tueur consommé, du Kapo, de cette non-humanité qui s'imagine vouloir briser l'essor de l'Humanité.

Car qui peut nous faire croire un seul instant que l'on puisse se comporter en Être Humain, lorsqu'on décrète la mort pour les faibles que l'on doit protéger, que l'on doit soigner ? Oui, nous sommes dans le temps des assassins, et ces assassins se trouvent au sommet du pouvoir, dans toutes les cours de justice et pire encore, dans cet ordre que l'on appelle des médecins ! La gangrène maçonnique trouve ici son lieu, son respire, son autorité, cette gangrène qui parle au nom de sa secte et en aucun cas de l'humain, cette plaie de l'Humanité qui s'autorise par inféodation, par duplicité, par traîtrise, par toutes les saloperies que l'on puisse imaginer, à incliner les pouvoirs à ses ordres de meurtrier ! Il suffit de cette boue glauque, de cette infection qui ruine les Nations, ruine l'Humanité de ses embellies, ruine l'Humanité de son réel pouvoir qui est celui de la transcendance, si masquée ce jour par ce bubon nauséeux qui pue la mort, la charogne.

Partout où elle est, il convient de la dénoncer pour ce qu'elle fabrique de nauséeux en son appartenance, sa volition, ses horreurs consommées, secte infecte qui ose avec obséquiosité et onctuosité se rebeller contre la nature Humaine, contre la Vie, contre l'Humain comme l'Humanité, afin de réduire son nombre à cinq cents millions d'esclaves à sa botte. On ne peut avoir que du mépris pour l'engeance sortie de son sein, qui se vend comme une prostituée, et celle-ci a de l'honneur dans son métier, afin d'obtenir de substantiels revenus supplémentaires, des grades, des places, tout cet attirail qui la mène vers le gouffre duquel elle ne peut sortir, parler, imaginer un seul instant de liberté, pauvre misère pour laquelle on ne peut avoir que de la compassion en sus de ce mépris qui doit devenir l'arbitre de ce monde en regard de cette situation qu'elle provoque.

Lorsqu'on voit le chœur des tueurs se lever dans notre Nation, il n'est pas difficile de prouver leurs appartenances à cette immondice de la pensée humaine née dans le prurit du fumier des loges basses à la solde de l'usure ! Ceci est la honte de l'Humanité, la bestialité accouplée au meurtre, le parjure de la Vie, tout ce qui ne représente aucune valeur humaine, et qui doit être rejeté en bloc par les défenseurs de la Vie, cette Vie qu'exècrent les tenants et aboutissants de cette bestialité, ces nains grotesques qui ne sont en jouissance que lorsqu'ils portent la mort partout où ils passent, ces nains simiesques qui n'ont d'autre culture que celle de la mort.

Lorsqu'on entend les témoignages diffusés par la radio, émis par la télévision sur ces deux affaires, on ne peut qu'être effaré par le conditionnement du corps médical qui n'a plus vocation de préserver la Vie mais bien de liquider la Vie lorsqu'il ne sait plus faire, lorsque son ignorance est telle qu'il est paralysé par le phénomène qui se présente devant lui. Que d'impuissance, reflet désormais de cette coordination voulant volition l'euthanasie ! Une impuissance programmée par les usuriers en tout genre qui ne donnent pour la recherche que de pauvres deniers, tandis qu'ils se régalent de leurs places, de leurs sièges, de leurs petites affaires, de leurs retraites dorées, une impuissance autorisée par un enseignement qui n'en est plus un, où les diplômes s'achètent pour certains, révélant leur incapacité notoire, une impuissance légalisée désormais par cet arrêt du Conseil d'État, et cet invraisemblable jugement du meurtrier de personnes ne pouvant faire connaître leurs dernières volontés.

Que chacun ici mesure le déploiement, le déferlement dans l'hypocrisie absolue, de cette errance qui se veut pouvoir, initiant la mort dans le déni de la Vie. Que chacun désormais fasse connaître ses dernières volontés, en entrant dans un quelconque hôpital d'où l'on sait désormais qu'y rôdent parmi de vrais docteurs, de purs assassins, des tueurs en série, toute une faune de minables n'ayant pas compris que lorsqu'on est en face d'un problème médical, on cherche non pas à détruire le Patient, mais à vaincre sa maladie, quelle qu'elle fût, lorsqu'on respecte le serment d'Hippocrate. Et l'on cherchera la haine où elle se situe dans ce brouhaha ignoble qui relève de la pure propagande des assassins qui veulent désormais gouverner la société humaine, et l'on se rappellera que le Conseil d'État a décrété l'assassinat d'un Être Humain, n'en déplaise, et qu'un jury, payé par qui ? A décrété l'assassinat comme une règle en relaxant un meurtrier.

Oui, la haine de la Vie est ici, une haine incommensurable qui trouve ses racines dans l'abjection de l'atrophie qui mute l'Humain au rang de la bestialité, dans ce chancre où végètent tous les esclaves de l'usure et de leur portée. Ces tueurs ont décidé de la mort de la Vie, ces homoncules ont décidé de combattre le Vivant pour l'anéantir, se servant de leurs théories abstraites, le darwinisme, le freudisme, le marxisme, le einsteinisme, le freidmanisme, le malthusianisme, le noachisme, faute de pouvoir créer, car impuissants à créer, car c'est là bien le témoignage de leur impuissance intellectuelle comme spirituelle, une impuissance globale qui ne rentre pas dans le cadre des valeurs de nos civilisations Indo Européennes, une impuissance contraignante dont on retrouve par l'Histoire les miasmes putrides par toutes faces de l'Humanité, une impuissance caractérisée qui est le lieu même de tout ce qui n'est pas valeur Humaine mais rejet de toute Humanité au profit de cette exacerbation d'un petit moi qui est le ridicule consommé.

Il serait temps que l'énergie dissipée dans ce néant que l'on nomme le foot Ball soit libérée dans l'action Politique, avec un P majuscule, soit l'Art de diriger par la capacité, et non plus par la médiocrité. Cette médiocrité qui s'affiche dans le déshonneur le plus total, confère ce triumvirat d'un Parti qui désormais met à sa tête ceux qui pour partie ont eu affaire à la justice pour prévarication, confère ce parti minoritaire qui se pâme de la destruction en ayant annexé le Pouvoir dans notre Nation, cherchant à la morceler, la réduire, pour faire plaisir à celles et à ceux qui ne rêvent que d'un fédéralisme basé sur les Régions, en accentuant ainsi la division qui leur permet de régner.

Que l'on ne se trompe, l'Europe basée sur les Régions – les régions ne peuvent se concevoir qu'à l'intérieur d'un territoire bio géo historique constitué, savoir la Nation - sera à l'origine de toutes dissensions, et nous fera retourner au Moyen Âge avec ses particularismes exacerbés qui se termineront dans des guerres larvées interminables. La destruction des Nations est un leurre permettant la division, ne l'oublions jamais. Elle n'instruit que la faune hilarante qui se baigne dans le bling bling dont les fastes sont les non-être qui s'affichent avec tant d'empressement pour recueillir les miettes que leur servent les féaux de l'usure qui dirigent ce petit monde.

Donnez-leur du pain et des jeux, et ils ne réfléchiront pas, accepteront jusqu'à l'outrance, la perversion dans laquelle ils se rouleront comme des truies dans la fange, leur esclavage qu'ils demanderont, réclameront aux fins d'être des assistés dont l'euthanasie comme l'avortement, les nouvelles déités de cette plaie qui se veut dirigeante, se chargeront. Nous sommes dans le sacre de ce massacre, agité par les épouvantails qui s'imaginent des élites alors que ce sont de pauvres hères qui ne se gouvernent pas, mais comme des pantins, s'animent en fonction des désirs de leurs maîtres, avec beaucoup de courbettes, de sourires, une hypocrisie globale qui ne résiste pas à l'analyse, et éprend simplement les ignorants et les acculturés, toute l'hybride dénaturation qui dans ses fantasmes se voudrait morale de la République.

A-t-on vu une République aussi souillée, aussi affaiblie, aussi effacée, une République de courtisans rendant grâce à leur obédience et prenant leurs ordres dans leurs basses loges, les unes les autres appliquant les préceptes de Weishaupt avec gourmandise, car impuissants à toutes créations, petits outils de la subversion qui se pâment désormais devant l'acceptation obtenue par viol de l'avortement et bientôt de l'euthanasie, après la soumission à toutes les perversions de l'humanité, voyant les violeurs et tueurs d'enfants relâchés dans la nature pour inscrire dans le sang de nos enfants le sacre de ce chiendent de l'humanité, dont ils ont plein la bouche, mais qu'ils ne respectent en aucun cas, le meurtre de cette humanité étant leur respiration, leur causalité, leur détermination.

Les tueurs nés sont là, dans cette boue noirâtre qui ruisselle dans le ghetto maçonnique, donneurs d'ordre à des pantins politiques qui n'ont de but que de respecter ces ordres, en fonction de prévarications ordonnées et licencieuses. Cette puanteur qui monte de notre Nation, est une infection tellement visible que rien ni personne ne peut ne pas la voir, inscrivant la destruction de la Vie en Lois, inscrivant la destruction de la Culture en Décrets, inscrivant l'anéantissement de la spiritualité et principalement catholique en lettres de sang.

Ce n'est pas une évolution mais bien l'involution la plus débile qui puisse exister, celle animant le retour vers la matière brute de l'ensemble Humain, le noyant dans la désintégration physique, intellectuelle et spirituelle la plus nauséeuse. À l'image de ce foot Ball monétaire, à l'image de cette entreprise de dévaluation de l'Être Humain, d'avilissement de l'Être Humain. »

Que d'étranges comportements permettant de spolier l'Humanité de son droit essentiel, celui à la Vie, et en ce qui concerne ce « foot Ball » à l'esprit critique.

Virus

Nonobstant cette guerre des terroristes en col blanc contre les terroristes aux mains sanglantes qu'ils manipulent, on s'apercevra avec stupeur que le gouvernement Américain est dépositaire du brevet du virus Ebola, et qu'il en maîtrise la vaccination. On pourra rechercher ici les manœuvres d'eugénisme en cours en Afrique avec cette arme silencieuse, une arme létale pour celles et ceux qui n'ont pas accès aux vaccins.

À noter qu'il n'est pas impossible que l'OMS remette son plat préféré, la vaccination obligatoire contre Ebola, pour aider ces « pauvres » laboratoires qui créent les maladies et leurs antidotes, une vaccination destinée à l'asservissement. Ainsi la communauté internationale doit se mobiliser pour mettre à l'encan cette vaccination qui serait obligatoire, comme elle l'a fait pour le virus H1N1, cette pourriture créée par un laboratoire Américain qui en détient tous les brevets. Nous l'avons dit, nous avons affaire à des tueurs nés qui pour des raisons économiques entraînent la mort dans leur sillage, il serait temps que la lumière soit faite globalement sur ce virus dénommé Ebola et que la communauté internationale porte ses accusations là où elles doivent aller et demande réparation aux laboratoires de la mort manipulés par des financiers sans la moindre once d'humanité, des terroristes particulièrement dangereux.

Terroristes au même titre que les djihadistes, envers lesquels, en France, nous assistons à quelques manifestations de musulmans pour condamner le crime barbare, qu'a subi un de nos concitoyens par ce mouvement de mercenaires à la solde des terroristes en col blanc qui paradent en faisant accroire qu'ils amènent la Liberté, la Démocratie, dans des Nations qu'ils cherchent tout simplement à annexer.

L'Islam est ce qu'il est et en tant que Chrétien, je n'ai pas à le juger. Toutefois pour apparaître une religion de Paix et d'Amour, faudrait-il qu'il soit expurgé de toutes notions de Djihad, de tous textes permettant d'avilir les Femmes, et enfin censuré de toutes insultes, et menaces permanentes de mort envers les incroyants à l'Islam. Cela est affaire des croyants en l'Islam. En attendant, tant que cette réforme n'aura pas été mise en pratique, nous ne pouvons faire la moindre confiance dans celles et ceux qui ont embrassé la religion Islamique en l'état, car ils ne peuvent renier le djihad qui est une pièce intégrée à l'Islam, s'ils veulent être en accord avec sa doctrine.

S'ils ne sont pas d'accord, qu'ils s'expriment et demandent la réforme du Coran et des additifs afin qu'ils soient parfaitement en adéquation avec les valeurs de Paix dont ils se réclament. L'Histoire est là pour démontrer que dans les faits, l'Islam tel qu'en sa doctrine ne peut être regardé comme une religion de Paix. Lorsqu'on observe le défilé en l'honneur de la victime tombée sous les coupes du djihad, on est loin de penser à une quelconque rédemption des Croyants en l'Islam, or quelques exceptions, pour preuve ces quelques centaines de Musulmans qui ont défilé alors que la France en compte des millions.

Chacun ici, ne pourra dire ne pas avoir été averti et en conscience, sans la moindre discrimination veiller à son entourage, puisque la gouvernance actuelle, incapable de quadriller notre Nation, ne mettra jamais en place les comités de quartier armés nécessaires à la surveillance de notre Nation, préférant laisser les Françaises et les Français quelle que soit leur religion, leur couleur, leur orientation sexuelle, livrés au terrorisme, qu'il facilite en agissant ainsi.

Mais n'est-ce pas normal lorsqu'on arme le djihadisme en Syrie ? On me dira que les armes vont à l'ASL, lorsqu'en fait elles sont livrées pour deux tiers au front djihadiste. Le risque d'attentat s'en trouve accru, et je le répète, faudra-t-il bien peser les responsabilités pour le cas où cela arriverait. Pour terminer, nous pouvons voir que le terrorisme en col blanc ne se limite au terrorisme politique, mais applique le terrorisme économique, à la ressemblance du terrorisme aux mains sanglantes que le terrorisme politique manipule, les voyant égaux dans le désir d'immolation des Êtres Humains, dont le virus Ebola dans sa création et la création de son antidote, illustre parfaitement l'adéquation.

N'attendons pas de la part de nos dirigeants élus comme des marques de savonnettes, comme on cherche à nous vendre, par l'intermédiaire des médias aux ordres, savoir notre ancien Président, comme le fut celui qui est actuellement au pouvoir, la moindre action, la moindre parole permettant aux Françaises et aux Français d'être préservé de ces deux virus qui actuellement, comme cela l'a toujours été, sèment la mort de par ce monde, pour le plus grand plaisir de l'atrophie, l'usure et ses féaux.

Les élites?

Belle nouvelle de cette petite Terre, notre petite sœur dans la Galaxie, mais lisons :

« Il y en a dans ce petit monde pour parler d'élites, et qui pensent que cette expression les concerne, ce qui est le comble de l'ironie, au regard de leurs actes et de leurs dires. À les écouter, seraient des élites celles et ceux qui ont un capital numéraire, en substance qui détiennent des valeurs économiques, soient scripturales soit fongibles, et ce à certain niveau qui leurs permettraient de regarder de haut l'Humanité sous l'angle de leurs avoirs.

Je ne vois là aucune élite, sinon celle de prédateurs qui sucent le sang et la moelle des Êtres Humains, en leur imposant leur addiction à percevoir des dividendes, en les ouvrageant dans un esclavagisme sans fin où chacun devient un loup pour l'autre afin de gravir les « degrés » de l'avoir. Je ne vois là aucune intelligence naturelle dans cette expression qui n'est pas celle de la capacité, puisque vouée au profit, qui n'est qu'une intelligence virtuelle au service de toute la plaie de l'Humanité, qui est celle de son esclavage à l'usure.

Soyons clairs, celles et ceux qui se prétendent des élites ce jour sont totalement sous le joug de cette usure et ne peuvent en aucun cas être redevables de ce titre, car en fait de médiocres pantins qui n'ont aucune personnalité et suivent au gré des ordres les directions à prendre pour traire les Êtres Humains de leur force vive, afin de les faire rentrer dans le moule composite de l'esclavage organisé le plus purulent que ce monde ait connu.

Qu'est-ce qu'une Élite ? Peut-être considérée comme Élite celle ou celui qui se dévoue au bien être par l'élévation physique, intellectuelle, spirituelle, des Êtres Humains, ce qui implique, in fine le désintéressement, l'abnégation, le sens de l'honneur, la franchise, la compassion. On voit ici que ceux qui prétendent être des élites sont loin de cette définition, sinon aux antipodes. L'intelligence sème où elle veut, et certainement pas dans ce creuset qui s'autoprotège, mène une guerre sans fins pour conserver ses privilèges, haït l'Humain au sens strict comme au sens composé, afin de forger une petite caste minable qui ne se mesure qu'à l'aune de ses avoirs, de ses postes, de ses reptations, de ses félonies et de ses traîtrises.

Aucun doute sur cette dernière phrase lorsqu'on observe ce qui se veut élite aujourd'hui, on y perçoit toujours la même haine de l'Humanité, on y perçoit toujours les mêmes injures envers les Êtres Humains, on y devine toujours les mêmes outrages envers des siècles de Civilisations, comme si l'essor du mercantilisme n'avait amené autre chose que la paupérisation de l'Humanité, son asservissement, sa mise globale en esclavage.

On considérera dès lors que cette prétention ne concerne que l'élite du portefeuille, une engeance de prédateurs qui se glorifient de leurs crimes indirects par mise en faillite des Nations, par conservation ultime de la faim comme arme de profit, comme de la guerre d'ailleurs, toutes désinences qui ponctuent l'état lamentable de notre petite planète ce jour où l'on voit des multimilliardaires se réunir à l'OMS pour engendrer la dépopulation, au lieu d'aider au développement des Nations, à l'élévation de chaque Être Humain de par ce monde.

Que les Peuples aient une défiance totale vis-à-vis de cette pseudo-élite, rejoint là le pur bon sens de celles et de ceux qui se rendent compte que ces pseudo-élites ne les mènent que vers les basses-fosses de la désintégration et en aucun cas vers leur élévation. Et ce bon sens voit avec répugnance les actes de ces pseudos élites n'ayant que pour crédit celui de les abaisser, les injurier, les dépecer de leur réalité, les remplacer par des esclaves dociles, les faire disparaître dans la fange du genre, qui est l'obsession des primitifs déracinés et apatrides qui n'ont plus aucun repère sinon celui de la marchandisation de tout ce qui existe. Et ce bon sens, dans l'intelligence, car l'intelligence n'est pas le fait du savoir mais bien de l'utilisation du savoir, met en exergue cette pseudo-élite, la voyant tourner en rond dans sa tour d'ivoire, valetaille de flagorneurs, de contrebandiers en tout genre, d'affairistes, qui n'ont plus le sens du réel et se perdent dans leur croyance dont la stupidité n'a pas d'égale.

Cette stupidité est là, dans sa quintessence, arborée par les incapables à toute création, les essoufflés de l'imagination, tout un monde qui se gargarise de sa médiocrité, via des médias aux ordres qui ne sont que lèche-bottes de cette insanité. Il suffit pour le Peuple d'écouter les radios comme de regarder les télévisions pour voir à quel point en est arrivé l'intelligence dans notre Nation en particulier, le degré zéro s'ébrouant dans sa fange, et dans l'unité se protégeant par une pensée unique larvaire, déficiente, digne dans l'échelle du singe de un à cent, du degré moins cent.

Cette dérision s'imagine rééduquer les Peuples afin de mieux les asservir à des imageries d'Épinal qui n'ont aucune substance, en se servant parfois du réel afin de mieux masquer leurs crimes ignobles. Non, le Peuple ne peut plus faire confiance à cet ectoplasme qui se raffine dans l'excellence du mensonge comme de la propagande en insultant ce qu'elle n'a pas, l'intelligence. L'intelligence du regard qui ne ploie pas sous les menstrues du mensonge, l'intelligence de la critique qui ne se laisse impressionner par la propagande, par la servilité, par le communautarisme, par tous ces ismes qui puent la charogne, cette charogne de la sous-intelligence qui s'évertue à s'autocomplaire afin de faire accroire à sa véracité, et surtout s'autoprotéger. Le ridicule ici est atteint et cette boue ne saurait atteindre la Vie qui tout simplement la délaisse pour des horizons qui ne sont pas ceux de l'errance, mais bien de la réalité dans sa formidable désinence.

Une réalité que ne veulent pas voir ces pseudos élites, la réalité, des Races, de la Femme comme de l'Homme, de la Famille, de l'Identité, de la Nation, et de l'Humanité, qu'elles cherchent à détruire car elle met en reflet leur arrogance, leur obséquiosité, leur délire commun qui est celui de se fondre dans le matérialisme le plus indicible comme la matérialité la plus abjecte. Il y a des Lois que personne ne peut contredire par des mensonges, les Lois de la Nature qui sont celles de la Vérité et que nul ne peut détruire par la propagande. Et ces Lois aujourd'hui se pratiquent par les Peuples qui savent que pour lutter contre cette pandémie d'imbécillité, il faut se détourner de l'écœurant paysage qu'elle induit.

Face à ce paysage qui pue la mort, il y a la Vie, et les Peuples s'y engouffrent, laissant tourner à vide cette prétention de ces pseudos élites qui se confinent dans le mensonge et la vulgarité, l'insulte et l'opprobre, et voudraient qu'on la partage. Nous n'avons rien à partager avec la médiocrité de ces sous élites serviles et mercantiles qui n'ont d'intelligence que celle qui leur permet d'obtenir le profit, quel que soit le prix à payer pour l'Humain, fusse sa destruction, par la guerre, par le mercure ensaché dans la vaccination, par l'épandage de produits chimiques dans l'atmosphère, par la guerre électromagnétique, par ces arguties de la destruction qui sont le propre de tout ce qui est dans l'incapacité de créer, car n'appartenant pas à la création mais à la virtualité, ce « cloud » grandeur nature qui s'éblouit de ses propres imperfections, de ses tenaces atrophies, toutes parures du parasitisme qui se console dans la pauvreté du langage, dans l'aberration mentale et dans la cacophonie de la reptation.

Les Peuples se détournent donc de ce qui leur est nuisible, ces miasmes aux gestuels barbares qui ne sont plus que nombrilisme et narcissisme, fosse commune de l'errance qui se congratule et officie. Que l'on se rassure elle ne congratule qu'elle-même, ses toutous, ses suces queues, et ses flagorneurs. Elle n'intéresse personne, car elle ne peut produire quoi que ce soit de vital qui puisse élever les Êtres Humains, car bien au contraire, dans son souci de destruction, elle cherche à avilir tout ce qui existe qui est la majorité face à sa minorité cuisante d'aporie.

Cette infection n'a aucune incidence pour celles et ceux qui s'éveillent au réel, au monde dans sa diversité, au monde dans sa multiplicité, ses Races, ses Peuples, ses Nations, autant de floralies qui fonderont le monde du réel face à cette infime et infirme défaillance qui ose s'appeler « élite ». Laissez parler dans le vide ces pseudos « élite » à imbécillité chronique, si tenu sont-ils par des diplômes qu'ils achètent pour les uns, volent pour les autres, et ne savent quoi en faire pour les derniers, car il ne s'agit pas simplement de détenir un savoir, faut-il encore avoir l'intelligence d'en user et non d'en abuser, de le faire partager et de faire évoluer autour de soi tout un chacun intéressé par ce savoir, tout un chacun en préhension de le développer, de le dépasser et aussi de l'anéantir s'il ne reflète aucune réalité.

Tel n'est pas le cas dans cet égout de l'inintelligence qui parade, se récompense et obstrue surtout toutes marches vers le réel à l'intelligence, dont il ne veut surtout pas qu'elle existe afin de mieux fondre les uns les autres dans sa médiocrité. Il y en a pour parler d'une France, pour revenir à notre Nation, coupée en deux. C'est bien pire que ce que l'égout peut penser. Cet égout aujourd'hui ne tient que par les communautarismes associés mis en musique par les sectes et les think tanks qui ne représentent pas cinq millions de personnes qui se masturbent en chœur dans leur dérision. La France comporte plus de soixante millions d'Êtres Humains, regardez donc ce que représente cet égout, 8 % de la population, donc quantité négligeable qui ne tient que par la terreur, la terreur induite par des lois inutiles pour qui se respecte et se fait respecter, la terreur de tous les ismes qui brandissent leurs petites pancartes, la terreur de la niaiserie comme de la bestialité qui s'enchante dans sa fange.

La France n'est donc pas coupée en deux, mais muselée par 8 % de médiocres qui se croient des « élites », lorsqu'ils ne sont que des valets d'un système guidé par les usuriers et les prébendiers. Voici la réalité intellectuelle de ce monde politico médiatique qui pue la connivence, les petites affaires et une sexualité débridée, et cela vient donner des leçons de morale à 92 % des Françaises et des Français ! Et cela vient pleurer en cherchant à culpabiliser le Peuple de France, au motif de la défiance qu'ont les Françaises et les Français de leur existence de valets obséquieux, injurieux, de minables qui n'ont rien d'humain, sans empathie, sans compassion, qui traitent les travailleurs d'incultes, qui osent proposer des transports par bus pour les « pauvres », qui dans le creuset de leur litière vomissent les sans dents, on croirait rêver !

Après les injures racistes en provenance de cette minorité gluante de compromission, de propagande et de mensonge, après les injures envers la Famille, maintenant le Peuple de France doit subir les insultes directes à l'encontre de sa réalité. Les sous-merdes, car ils ne méritent que ce nom, qui invectivent et justifient leurs propos dans un langage abject, ne méritent rien des Françaises et des Français, et en compassion seulement, pourrons nous dire qu'ils ne s'appartiennent pas, mais suivent les directives de leurs maîtres, comme des chiens dociles, des animaux de compagnie choisis et triés sur le volet en fonction de leur capacité de pure reptation !

Voici donc celles et ceux qui s'imaginent des Élites ! Empathie, altérité, compassion, ne sont pas leurs maîtres d'œuvre, mais bien cupidité, égoïsme, flagornerie, traîtrise, injure, toute une mélopée qui les voit petit à petit s'amenuiser au regard des Peuples, de ces majorités globales qui actuellement sont muselées, qui n'ont pas le droit d'émettre un son de vérité, qui n'ont aucun droit sinon que celui de les destituer par vote, et cela se fera naturellement, car la pourriture et ses miasmes qui cernent les États de par ce monde ne peuvent perdurer, tant elles vont à l'encontre des Lois naturelles qui ne sont pas celles de voir les Peuples esclaves de leurs scories, mais bien libres et dans la Liberté retrouvée de leur expression, et dans la Liberté retrouvée de leur créativité, afin d'évoluer et non de retourner dans le limon infertile et sablier de cette pseudo-élite qui s'enchante.

Il convient ici de ne pas généraliser mais bien de comprendre que la coque des navires nationaux est érodée par cette pestilence qui d'une seule voix veut contraindre les Peuples. Et cette pestilence se retrouve bien entendu via ses réseaux dans tous les Grands Corps des États, qu'elle cherche à laminer, dans tous les corps sociaux qu'elle cherche à évider de leur Identité, de leur structure comme de leur organisation multimillénaire, pour faire apparaître le degré zéro de l'intelligence. La force n'est pas avec elle, la majorité n'est pas avec elle, et

188

elle le sait si bien qu'elle cherche des relais partout, amenant par la corruption un certain nombre de personnages, qui malgré tout ne dépassent en rien cette majorité qu'elle cherche à déstructurer. On le voit n'est pas Élite qui veut, et certainement pas cette fumisterie accrochée aux basques de l'usure qui n'est qu'un épiphénomène qui sera balayée comme il se doit de cette petite terre, car elle ne représente rien, sinon que l'esprit de la destruction, que l'esprit de l'anéantissement à son atrophie la plus déshumanisée et la plus stérile.

La pseudo-élite qui la couvre suivra le même sort, car incapable de résister à la voix des Peuples, les Êtres Humains associés et non tributaires d'un quelconque parti, d'une quelconque association, en représentant la finalité. Ce n'est qu'une question de temps et de conscience, ce n'est qu'une question d'autorité et de conjonction. Ce temps vient, et la fuite en avant de cette pseudo-élite en est la preuve la plus formelle. Car lorsque l'injure devient sa permissivité, cette injure envers les Peuples, cette injure que d'accroire que leurs réseaux ne sont pas démontés, cette injure que d'accroire que les Peuples se laisseront traiter de tous les noms d'oiseaux et ismes sans réagir, cette injure que d'accroire que la propagande systémique relevant du pur néant fera baisser la garde des Peuples qui défendent leurs racines, qui défendent leur Histoire, qui défendent les Générations à venir, cette injure tribale est l'exact moment de son reflux.

Un reflux qui verra les véritables Élites, portées par les Peuples, car générés par les Peuples et non des sectes ovipares et spongieuses aux ordres de l'usure, s'émanciper de la virtualité afin de la confondre et revenir au sens du réel et sa mise en harmonie afin d'élever les Peuples dans leur intégrité, dans leur Identité, dans les voix historiques de leur destin comme de leur dessein. Ces Élites existent déjà, elles doivent insinuer tous les « pouvoirs » lézardés par la médiocrité, et renverser naturellement par un contre-pouvoir officiant l'abjection qui y règne, désosser littéralement le vernis de pourriture qui enrobe les Lois, qui enrobe l'Éducation, qui enrobe de son plastron obséquieux toutes les formes des pouvoirs.

Conjointement, les Peuples ne doivent plus donner une seule voix à cette dissonance qui se complaît dans la fange et les roulent dans la fange. Les Peuples doivent ignorer tous les pseudos philosophes, tous les flagorneurs, tous les prurits qui se disent artistes, - lorsqu'on voit un godemiché se pavaner sur l'une de la plus belle place de Paris, et que l'on appelle cela de l'Art, à l'image des étrons qui trônent sur la Place de la Défense, on voit à quel niveau est descendu l'Art pour les pourceaux qui en font leur régal —. Le laid qu'on ose appeler abstrait, l'imperfection, la bouillasse, les écrits de vingt pages sans queue ni tête, les essais de moins de cinq pages qui n'ont d'essais que le nom, les «sculptures» ridicules d'une horreur sans nom, tous les mets de cette engeance qui ne peut supporter la beauté tant dans la musique que dans la peinture, de même que dans la sculpture, dans les Arts en général, car cette engeance est inapte à toute création et un enfant de cinq ans est certainement plus créatif que l'un des moindres de cette infection.

Cette infection doit être totalement écartée, reléguée aux poubelles de l'Histoire de l'Art et des Lettres. Cela viendra, car le laid et la laideur, ne sont les ferments de la Vie qui bien au contraire recherchent la beauté et l'harmonie, qui contribuent à son élévation et non à son extermination. Regardez, sondez et vous verrez dans les actes ce que représente cette pseudo-élite : cette laideur exprimée plus haut, cette invitation à la destruction de toutes les valeurs, cette initiation qui veut du passé faire table rase, et quoi de plus normal pour cette pestilence qui prend ses ordres dans la Fabian Society qui veut implanter son mondial socialisme, cette injure à l'Humanité qui est la synthèse du communisme et du National-Socialisme, une idéologie qui n'a rien d'Occidentale, car sans portée des valeurs Humaines qui sont l'Honneur, la Grandeur, le Don, et en aucun cas le déshonneur, la reptation, et l'égoïsme.

En conclusion, et de conclusion il faut, bien que nous puissions écrire pendant des volumes entiers les tares que présente cette pseudo-élite qui dessert l'Humanité et ne la sert en aucun cas, face à cette hilarante, lorsqu'on regarde ces valets avec les yeux de La Fontaine et de

190

Balzac, boue qui recouvre notre Nation comme la plupart des Nations, détournez-vous en, ne lui accordez plus la moindre importance, car elle n'a aucune importance en dehors de son cercle, et petit à petit va se dissoudre tant la bêtise, le mensonge et la propagande, sont sa nature profonde, une nature qui n'est ni celle des Peuples, ni celle des Êtres Humains qui se respectent et se font respecter, ni celle de l'intelligence humaine. »

Pauvre Terre engluée dans la gangue de la prostitution de l'Esprit, se sortira-t-elle de la servilité qui rampe comme la moisissure par son champ d'œuvre ? L'avenir nous le dira...

Le jeu

Le jeu est ainsi, au-delà du miroir, d'ombres et de lumières, inscrit. Et il n'est demeure d'une lisse perfection, mais le puzzle qui s'associe, se dévie, se formule, toujours en recherche d'un équilibre qu'il ne parvient, car des songes, les uns grabataires dans leur formulation, les autres restreints par ceux-là mêmes qui les flouent et les obvient. La séquence systémique est ici en écrin, voyant non seulement des antagonismes se guerroyer, mais pire encore créer le travestissement qui les mûrit, les oblige en leur création morbide à se refléter, narcisses casuistes qui s'éploient, hurlent, se portent en faux et dans l'extase de leur perversion entonnent les chants de guerres sans raison sinon la perte de leur raison.

Voici donc ce puzzle, les uns les autres en son appartenance, de l'autre côté du miroir, s'abondant d'obséquiosités, de traîtrises et de félonies, gravitant la perfection de divisions et sous divisions, qui telles des tables gigognes, s'emboîtent les unes les autres, se relaient, s'étouffent, disparaissent pour mieux renaître dans une diaspora multiple, déracinée et solitaire, dont le seul lieu est cette petite terre.

Et pour ce faire ils induisent leur poison afin d'y régner en maître. Ce poison est un contraste violent pour un être normalement constitué, car fait de toute l'infection usuraire, impliquant l'obéissance, la reptation pour tous ceux et toutes celles qui s'y invitent, de gré ou de force. On y voit là les prévaricateurs, les agioteurs, les prébendiers, les voleurs, les violeurs, les parricides, les pédophiles, les assassins, les pervers, les quémandeurs, les clochards de toute engeance, se vendant comme des prostituées pour obtenir leurs petits avoirs, miettes du gâteau de sang, de larmes et de sueur des inconscients, une majorité clinique servant d'esclaves à ces foutriquets manipulés comme des pantins en vertu de leurs vices cachés.

Et gare pour cette gangrène si un seul de ses membres trahit son serment envers l'usure et ses planifications profondes, il est dès lors condamné à mort ou au silence quand ce n'est pas à la prison, ou bien à l'hôpital psychiatrique. Ainsi voit-on disparaître, parfois sous des prétextes accidentiers, le renversement de piéton, une collision due à des freins limés, une explosion, une disparition d'avion, le tout parfaitement orchestré par des tueurs aux cachets, celles et ceux qui arrivent à noyer dans des flaques d'eau.

Ne parlons ici des opposants qui eux disparaissent sans laisser de traces, se "suicident", se jettent de leur balcon, sont piqués au polonium, aux dérivés cancérigènes, à une pluie mortelle qui dégénère bien souvent en cancer généralisé (n'oublions pas les nanotechnologies qui servent à ces mises à mort, comme d'ailleurs les drones minuscules qui, nonobstant leur caméra embarquée, peuvent injecter, comme une piqûre de moustique, des produits létaux). Ainsi ce petit monde se trouve paralysé par une barbarie sans nom, contre laquelle, fort heureusement, s'allient les Peuples qui se respectent.

Car le mensonge n'est pas trompeur, contrairement aux apparences. Ce mensonge qui se fait gloire de l'ignorance des appartenances voyant dans notre seule Nation leurs illustres pédants nous gouverner, de même appartenance que les opposants qui veulent au sein du parti gigogne présider leur bocal vide. Ne cherchez la Liberté dans et sur cette Terre ployant les genoux devant la toile araigne qui se complaît, s'admet, et dans sa déliquescence se réjouit dans sa propre fange qu'elle cherche à institutionnaliser dans le cadre d'une pensée unique dont les moteurs sont de purs apatrides triés sur le volet, encensés par tout ce que compte de négateurs de la pensée, d'impuissants à la création, de sordides veules que la lumière ne saurait réfléchir, tant l'ombre est leur demeure.

Le miroir, comme on peut le voir ce jour est brisé, et la pestilence se découvre en son amont, un amont violé dans son intégrité et son parcours, un amont qui, découvert, s'enferre dans son dessein et au lieu de réfléchir sur son destin œuvre à la décomposition pour instaurer une dictature sanglante, une dictature globale. Elle s'aide en cela non seulement des morves littéraires et philosophiques, aux fins d'acculturer dans la bêtise qui est leur vivier, du complexe militaro pharmaceutique, qui leur permet de diluer dans l'inconscience la force vive de l'Être Humain, son Esprit.

Un Esprit ligaturé désormais qui se dénonce, voyant son pouvoir de cognition réduit en lambeaux par la dispersion dans l'atmosphère de produits chimiques, aluminium, titane, etc. L'Esprit ainsi en lambeaux, les Êtres Humains qui ne se protègent subissent l'invariant de leur destruction, alimentant les cliniques privés, les laboratoires, en faisant état de maladies chroniques, de maladies auto immune, de cancers divers et variés, une destruction du corps programmé par une nourriture avariée, une nourriture menant droit à l'obésité, afin de faire travailler les multinationales qui engendrent ce fléau.

Voyez comme cela est bien fait, on rend malade les individus, et ensuite on les soigne pour les maladies de toutes pièces que l'on invente en laboratoire. Ici, l'industrie pharmaceutique, l'industrie agroalimentaire, et l'industrie de la fripe sont particulièrement mises en évidence, des exutoires manipulés diligentant un malthusianisme manichéen, car il faut respirer, se nourrir, se vêtir, se soigner, si l'on veut continuer à survivre dans cet enfer initié par l'usure et ses féaux, ses ataviques permanences issues de l'atrophie la plus contemplatrice et la plus égarée.

Que l'on ne se soucie pour ce fardeau, l'euthanasie arrive à point nommé, après l'avortement initié pour le dressage des Peuples. L'état zéro de l'Être Humain se trouve ici atteint, tributaire de gangsters qui ne cherchent que le profit et nonobstant s'enrichir par défaut illuminer leur caste de néant dans les refuges qu'elle témoigne. Il n'y a ici d'outil plus convainquant que l'accroire pour faire perdurer cette coquille vide qui se gorge de son insanité par une propagande méthodique touchant l'affect de chaque individu qui, s'il n'est en réflexion, gobe tout cru les mensonges énoncés, ces mensonges épelés comme à un gosse de cinq ans, afin qu'il tombe dans l'arbitraire de la démesure contre laquelle il pense ne rien pouvoir.

Et comment serait-il en pouvoir puisque le pouvoir d'Être lui a été confisqué par des pervers ? Des Êtres sans foi ni loi, qui sabotent la réalité humaine au profit de leur dandysme qui n'est que l'exultation de leur permissivité, de leur répugnante définition onirique. La dictature de cette boue s'étale sur toutes les surfaces de ce monde, avivant les mendiants, prononçant le remplacement des Peuples par la misère qu'elle crée, la subversion, son outil, ne se donnant même plus la peine de se cacher dans la noirceur de ses desseins, mais les annonçant clairement aux Peuples qui doivent plier sous son joug.

De minables convives festoient dans les temples de l'or et de l'argent, sur ces immondices qu'ils créent, se croyant les maîtres du monde alors que ce n'en sont que de pitoyables esclaves, des acculturés et des menteurs, des larves que l'usure fait profiter jusqu'à ce qu'elle les jette dans la fosse de l'oubli où leur purin est connivence. On a les idoles que l'on mérite, pardon les icônes, (dans ce langage issu de l'informatique triviale et compassée) que l'on mérite. Et il n'est pas grand clerc celui qui peut percevoir, notamment dans la remise de prix Nobel, or ceux concernant les sciences – c'est beaucoup plus difficile – de la Paix et bien entendu de Littérature, que sont récompensés, strictement et toujours les adorateurs de la subversion, les faiseurs d'apocalypses, les minables errants qui cherchent encore leur voie, tout cela afin de mieux brouiller les cartes et que les esprits qui s'imaginent posséder la moindre intelligence se précipitent et applaudissent ces néants issus du néant et qui retourneront au néant, car sans la moindre consistance, sinon celle de leur délire de destruction.

Nobel doit d'ailleurs se retourner dans sa tombe en voyant comment est décrédibilisé son Prix, mais cela n'est pas propre à Nobel, mais à des milliards d'Êtres Humains passés de l'autre côté, qui doivent vomir cette abjection qui parade, je pense aux soldats de toutes Nations, trompés par le mensonge, qui ont servi les hospices de cette immonde veulerie qui accouche aujourd'hui de cette dictature minable et châtrée intellectuellement. Une dictature qui ne peut ressembler qu'à ses donneurs d'ordres, les sectes en éventail aux ordres d'idéologues et de psychologues de pacotille, qui veulent régir, alors qu'elles ne régissent rien, sinon les ablutions de leur torpeur et de leurs vices, dont se débarrasseront inéluctablement les vrais donneurs d'ordre, tant cette lie ne peut convenir à un quelconque pouvoir autorisé.

Ces vrais donneurs d'ordre viennent devant la pourriture qui rejaillit par tous les pores des Nations acculées à disparaître pour faire naître les immondices d'une mondialisation où les tueurs nés intellectuels, physiques et spirituels enfanteront l'horreur et pire que l'horreur, la destruction totale de l'Humanité, au motif de leur croyance inouïe de s'accroire des élus de certains dieux qui ne sont pas des dieux et ne représentent en aucun cas Dieu, qui est la Création par excellence et ne peut que déchoir ces prétentions ridicules. Le cycle de cette abjection prendra fin inévitablement, contraction temporelle se repliant à l'infini sur ses délits, la nature revenant toujours à l'équilibre, elle subira le sort de sa perversion lorsque le reflux amorcera sa décomposition.

Cette décomposition s'avance, méthodiquement et patiemment, par le pouvoir du verbe qui induit son énergie propice par toutes faces des familles humaines, assignant la désintégration, la paupérisation, la pulvérisation des croyances enfantées par la subversion à l'aide de la propagande. La Vie malmenée par ce système, reprend ses droits et assurément et volontairement croît dans les Esprits qui ne se laissent impressionner par le mensonge et ses édits, ses lois iniques, ses contorsions de péripatéticienne, ses édulcorations, ses inventions les plus putrides et les plus dénaturées.

L'Esprit souffle où il veut, et sème où il veut. Ainsi ce n'est dans une Nation mais bien des centaines de Nations que son Verbe se manifeste. Le temps est concaténable à l'infini, que personne ne l'oublie, ainsi que chacun prenne mesure de sa dimension qui peut être mûrie très rapidement au regard de la plaie qui officie et qu'il convient de détrôner de tous ces pouvoirs usurpés. Le temps n'existe pratiquement plus dans le cadre de la communication, cette communication qui a pu mettre à nu la stérile demeure de l'atrophie et de ses mendiants, et qui demain, malgré la guerre chimique à l'organisme vivant que représente l'Humanité, malgré la guerre de la pensée unique à la nature de l'Esprit multiple et souverain, malgré la guerre à la spiritualité par des artefacts sans fondements sinon ceux de la mégalomanie la plus désignée, confondra cette densité nauséabonde afin de la renvoyer dans ses foyers méditer sur la nature, la nature réelle, et non la nature virtuelle de l'Humain comme de l'Humanité. Patience dans l'azur, ce jour est et vient.

L'aveuglement

Les nouvelles en provenance de cette petite Terre pullulent, mais lisons :

« L'aveuglement est la source de tout le pourrissement des civilisations, un aveuglement né d'une atrophie monumentale, celle d'êtres qui masquent un complexe d'infériorité par un complexe de supériorité, une atrophie monstrueuse niant la réalité de la Vie, savoir sa trinité, le Corps, l'Esprit, l'Âme, pour se concentrer sur la larve, savoir le corps associé à un esprit dissocié cognitivement, car totalement dans l'abstraction de la réalité Humaine.

Cette virtualité ce jour parade dans toute sa lie dans nos Nations, issue de tous les sectarismes, les racismes envers les Peuples, appelant à elle tous les communautarismes pour se donner une respectabilité qui n'existe pas, développant tous les ismes possibles et imaginaires afin d'asseoir la portée d'un règne bancal qui pue la mort et le sang des Êtres Humains, assassinés pour complaire à son ignominie. Nous ne devons rien à ces êtres, strictement rien, leur totalitarisme induit n'étant que le fourrier de la plaie qui se voudrait maîtresse de notre monde.

Le terrorisme dans nos civilisations européennes est né en 1645, avec cette prise de pouvoir par Cromwell d'une Angleterre Catholique totalement pervertie par les gloses de la division agencée par des rimes dévoyées licenciées de toutes nations pour usurpation tant des pouvoirs que mise en esclavage par l'usure de tous leurs Peuples. La scission réalisée par deux ténors de la Judaïté, Calvin et Luther, payés par les banquiers cosmopolites pour diffuser leur idéologie nauséeuse, s'établit dès la date précitée, voyant le Catholicisme détrôné en Angleterre au profit d'une religion croupion, le protestantisme n'ayant pour seule valeur que l'usure et sa densité, en cela parfaitement en adéquation avec ses bailleurs de fonds.

La naissance de la Banque d'Angleterre est là pour prouver cette domesticité et cette suffisance comme cette morgue qui depuis cette date fatidique va ensanglanter les Royaumes et l'Europe tout entière.

1717 est la marque d'une nouvelle frontière de ce vide avec la création de la Grande Loge Unie d'Angleterre par deux protestants, franc-maçonnerie rapidement déviée et déviante sous le joug de la mortelle essence initiée par les banquiers apatrides et véreux, issue des Illuminés de Bavière n'ayant pour but que la destruction de tout ce qui existe à travers ce monde, y compris l'Être Humain qui doit être asservi à toute la déréliction de ce monde.

1789 est l'apogée de cette boue, voyant l'esprit criminel qui perdure jusqu'à ce jour s'inventer un pouvoir, dans le cadre d'une « République » dictatoriale dont les buts poursuivis sont ceux des Illuminés de Bavière et qui se poursuit dans le meurtre, dans le crime, dans le génocide d'une partie de la population de la France, avec ce souci qui perdurera lui aussi du mensonge comme écrin, tel en cette Bataille de Valmy, où se retirent les troupes «ennemies» suite au paiement par les joyaux de la couronne du grand maître de la Maçonnerie Européenne.

Cette horreur sans nom et sans nombre va se poursuivre pendant quelques années dans une terreur horrible que l'on verra plus tard portée par les mercenaires du socialisme qui viendra, le communisme et le national-socialisme. Que devons-nous à cet apogée du terrorisme dans notre Nation, rien, strictement rien, le chômage, la mort sur ordonnance, le massacre des Chrétiens, le massacre de l'Aristocratie, et le massacre du Peuple qui ne consent à cette pourriture avariée que les meneurs lui imposent, ces meneurs, tous affiliés à cette franc-maçonnerie déviante qui ne marche que dans le sang pour survivre.

Napoléon Bonaparte remettra intelligemment de l'ordre dans cette exaction putride, vengeance de huguenots et de protestants vis-à-vis de la France, allant jusqu'à la décapitation du Roi de France. Si cela ne vous rappelle rien dans ce que nous vivons actuellement, c'est que vous ne regardez pas plus loin que le bout de votre nez : terreur, décapitation, massacre des Chrétiens, massacre de l'intelligence, massacre de la Liberté de s'exprimer, nous sommes à nouveau dans ce drame initié par toute la pourriture apatride qui se goberge et parade. Ce jour est là après la liquéfaction de notre Nation par tout cet empyrée apatride qui gouverne indirectement la France et la conduit désormais à son asservissement le plus total.

Deux guerres mondiales parfaitement instrumentalisées pour détruire l'Esprit Européen sont derrière nous, la prochaine arrive sous les auspices de la lie idéologique de ce monde, le socialisme et plus vaste le mondial socialisme auxquelles sont dévouées toutes les sectes qui rayonnent dans les pouvoirs y compris le nôtre totalement aux mains d'une fondation dite franco américaine et d'une franc-maçonnerie déviante.

Face à cette médiocrité, cette jalousie, cette incapacité, cette atrophie, la France comme les Nations Européennes doivent se redresser. Ce redressement passe par la mise en accusation globale de tous les traîtres à la Nation, ces pauvres personnages tenus par les affaires bancaires ou sexuelles et pires encore par le crime, notamment le massacre des enfants dans les loges noires qui sévissent dans notre Nation, la pédophilie, et le mensonge, ce mensonge qui leur tient lieu de vertu, un mensonge sur leur parcours, sur leurs «diplômes», sur leurs parentés, etc, etc.

N'oublions jamais qu'il n'y a pas plus servile que celui qui est tenu par ses actes illégaux, et que les sectes à ce niveau, peuvent en faire ce qu'ils en veulent, y compris les voir renier leur Patrie, leur Peuple, pour faire le lit de toute la fumisterie qui depuis deux siècles obscurcit la raison de nos Peuples. N'oublions jamais outre les deux guerres mondiales fomentées par cette lie, qu'elle porte la responsabilité directe du crime jamais jugé de cent cinquante millions de personnes dont soixante millions de Russes.

Ce jour suivant les directives satanistes de Pike, ils s'apprêtent à commettre l'irréparable, voir s'affronter dans le sang nos Peuples contre un Islam qu'ils ont voulu conquérant, aux fins d'éteindre toutes velléités à la Liberté de la part des Peuples. L'asservissement ignoble est leur seule patrie ne l'oublions jamais, un asservissement se traduisant par une politique mortifère assassinant nos enfants et bientôt euthanasiant nos aînés, au nom de leur folie dominante qui est celle de la destruction de tout ce qui existe.

Que devons-nous à ces traîtres à la Patrie ? Le remplacement de notre Peuple par des esclaves consentants, le racisme le plus virulent à l'égard de nos Peuples, un Apartheid non de fait mais de droit par des Lois iniques et cyniques qui bradent la Nation à l'idolâtrie perverse de tout ce qui ne respecte pas le Peuple de France, une acculturation et un illettrisme encadrés par la rééducation « civique » accentuant la soumission de la Liberté de penser à la pensée unique qui est le marais putride de ce monde où se roulent dans sa fange tous les suces queues de ce système concentrationnaire, agitateurs professionnels qui vont semer la guerre dans toutes Nations civilisées afin de les détruire, une France sans la moindre Armée sinon celle devenue de prétoriens aux ordres de ce qui n'est pas la France et ne le sera jamais, des multinationales mortifères, une soumission à tous les Pays du Moyen Orient qui n'ont en aucun cas fondé nos histoires millénaires et auxquelles jusqu'en leur confession nous devrions nous asservir, une déliquescence culturelle totale voyant nos deniers servir un art décadent et suintant la boue allant jusqu'à pisser sur le visage de Dieu, une pourriture intellectuelle qui sert de ciment à ce panache de la merde qui ruisselle à ne plus savoir qu'en faire dans des médias aux ordres, totalement inféodés à toute cette boue qui se veut lumière.

Car voyez-vous, cette boue se veut effectivement Lumière, devant se faire retourner dans leurs tombes ce qu'elle appelle les Lumières, allant jusqu'à recevoir au Panthéon, la figure protestante de ce chantre conchiant le drapeau de notre Nation, injure ultime faite au Peuple de notre Nation, dont les soldats de toutes couleurs et de toutes confessions, n'en déplaise à ceux dont la crasse intellectuelle parle d'Apartheid envers une communauté lorsque l'Apartheid est bien intronisé à l'encontre du Peuple tout entier, au profit de communautarismes qui vident de sa substance, tant monétaire, qu'intellectuelle, et culturelle, notre Nation.

Voilà ce que nous devons à ces errements qui tel le sida, aidé en cela par le crime, ses milices politiques défilant avec tous les drapeaux Islamiques, tentent de circonscrire et d'obérer la Liberté dans notre Nation. Nous ne devons rien à ces gens-là, strictement rien, ils sont la honte des Nations, et leur idéologie que l'on appelle le socialisme ou encore le mondial socialisme qu'il voudrait circonscrire dans ce que d'aucuns appellent le « nouvel ordre mondial » est l'ennemi radical de l'Humanité dans son ensemble. Une dictature in fine se servant des lambeaux de la Démocratie, qu'elle pille, aux fins d'instaurer sa «république universelle » qui n'est que le prélude à l'asservissement total de l'humanité.

Prenez mesure, et interrogez-vous avant de voter pour une quelconque personne de cet acabit, dont vous ne connaîtrez pas nécessairement les affiliations, prenez mesure, vous êtes le Peuple et ne devez en aucun cas succomber à ce sida que l'on veut vous inoculer par la force et par le terrorisme. N'oubliez pas que le terrorisme en col blanc est celui qui manipule et instrumentalise le terrorisme aux mains sanglantes, et que le leurre est la grande approximation des pouvoirs qui en usent et en abusent, jusqu'à cette récupération abjecte des sentiments de nos compatriotes lors de cette farce réunissant les tenants et aboutissants de ce mondial socialisme répugnant.

Le Peuple n'est plus maître chez lui, le Peuple voit son pouvoir usurpé par tous les prétendants aux pouvoirs institutionnels qui ne s'appartiennent pas, et le Peuple doit savoir ce qu'il en est réellement pour cesser de se prononcer pour la médiocrité et la remplacer par la capacité de citoyennes et de citoyens intègres. Les lobbies qui détruisent les Nations doivent être mis au pas par extension de la loi de 1905, qu'ils soient confessionnels ou laïques. Il suffit de leur morgue, de leur mensonge, de leurs crimes, de leur racisme envers les Peuples, ces Peuples qui ont bâti les Nations Européennes qu'ils détruisent pierre à pierre pour forger l'asservissement universel.

Nous n'avons besoin de ces gens-là pour gouverner intelligemment nos Nations, nous n'avons besoin de voter pour des marques de fromage pourri jusqu'à la moelle, mais bien à nous intéresser à leur filiation pour les éradiquer de tous les votes possibles imaginables. Voyez l'emprise sur l'État de la Fondation dite franco Américaine, de la maçonnerie déviante, de tous les suces queues de sectes diverses et variées qui ne font en aucun cas la politique de la France mais la politique de lobbies systémiques, eux-mêmes entre les mains des cartels financiers qui décident de tout.

Ce jour ils se montrent dans leur indéniable soumission, dans cette folie qui les tient debout, celle de voir notre Patrie vendue en soumission à la barbarie la plus putride et nauséeuse, ce jour les voit dans cette haine envers le Peuple qui est leur dénominateur commun, ce qui les perdra j'en suis certain. Car comment un jeune Français peut-il admettre qu'on lui dise que désormais il doit vivre avec le terrorisme au-dessus de sa tête, sinon qu'en prenant conscience que ceux qui le disent sont complices de ce terrorisme, si complices qu'ils ne prennent aucune mesure dans notre Nation pour en vider l'abcès, un abcès monumental qui grouille dans les zones de non droits, un abcès monumental qui grouille dans certaines Mosquées, et jusque dans les rayons de librairies populaires, avec cette phrase remarquable d'un ministre trouvant le travail des djihadistes en Syrie très bon.

Ce jeune voit que l'on se moque de lui, que l'on se moque de son Peuple, que l'on se moque de sa Patrie, et il devrait en sus être rééduqué dans les camps de concentrations devenus des écoles de l'éducation dites « nationale » pour accepter sa soumission à ce discours ignoble ! Plus vaste est le débat, ce jeune se tourne vers le monde du travail et n'en trouve point, voyant deux mille migrants s'installer dans sa Nation dont mille seulement rejoigne le chômage entretenu par cet état démissionnaire à son encontre, préférant faire entrer des esclaves consentants dans sa Nation plutôt que d'élever les jeunes Françaises et les jeunes Français culturellement et socialement.

Il n'y a que les aveugles pour ne voir cela, un aveuglement initié par toute la boue médiatique aux ordres qui ne se contemple que dans la braguette et le genre, dans un rut pervers ouvrant les voies à toutes les dépravations et accentuant encore plus la dégénérescence de tout un Peuple qui se voit souillé par la pourriture et ses arcanes, parfaitement manipulés par une gouvernance acculturée et illettrée, sans racines, sans la moindre notion historique sinon celle de ce socialisme hideux qui transcende sa vertu.

Nous ne devons rien à ces gens-là, rien à ceux qui chient sur notre drapeau, rien à ceux qui compissent notre Nation, rien à ceux qui vantent sur notre Histoire multimillénaire, rien à cette puanteur compromise qui obéit au doigt et à l'œil de ce qui n'est pas la France et ne le sera jamais. Le martyr de la France cessera lorsque auront été jetés aux orties tous les remugles issus des loges maçonniques et des sectes barbares qui n'enfantent que leur vœu dictatorial qui ne peut prendre naissance que dans le crime et l'assassinat, confère la fameuse révolution dites française payée par les Anglais et menée par des Allemands, confère cette prostitution de l'esprit que l'on nomme le communisme comme celle de son petit frère le national-socialisme, deux erreurs de la nature intellectuelle du socialisme qui ce jour montre son vrai visage, synthèse de ce national-socialisme et de ce communisme.

Les Françaises et les Français doivent se sortir de la torpeur qui les conditionne afin d'évacuer définitivement la boue qui veut les submerger, et pour cela demander des comptes, interroger leurs « élus » sur leurs appartenances, demander que la Loi de 1905 soit revue et corrigée, reprenant l'intégralité dans ses textes des sectes laïques, et des confessions religieuses, qui ne peuvent en aucun cas usurper le pouvoir du Peuple. Nous sommes aujourd'hui dans le cadre global de cette usurpation qu'il convient dans la légalité d'abstraire de la réalité de notre Peuple afin qu'il retrouve son pouvoir total, licenciant de toutes les Institutions quelles qu'elles soient cette lèpre qui anéantit le devenir de la France.

On ne sert pas deux maîtres à la fois, la Maçonnerie et l'État, et là je parle à mes amis Francs-Maçons, et oui j'en ai, nul appartenant à une secte quelconque ne peut prétendre au pouvoir dans notre Nation. Rendons à césar ce qui appartient à César, voici ce qu'il convient d'appliquer irrévocablement dans notre Patrie, comme doivent le faire toutes les Nations qui se respectent afin de donner un avenir à nos Enfants et Petits Enfants, qui n'ont pas à être noyés dans la servilité la plus répugnante qui soit, celle à ce socialisme hideux qui se montre dans toute sa morgue et sa puanteur ce jour.»

Souhaitons que les Peuples se réveillent avant que d'être détruits par tous les parasites qui infestent cette pauvre petite Terre.

Foi et Politique

L'anachronisme au sens du réel se trouve encadré par les religions, et les phénomènes auxquels nous assistons ce jour dans le cadre d'une vague moyenne orientale sur l'Occident, dans le déni d'existence des Peuples, trouve ici son fondement, qu'il suffit de lire dans ses Livres.

Pour les unes :

Leur Dieu leur dit : « Parce que tu te disperseras à droite et à gauche, et que la descendance possédera les nations». Dans leur livre des Nombres il est dit : « Appelle les fils d'Israël et dis-leur : Quand vous aurez passé le Jourdain et que vous entrerez dans la terre de Chanaan, Détruisez tous les habitants de cette terre ; Déchirez les titres et brisez les statues et désolez toutes les hauteurs. Nettoyant la terre pour y habiter. Car je vous l'ai donnée pour que vous la possédiez. Vous la tirerez au sort. Aux uns la plus large part et aux autres la plus réduite. Chacun, comme le sort en décidera, recevra ainsi son héritage. La possession étant partagée entre les tribus et les familles » (Nombres, XXIII, 50-54). « Mais si vous ne vouliez pas tuer les habitants de la terre, ceux qui demeureraient seraient pour vous comme des clous dans les yeux, des lances dans le flanc et ils se mettront dans la terre de votre demeure. Et je ferai avec vous ce que je pensais faire avec eux » (Nombres, XXIII, 55-56). « Et le Seigneur me dit : Voici que j'ai commencé à te livrer Sehon et sa terre, commence à la posséder. Et en ce temps nous prenons toutes leurs cités, quittant la vie à leurs habitants, hommes, femmes et enfants. Ne laissant plus rien chez elles ; à part les bêtes qui vinrent au pouvoir des pillards, et les dépouilles des cités que nous prenons » (Deut., II, 31, 34-35). « Le Seigneur Notre Dieu livra aussi entre nos mains Og, roi de Bazan et tout son peuple, et nous les passâmes au fil de l'épée pour en finir avec eux. Détruisant en même temps toutes leurs villes.

Sans qu'en échappât aucune : soixante villes, toute la région d'Argob du royaume d'Og de Bazan. Et nous les exterminâmes, comme nous l'avions fait de Sehon, roi de Hesebon, en terminant dans chaque ville avec les hommes, les femmes et les enfants. Et nous pillâmes les bêtes et les dépouilles des villes » (Deut., III, 3-7). « Quand le Seigneur ton Dieu t'introduira dans la terre dans laquelle tu vas entrer pour la posséder, et détruira beaucoup de gens devant toi, les Hethéens, les Gergeséens, les Amorrehéens, les Chananéens, les Pharisiens, les Hévens, les Jébuséens, sept nations beaucoup plus nombreuses que toi et beaucoup plus fortes. ». « Et quand te les livrera le Seigneur ton Dieu, tu les passeras au fil de l'épée sans en laisser un seul. Ni tu feras alliance avec eux, ni tu en auras compassion. » « Ni tu contracteras mariage avec eux. Tu ne donneras pas ta fille à leur fils, ni prendras leur fille pour ton fils ». Vulgate, Deut, VII, 1-3. V16 « Tu dévoreras tous les peuples, que le Seigneur Dieu te donnera. Sans leur pardonner un œil ». V. 21 : Tu ne les craindras point, car le Seigneur Dieu est avec toi, grand et terrible ». V. 22 : Il en finira avec ces nations devant tes yeux partiellement et peu à peu, car tu ne pourras les détruire toutes au même moment ».V. 24 : Et il livrera leurs rois entre tes mains et il effacera leurs noms sous le ciel, personne ne pourra le résister jusqu'à ce que lu les mettes en miettes. » Deut VII. Livre d'Isaïe V.10 à V.12 : V10 : Et les étrangers construiront tes murs, et leurs rois te serviront ». V. 11 : « Et tes portes aussi seront ouvertes continuellement de jour et de nuit et elles ne seront pas fermées, afin que les hommes puissent t'apporter les richesses des nations et leurs rois en procession. » Levitique : «Des nations qui vous entourent vous ferez vos esclaves ; Et vous aurez comme esclaves les étrangers qui transitent parmi vous et ceux qui seront nés d'eux sur vos terres. Et par droit d'héritage vous les laisserez à vos descendants et vous les posséderez pour toujours, mais n'opprimez pas par votre pouvoir les fils d'Israël vos frères » Traité Baba Metzia Talmud : « « Vous autres Israélites, on vous appelle des hommes, alors que les nations du monde ne méritent pas le nom d'hommes, mais seulement d'animaux » (Talmud de Babylone, Traité Baba Metzia, feuillet 114. colonne 2). Traité Yemaboth : « Les fils et les descendants d'un étranger sont comme une progéniture d'animaux »

(Talmud de Babylone, Traité Yebamoth, feuillet 94, colonne 2). « Les âmes juives ont le privilège d'être une partie de Dieu, d'appartenir à la substance de Dieu » (JalqutChad, feuillet 155 a et Sela, feuillet 262 a.). « Une âme juive a plus de valeur et est plus agréable à Dieu, que toutes les âmes des autres peuples de la terre, qui descendent du démon et sont semblables aux âmes des animaux » (Sefa Tel, feuillet 4. Sela, feuillet 1 c ; Sepher Ha-Nechamma, feuillet 221, colonne 4 et JalqutChad, feuillet 154 b). « Qu'est-ce qu'une prostituée? Toute femme qui n'est pas juive » (Eben-Ha-Eser, 6 et 8). « Au meilleur des Gentils, tue-le » (Talmud de Babylone, Traité Avoda Zara 26 b, Tosephot, a). « Dieu se présente sur la terre, en la personne du Juif. Le Juif, Judas, Juda, Javah ou Jehova (c'est-à-dire Dieu) sont un seul et même Être. L'Israélite est le Dieu vivant, le Dieu incarné, l'homme céleste, l'Adam Kadmon. Les autres, appelés des hommes, sont des terrestres de race inférieure. Ils n'existent que pour servir le juif, ce sont de petits animaux » (Cabala ad Pentateucum, folio 97, colonne 3). « Le Messie donnera aux Juifs la domination du monde entier. Et tous les peuples lui seront soumis » (Talmud de Babylone, traité Shabb, feuillet 120, colonne 1). « Le Messie donnera aux Juifs le sceptre réel du monde ; tous les peuples les serviront et toutes les nations du monde leur seront soumises » (Talmud de Babylone, traité Sanhédrin, feuillet 88 b, colonne 2 et feuillet 89 et 99 a, colonne 1). « Les Juifs seront alors immensément riches, toutes les richesses des peuples tomberont dans leurs mains » (Talmud de Babylone, traité Pesachim, feuillet 118 b). « Chaque juif aura deux mille huit cents serviteurs » (Jalqut Simeoni, feuillet 58 et Bachai, feuillet 168.). « Les temps du Messie seront précédés par une grande guerre, dans laquelle périront les deux tiers de l'humanité » (Abarbanel. Masmia Jesua, feuillet 49a). « (Au temps du messie, la trésorerie sera si grande) qu'il faudra trois cents mules pour garder les clés des coffres dans lesquels sont conservés les trésors enlevés aux autres peuples » (Talmud de Babylone, traité Pesachim, feuillet 118 b, 119 et traité Sanhédrin, feuillet 110 b). Le rabbin Lévy disait à Marx (Mardochée Kissel Mordekay) ce qui suit : «En sa totalité, le peuple juif sera lui-même son propre Messie. Son règne sur l'Univers se réalisera par l'unification des autres races humaines, la suppression des monarchies et des frontières qui sont le boulevard du particularisme, et l'établissement d'une République universelle, qui reconnaîtra partout les droits de citoyenneté aux Juifs. Dans cette nouvelle organisation de l'humanité, les fils d'Israël actuellement disséminés sur toute la surface de la terre, tous de la même race et de la même formation traditionnelle, parviendront sans grande opposition à être partout l'élément dirigeant, surtout s'ils peuvent imposer aux masses ouvrières des chefs juifs. Ainsi, à la faveur de la victoire du prolétariat, les gouvernements de toutes les nations passeront aux mains des juifs lorsque se constituera la République universelle. Alors la propriété individuelle pourra être supprimée par les gouvernements de race juive, qui pourront ainsi administrer partout les richesses des peuples. Et ainsi se réalisera la promesse du Talmud, que, lorsque viendront les temps messianiques, les Juifs détiendront sous leurs clefs les biens de tous les peuples de la terre ».

Pour les autres :

Leur Dieu leur dit : Versets du Coran Sourate II — Verset 2 Voici le Livre ! Il ne renferme aucun doute il est une direction pour ceux qui craignent Dieu. Sourate II — Versets 190 & 191 Combattez dans le chemin de Dieu ceux qui luttent contre vous. — Ne soyez pas transgresseurs ; Dieu n'aime pas les transgresseurs — Tuez-les partout où vous les rencontrerez ; chassez-les des lieux d'où ils vous auront chassés. — La sédition est pire que le meurtre — Sourate II — Verset 193 Combattez-les jusqu'à ce qu'il n'y ait plus de sédition et que le culte de Dieu soit rétabli. Sourate II — Verset 221 N'épousez pas de femmes polythéistes, avant qu'elles croient. Une esclave croyante vaut mieux qu'une femme libre et polythéiste, même si celle-ci vous plaît. Ne marriez pas vos filles à des polythéistes, avant qu'ils croient. Un esclave croyant vaut mieux qu'un homme libre et polythéiste, même si celui-ci vous plaît. Sourate II — Verset 228 Les femmes ont des droits équivalents à leurs obligations et conformément à l'usage. Les hommes ont cependant une prééminence sur elles. — Dieu est puissant et juste — Sourate IV — Verset 3 Épousez comme il vous plaira, deux, trois ou quatre femmes. Mais si vous craignez de n'être pas équitables, prenez une seule femme ou vos captives de guerre. Sourate IV — Verset 34 Admonestez celles dont vous craignez l'infidélité ; reléguez-les dans des chambres à part et frappez-les. Sourate IV — Verset 89 Ne prenez donc aucun protecteur par eux [Les incrédules] jusqu'à ce qu'ils émigrent dans le chemin de Dieu. S'ils se détournent, saisissez-les ; tuez-les partout où vous les trouverez. Sourate IV — Verset 95 Dieu préfère ceux qui combattent avec leurs biens et leurs personnes à ceux qui s'abstiennent de combattre. Dieu a promis à tous d'excellentes choses ; mais Dieu préfère les combattants aux non-combattants et il leur réserve une récompense sans limites. Sourate IV — Verset 171 Ô gens du Livre ! Ne dépassez pas la mesure dans votre religion ; ne dites, sur Dieu, que la vérité. Oui, le Messie, Jésus, fils de Marie, est le Prophète de Dieu, sa Parole, qu'il a jetée en Marie, un Esprit émanant de lui. Croyez donc en Dieu et en ses prophètes. Ne dites pas : « Trois » ; cessez de le faire ; ce sera mieux pour vous. Dieu est unique ! Gloire à lui ! Comment aurait-il un fils ? Sourate V — Verset 15 Ô gens du Livre ! Notre Prophète est venu à vous. Il vous explique une grande partie du Livre, que vous cachiez. Il en abroge une grande partie. Sourate V — Verset 17 Ceux qui disent : « Dieu est, en vérité, le Messie, fils de Marie » sont impies. Sourate V — Verset 51 Ô vous qui croyez ! Ne prenez pas pour amis les Juifs et les Chrétiens ; ils sont amis les uns des autres. Celui qui, parmi vous, les prend pour amis, est des leurs. — Dieu ne dirige pas le peuple injuste— Sourate V — Verset 73 Oui, ceux qui disent : « Dieu est, en vérité, le troisième de trois » sont impies. Il n'y a de Dieu qu'un Dieu unique. S'ils ne renoncent pas à ce qu'ils disent, un terrible châtiment atteindra ceux d'entre eux qui sont incrédules. Sourate V — Verset 82 Tu constateras que les hommes les plus hostiles aux croyants sont les Juifs et les polythéistes. Sourate VIII — Versets 12, 13 & 14 Ton Seigneur inspirait aux anges : « Oui, je suis avec vous ; affermissez donc ceux qui croient. Je vais jeter l'effroi dans le cœur des incrédules : frappez sur leurs cous, frappez-les tous aux jointures ». Il en fut ainsi, parce qu'ils se sont séparés de Dieu et de son Prophète. Dieu est terrible dans son châtiment envers celui qui se sépare de Dieu et de son Prophète. Voilà pour vous ! Goûtez cela ! Le châtiment du feu est destiné aux incrédules. Sourate VIII — Verset 17 Ce n'est pas vous qui les avez tués [Les incrédules] ; mais Dieu les a tués.

Sourate VIII — Verset 39 Combattez-les [Les incrédules] jusqu'à ce qu'il n'y ait plus de sédition, et que le culte soit rendu à Dieu en sa totalité. Sourate VIII — Versets 59 & 60 Que les incrédules n'espèrent pas l'emporter sur vous ! Ils sont incapables de vous affaiblir. Préparez, pour lutter contre eux, tout ce que vous trouverez, de forces et de cavaleries, afin d'effrayer l'ennemi de Dieu et le vôtre. Sourate IX — Verset 5 Après que les mois sacrés se seront écoulés, tuez les polythéistes, partout où vous les trouverez ; capturez-les, assiégez-les, dressez-leur des embuscades. Mais s'ils se repentent, s'ils s'acquittent de la prière, s'ils font l'aumône, laissez les libres. — Dieu est celui qui pardonne, il est miséricordieux — Sourate IX — Versets 29 & 30 Combattez ceux qui ne croient pas en Dieu et au Jour dernier ; ceux qui ne déclarent pas illicite ce que Dieu et son Prophète ont déclaré illicite ; ceux qui parmi les gens du Livre, ne pratique pas la vraie religion. Combattez-les jusqu'à ce qu'ils payent directement le tribut après s'être humiliés. Les juifs ont dit : « Uzaïr est fils de Dieu !». Les Chrétiens ont dit : « Le Messie est fils de Dieu !». Telle est la parole qui sort de leurs bouches ; ils répètent ce que les incrédules disaient avant eux. Que Dieu les anéantisse ! Ils sont tellement stupides ! Sourate XXIV — Verset 2 Frappez la débauchée et le débauché de cent coups de fouet chacun. N'usez d'aucune indulgence envers eux afin de respecter la Religion de Dieu ; — si vous croyez en Dieu et au Jour dernier — un groupe de croyants sera témoin de leur châtiment. Sourate XXXIII — Verset 26 & 27 Il a fait descendre de leurs forteresses ceux des gens du Livre ralliés aux factions. Il a jeté l'effroi dans leurs cœurs. Vous avez alors tué une partie d'entre eux et vous avez réduit les autres en captivité. Il vous a donné en héritage leur pays, leurs habitations, leurs biens et une terre que vos pieds n'ont jamais foulée. — Dieu est puissant sur toute chose — Sourate XXXIII — Verset 59 Ô Prophète ! Dis à tes épouses, à tes filles et aux femmes des croyants de se couvrir de leurs voiles : c'est pour elles le meilleur moyen de se faire connaître et de ne pas être offensées. — Dieu est celui qui pardonne, il est miséricordieux — Sourate XLVII — Verset 4 Lorsque vous rencontrez les incrédules, frappez-les à la nuque jusqu'à ce que vous les ayez abattus : liez-les alors fortement ; puis vous choisirez entre leur libération et leur rançon afin que cesse la guerre. Sourate XLVIII — Versets 27, 28

& 29 Dieu sait ce que vous ne savez pas. Il vous avait accordé auparavant une prompte victoire. C'est lui qui a envoyé son prophète avec la Direction et la Religion vraie pour la faire prévaloir sur toute autre religion — Dieu suffit comme témoin — Muhammad est le Prophète de Dieu. Ses compagnons sont violents envers les impies, bons et compatissants entre eux.

Au regard de ces écrits, on constatera que rien de ces textes ne concerne l'Occident, et encore moins les Peuples Indo Européens. Ils déterminent dans le pouvoir temporel des dictatures de type mondialiste qui sont aux antipodes de la Liberté Humaine, du potentiel de transcendance de chaque Être Humain, initiant en cela une soumission de l'Être Humain comme de l'Humanité à une dictature totale.

L'Occident en convulsion ce jour devant les finalités complémentaires de ces phares moyens orientaux se doit de réagir avec intransigeance en faisant appliquer les Lois Internationales pour briser l'intempérance qui naît de leurs valeurs et ne regarde en aucun cas un quelconque Être Humain sur cette petite planète. Dieu n'appartient à personne, il est immanence et donc concerne tout un chacun qui doit s'élever par transcendance à son Éternité. Aucune Religion ne peut se permettre de l'accaparer, car son Esprit souffle où il veut, et n'est enfermé dans un cadre quelconque, l'Absolu étant sa dimension universelle.

Les Peuples en conscience, ne doivent s'incliner devant quiconque et en aucun cas se soumettre à cet esclavagisme que révèlent ces textes, qui expliquent parfaitement l'Histoire Humaine de ce jour. En cela le Catholicisme, qui a été une ouverture en Occident de la Révélation, comme le Bouddhisme en Inde, aujourd'hui faillit à sa mission. Il convient de le relever, de l'épurer de ses scories qui par entrisme et insinuation ont détruit ses valeurs essentielles, qui sont celles d'élever tout un chacun et non le rendre esclave à une quelconque soumission. Quant au monde politique, il faut en éradiquer par des votes de salubrité publique tous les tenants et aboutissants qui tendent à détruire notre Civilisation Occidentale, tant en Europe, qu'à l'Ouest devenu le fer de lance de la désintégration de toutes les valeurs Humaines.

La Liberté Humaine, son élévation naturelle, sa grandeur et son honneur dans notre Occident totalement envahi, passe par ces actions qui doivent permettre de sortir du bourbier imposé par l'anachronisme et l'obscurantisme qui sont les piliers de la barbarie la plus totale.

Il n'y a ici aucune attaque contre les Êtres Humains enseignés par les Confessions, quelles qu'elles soient. Toutefois, dans le cadre de la Liberté, est-il permis de critiquer les textes inhérents à une quelconque Confession, lorsqu'ils emportent la mise en œuvre de dictatures quelconques, qui ne doivent en aucun cas être imposées à l'Humanité et à ses Peuples. La révision de ces textes doit être effectuée par ceux-là mêmes qui s'en réclament.

Il convient ici de bien séparer le Pouvoir Temporel du Pouvoir Spirituel, et rendre à César ce qui appartient à César. Aucun Peuple ne peut être soumis à une quelconque Religion, il peut être en confession de certaines, mais en aucun cas asseoir une prétention temporelle sur ce chef de chapitre. La séparation des religions quelconques du Pouvoir Temporel doit être totale et c'est en cela que les Peuples de l'Occident doivent faire légiférer le plus rapidement possible une Loi invariable qui leur permettra de survivre à la tentative de réduction auxquels ils sont soumis par certaines religions moyen-orientales.

Que l'on se le dise, chacun est libre de croire sous la condition que ses croyances ne nuisent pas à l'élévation des Êtres Humains, quelle que soit leur confession, leur Race, leur orientation sexuelle. Telle était et faisait en son temps la grandeur de l'Occident, qui voyait Frédéric II de Hohenstaufen réunir autour de lui les trois religions, Chrétienne, Musulmane, Judaïque, pour prendre conseil. Ce jour n'est plus, masqué par la réécriture de notre Histoire Européenne, endeuillée par des Révolutions et des guerres fratricides qui ne sont pas nées des Peuples, flagellés, culpabilisés par des délires paranoïaques parfaitement orchestrés.

L'obscurantisme comme l'anachronisme sont là, comme sources de ces conflits les plus sanglants que l'Humanité ait connus, et perdurent dans l'aveuglement des Peuples qui en sont les martyrs, les seuls martyrs de ce temps ténébreux.

Dans un monde où les confessions quelconques ne voudront être les maîtres du Monde Temporel, la Paix pourra s'instaurer et tout un chacun pourra vivre librement sa Foi, dans un respect multilatéral, et non dans une connivence de surface, masquant l'instigation de toutes les manipulations, permettant de soumettre le Pouvoir Temporel à une tentative de domination.

Voici en quoi une Loi Humaine Internationale doit être mise en place pour bien séparer Foi et Politique, la Politique étant l'Art de diriger la Cité et d'élever les Êtres Humains à leur potentiel de transcendance, et non de voir soumis des Peuples entiers à l'obscurantisme et l'anachronisme.

Absolu

Nous voici aux écrins de la pure volition, dans la reconnaissance de l'Absolu qui nous est commune mesure. Le verbe ici dans la concaténation du savoir en maîtrise, se fait chair, et dans l'Assomption d'une parure initiée engendre la destinée, dans ce qu'elle a de signifiante, au-delà de la tragédie du sort, du temps comme de l'espace, incluant ainsi le pouvoir de chacun de reconnaître l'essence du respire, la substance et la consistance qui s'organise, évolue et, diaphane, s'exonde pour se renouveler dans l'Éternité.

Un lien de ce savoir restera la marque de Bouddha comme du Christ en leur illumination, leurs préceptes, et bien au-delà de la vacuité comme la temporalité, seuils synchrones de tout ce qui régit l'énergétique splendeur, qui nous anime tous dont Écoles sont reflets, avatars et prêtrises diverses et variées de la substance, du sens lui-même invariable guidant les pas du conquérant que nous sommes tous, à la rencontre de l'Immanence grâce à notre degré de transcendance.

Voici le Temple, au cœur même de chaque Être et que chaque Être doit comprendre pour résoudre, sans fatuité ni fausse humilité, le nœud même de son existence, comme de l'existence commune, la Vie donc. La Vie dans sa fulgurance, dans sa détermination qui n'est pas seulement celle de se protéger, mais inexorablement d'avancer, pénétrer toutes les arcanes aux fins de mieux les agencer, les ouvrir dans le sens le plus large, au-delà des dérélictions qui posent, obstructions tels ces parasites qui détruisent toutes fondations lorsque ces dernières s'élèvent sur des venelles sablières.

Ainsi aux amonts de notre prospérité se dresse cette philosophie brillante, étincelant les rivages de l'Âme, de l'Esprit et du Corps, indivisibles dans le corps même de la nature de l'Absolu qui prédispose de multiples transformations aux fins que son règne vive tant dans les domaines temporels, que dans les domaines spirituels, ouvrant ainsi l'horizon souverain de sa perfection qui ne se mesure à l'aune du souffle mais bien à l'aune des métamorphoses irradiant la viduité de sa splendeur.

Ce Verbe est là, ignorant les caprices de dieux bavards, colériques et vicieux, ignorant les facettes de ce que certains nomment leur Dieu, car les comprenant tous, et, mesure radicale, ne se souciant de leurs adorations éduquées. L'Absolu est là, Grand Architecte des Univers, Créateur de la Vie, transcendant toute route pour l'ouvrager dans son dessein, il est en chacun de nous et nous sommes participe de lui-même.

Dieu par excellence, il nous guide vers sa Déité sacrale, sous la réserve que nous nous ouvrions à sa splendeur. Voici ce que fut et reste de la religiosité Indo Européenne, une philosophie qui est pure religion au sens du terme, un sens qui n'est pas celui de se voir les uns les autres en reptation devant des contes à dormir debout, mais d'être debout face aux univers inclus dans la splendeur de l'Absolu, en lesquels nous nous devons de nous élever pour parfaire à sa constitution, en quelque temps que cela soit, en quelque espace que cela soit, et cela dans l'Éternité.

Patience dans l'azur

La matière est somptueuse pour les analystes de ce jour de la nature humaine et de ses arcanes. Il y a là des caricatures magnifiées que n'eut pas reniées Balzac dans un sujet littéraire, les dictatures en tout genre initiées au nom de la soumission du genre humain par la subversion et ses élytres.

Nous vivons une époque formidable, celle d'une contraction temporelle qui n'a d'égale que celle de la chute des empires, et Dieu veuille que l'empire idéologique de la subversion trouve ici son terme. La subversion depuis plus de trois mille ans insinue le pouvoir humain pour le remplacer par le diktat, une loi de proscrit, de jaloux, de paranoïaque, une loi née d'un esprit atteint d'un délire des grandeurs qui s'horrifie qu'on ose lui montrer sa vraie nature, celle de la lâcheté. Car il faut être bien lâche pour ne pas affronter la réalité, celle de la densité de la vie dans, n'en déplaise, l'esprit souffle où il veut, son inépuisable fleuve de volonté. Lorsque nous disséquons la lâcheté, nous voyons là qu'elle se réfugie dans la virtualité et que ses actes contraints, car n'attendez la moindre créativité de sa part, sont d'éternels symboles qui ont pour objet de falsifier la réalité afin de mieux la voir opérer dans un champ restreint qui, qui plus est, s'identifie par transfert de persécuteur à persécuté, et fait en sorte que ce champ restreint devienne objet d'une compassion sans limites.

Cet ordinaire de la lâcheté n'a pas de limites dès l'instant où elle trouve refuge, acceptation, s'étendant ainsi comme un virus en jouant sur l'altérité et l'empathie, l'altérité, trouvant en cela une matière dans le cœur de l'adolescence humaine où la recherche de l'équilibre est motrice. Cette lâcheté relève d'une névrose caractérisée, en cela masque un complexe d'infériorité par un complexe de supériorité, pathétique dans sa recherche désespérée de se faire accroire, délivrant ici à l'excès toutes les malversations, les outrages, les illusions, les fantasmes de caciques en son espèce, jusqu'à se prendre pour le devenir de ce monde, dans l'arrogance et le parfait mépris de ce qui ne relève pas de son genre considéré dès lors comme n'appartenant pas à l'espèce humaine.

Cette caricature qui s'imagine jusqu'à Dieu, en rupture totale avec le réel, ne peut dès lors prospérer que dans le déni d'autrui, et vague après vague, par ses racines comme ses affluents, ne peut plus chercher qu'à faire correspondre tout un chacun à sa volonté la plus impérieuse, et si cela n'est dans son hypocrisie naturelle que par la force la plus totalitaire.

Nous sommes ce jour en présence de ce désastre humain, au sens figuré comme au sens propre, une présence insidieuse qui a su par une lente insinuation dégénérative conquérir, à force de soumission, qui pour des "honneurs", qui pour de l'argent, qui pour masquer une sexualité débridée, qui pour masquer ses meurtres, une bonne partie des pouvoirs des Peuples, et pire encore par incrustation prévaricatrice ronger le corps des institutions, en ses trois points, la justice, l'exécutif, l'armée et la police. Ce rayonnement diffus de l'ombre de cette caricature qui s'octroie, non seulement a insinué le corps des gouvernances mais bien conjointement le corps social et plus particulièrement les médias, la presse, qu'elle dévoue à ses ordres afin de disposer, croit-elle des croyances de chacun.

L'exemple le plus remarquable de cette erreur de la nature humaine se retrouve dans ce que tout un chacun a pu vivre ces derniers mois dans les péripéties d'une gouvernance qui ne s'appartient pas initiant ses malfaçons permettant de mettre en place les préliminaires d'une dissolution de notre Nation dans un espace macroéconomique où le seul caractère du mot Nation est une injure pour sa lâcheté régalienne.

Préparation sordide constellée des miasmes inhérents à la mise en servitude par apologie de la disparition de la famille, exégèse forcenée pour l'abandon de l'Identité et le métissage forcé, et plus encore financement des ennemis irréductibles de notre Civilisation, par armement et espèces sonnantes et trébuchantes tombant dans l'escarcelle des meneurs de guerre et des tenants de la barbarie qui sévissent dans des zones désormais dites de non droits. Cette folie qui conditionne cette âpreté à la destruction est le panache d'idéologies tronquées, perverses, insanes, qui trouvent leur noirceur dans ce qui est évoqué de la nature humaine ci-dessus.

Une nature bâclée, hideuse, qui n'est que le reflet de l'opiacé de cette détermination des veules, la lâcheté souveraine qui s'achète et se vend, grossière répugnance qui voit jusque dans une Assemblée voir voté en catimini, face à des élections perdues d'avance, le doublement des indemnités accordées aux élus boutés hors de leurs fonctions prévaricatrices. Le sommet de ce gruau relève de la formule, celle de voir accordés quarante euros aux retraités de cette Nation ne touchant pas mille deux cents euros mensuellement, tandis qu'il gaspille quatre-vingt-quatorze milliards d'euros pour remplacer son Peuple.

Si l'on sait qu'il existe actuellement trois millions de personnes vivant en dessous du seuil de pauvreté, principalement des individus de souche, dans cette Nation, on ne peut voir ici que la dénature qui s'impose, une dénature qui dispose de privilèges exorbitants, des retraites dorées, des malversations des plus atones. Pendant ce temps les services fiscaux s'acharnent sur les classes moyennes, cherchant le fil à couper le beurre afin de les traire jusqu'à la lie, alors que les paradis fiscaux accueillent la manne volée soit par délit d'initié, soit par volonté, sur la sueur et le sang de ce Peuple écrasé par l'infâme.

Cette Nation qui petit à petit se délite, jusqu'à céder des Rembrandt des musées Nationaux, alors qu'elle aurait pu les acheter si elle ne subventionnait pas toute la sous culture de ce monde, cette Nation perd du terrain chaque jour, voyant ses entreprises s'enfuir au motif des taxes énormes qu'elles doivent payer pour travailler et faire travailler sur son sol et ne croyez un seul instant que c'est le coût du travail qui les fait fuir, mais bien les taxes régaliennes nourrissant les triplons, mairie, département, région, mais encore communauté de communes, d'agglomérations, intercommunalité, etc qui s'enrichissent sans vergogne avec l'accord d'une oligarchie subordonnée à son désir de destruction, son retour à la matière brute qui est son levain et son tremplin.

On ne rentre pas en politique dans cette Nation pour la servir mais bien pour se servir, qu'aucune illusion ne soit ici, et la caste qui s'autorégule, se coopte, dans des rouages infects entretient ce sort, quelle que soit la nature de l'idéologie, allant du cumul des postes et des mandats jusqu'aux pantouflages dans des sociétés économiques servies par cette oligarchie. L'outrance est son privilège, et la voir en transe en invectivant, en insultant, le Peuple de France, prête à un rire continu, tant elle dévoile son incapacité à toute direction salubre de notre Nation.

La salubrité publique passe par le don de sa personne à l'État, donc au peuple, et non la soumission de l'État comme du peuple à sa propre personne. Mais ne nous fions ici au terme personne, car nous savons les uns les autres que ces «personnes » ne s'appartiennent pas, tenues au brouet et aux miettes qui se dérivent des petits plats de leurs maîtres qui se cachent, eux, non pas en loges, cela est pour la vanité, mais dans les conseils d'administration où le filon d'or de la domestication bientôt en préhension de l'esclavagisme consenti est la source d'une richesse infinie.

Les flux financiers ici se croisent et s'entrecroisent jusque dans la folie des produits toxiques inventés par des mathématiciens atrophiés ne voyant l'Être Humain que comme le facteur x, toujours perdant, de leur domestication aux équations ineptes, que l'on ose encenser dans des facultés qui n'en portent plus que le nom, tant elles relèvent de la modélisation de l'indigence, du paupérisme, tous caractères bien définis qui forgent des kapos économiques aux fins d'essorer jusqu'à la lie l'Humain dans sa réalité, et le fourvoyer dans cette virtualité de marchés qui sont les exponentielles de toute la démesure de ce système prévaricateur.

L'ordre Économique ne peut être régi par cette folie, mais bien au contraire par la mesure. La finance est le sang qui irrigue les Nations, et en cela ne doit être sous la moindre influence des prébendiers, des veules et des intrigants. La fourberie tourne autour de ce chapitre qui est le pivot de toutes les torpeurs que ce petit monde vit, sphère sans failles qui ne s'occupe d'ailleurs de cette déshérence et accomplit dans une géométrie parfaite ses parcours. Face à ce délire, car il s'agit bien de sociétés délirantes, où la Liberté de s'exprimer n'existe plus, où tout un chacun en fonction de lois cyniques peut être emprisonné ou liquidé avec l'étiquette, la belle invention, de terroriste, - invention, car le terrorisme est objet de toutes les manipulations et le pire de tous est celui qui le manipule, ce terrorisme en col blanc qui pour conserver son pouvoir est prêt à mettre à feu et à sang cette petite planète – (et vous n'y croyez pas, mais regardez après l'attentat de Charlie Hebdo, cet État qui soi-disant défendrait le Peuple de France, inonder de cinq milliards d'euros les zones de non droit où l'Islamisme radical trouve son tremplin, et en sus instaurer une loi liberticide afin de faire taire tous les opposants à sa vente à l'encan de la France à l'Islam et tutti quanti !) ; face donc à ce délire qui trouve son expression jusque dans une « justice » qui vient de condamner à sept ans de prison une personne qui en état de légitime défense a fait feu sur ses agresseurs, amnistier un violeur qui s'était défait de son bracelet, et bien entendu libérer les multirécidivistes pédophiles, (le monde à l'envers), il convient de prendre de la hauteur et tenir pour condition négligeable cette errance morbide.

Car elle est négligeable, négligeable en ce sens qu'elle est à échéance, et totalement contre nature ne peut trouver en face d'elle qu'une nature, non pas rebelle, (car la seule rebelle ici est cette errance), mais une nature qui pour des raisons que seule la Vie peut comprendre, fera tout pour revenir à l'équilibre, à cette homéostasie qui est le propre du vivant et contre laquelle, rien, ni personne ne peut lutter.

Les formes qui se dressent contre cet épiphénomène se manifestent lentement mais sûrement, dans un ordre impeccable, invariable, structurant les anticorps permettant la renaissance de cette homéostasie naturelle, et rien ni personne ne pourra en défaire le but, car il est le but de la Vie et non de cette statuaire bestiale qu'invoque la dégénérescence qui se veut maîtresse. Les menstrues de cette errance n'ont pas tenu, entre le National-socialisme et le communisme, plus de soixante-seize ans, ne l'oublions jamais, et ce règne qui est leur synthèse ne tiendra pas trente ans, tant il est la litière de toute la barbarie la plus putride que l'Humanité ait connue sur cette Terre. En attendant, patience dans l'azur.

Droits et Devoirs

Quelques nouvelles de cette petite Terre où la barbarie glauque et stérile enchante son pouvoir dans des homélies ridicules qui sont synonymes de la pauvreté d'esprit de celles et de ceux qui les enchantent, comme il fut dans nos propres espaces, avant que ne se lèvent, dans la fierté, l'honneur et la grandeur, les floralies de nos espèces qui aujourd'hui ont concrétisé notre Empire de Vie. Mais lisons :

« Au nom des droits de l'homme, que de crimes ne commet-on pas ? Des droits sans devoirs sont condamnés à l'irrespect du Vivant sous toutes ses formes, or, que voyons-nous dans ce monde glauque sinon que cette affirmation la plus dantesque. Pour ne partir que des derniers événements, une justice criminelle ordonnant la mise à mort par une médecine transformant les médecins en kapos de camps de concentration, des faibles et des malades. Et pour voir plus large dans cette systémique totalement ridicule qui campe sur ses positions, les crimes commis en son nom. Là, dans l'exploitation esclavagiste de la misère sur les terres de ce monde, le viol asymétrique et continue des populations, l'horreur sans nom qui cumule le sang avec la guerre, dans des ordonnances insipides nées d'une ingérence de fou, car il faut bien être fou pour croire un seul instant que tous doivent plier devant la barbarie de ces pseudos droits sans devoirs qui bafouent la raison et dont l'imagination fertile couve tous les ferments de la destruction, et pire encore du reniement.

Voyons tout simplement ce que fait notre État qui se dit Français, lorsqu'en ses commandes se tiennent les tenants et aboutissants de la subversion mondiale socialiste. Au nom des droits de l'homme cet État commerce avec tout ce qui renie l'Être Humain, vendant des armes à ceux qui sèment, outre le désordre, la cacophonie dans des Nations hier souveraines, ce jour livrées au pillage, au meurtre, au génocide des Chrétiens. On voit là, la grandeur de la gouvernance qui vocifère, éructe, compose, et surtout injurie, car elle ne sait faire que cela, cette chose larvaire aux mains de puissances usuraires qui la conduisent et conduisent notre Peuple dans le néant, cette matière brute si bien encensée par la brutalité de la médiocrité qui se terre dans des loges noires dont la plus fameuse est la plus répugnante que le monde ait porté.

Ne cherchons bien loin d'où sont sorties ces transes de l'esprit, que d'accroire que la Vie n'avait aucune ambition, sinon que de s'enrichir de biens matériels uniquement, que de servir à accomplir cette délirante accession des ténèbres en son sein, cette atrophie diluvienne qui parade du matin au soir dans les médias, dans les prétoires de partis qui ne sont que les branches du tronc pourri qui, bestialement voudrait imposer sa marque sur notre Terre.

Ne cherchons bien plus loin les racines de cette plaie qui pullule, asservit, cherche en tous lieux à contrôler et surtout à briser le vivant. Elle est là cette plaie béante et putride où se roule dans la fange les sectaires qui sont le ferment de sa lance ruisselant le sang des innocents, aux noms de droits qui ne sont que des droits d'assistés, des droits de débauches, des droits de voleurs et de violeurs, des droits totalement dissous dans le ferment de la lie qui les compose, cette lie imposant le meurtre pour gouverner, l'assassinat des enfants dans le ventre de leur mère, l'assassinat des vieillards, des faibles et des impotents, l'assassinat des Peuples par viol asymétrique, l'assassinat, ce couronnement mystique et bestial de celles et de ceux qui voudraient nous voir admirer leurs auteurs, les Lénine, les Trotski, les Beria, les Rosa Luxembourg, les Mao, les Staline, les matadors en pouvoir qui ont condamné et mis à mort déjà cent cinquante millions de personnes sur cette Terre, pas moins de soixante millions de Russes dans cette Russie sous le joug de son impuissance totale, qui régna soixante-seize ans avant que d'être destituée.

Cette pourriture conditionnée dont l'enfantement est le socialisme, cette tare ayant emprunté le chemin des Illuminés de Bavière pour apparaître au grand jour et innerver son néant, ce jour brille de tous ses feux dans les Nations Européennes, se déguisant sous les noms divers et variés qui sont la parure des « affaires », allant jusqu'à se faire nommer «républicain », ce qui est le comble pour les traîtres ayant vendu leur Nation à l'usure. Et en dominance dans les pouvoirs, en regard du respect de la Démocratie que conchie cette souillure de l'esprit, nous voyons l'expression de cette turpitude sur nos terres.

Car, rappelez-vous, que ces terres n'appartiennent en aucun cas à ce purin intellectuel dans lequel se baignent à peine quinze pour cent de notre population. Ce chiendent de la terre a déclaré la guerre aux Nations qui se respectent, et notamment à la Russie, qui sort du joug des commissaires politiques, et des gouvernances irradiées par la même fécondité de destruction que nous rencontrons ce jour dans notre Nation. La Russie, n'en déplaise s'est défaite de ces gouvernances pourries, hystériques et compulsives, jusqu'aux mécréants ayant cherché à bâtir des empires sur le dos du Peuple Russe. La Russie se relève, n'en déplaise, et n'a pas à recevoir les mythomanes et les faux maçons qui pourrissent nos Institutions, et qu'elle ne fasse partie de ce G, - qui sans jeu de mot correspond sans doute au point G de la sexualité, et non à la Gnose -, n'a aucune importance.

Car le monde se fera avec la Russie et non contre la Russie, n'en déplaise, et les prétextes inventés et créés de toutes pièces pour liquider les souches Russes en Ukraine, dans les mensonges les plus ridicules qui soient, ne changeront rien à cet état de droit, car de droit s'agit-il ici, du droit international qui exprime que les Peuples disposent d'eux-mêmes et ne sont pas les larbins de circuits financiers totalement hermétiques aux Humains, lesquels cherchent à détruire les Nations au profit de leur utopie babélienne, digne de la Babylone antique, pilier s'il en fallait de toute la noirceur humaine dans sa malfaisance et son instinct de destruction.

Aux droits de l'homme, il faut substituer les droits et devoirs de l'Être Humain. Nonobstant le fait de naître libre et égal en droits, l'Être Humain doit naître libre et égal en devoir, dont le premier est le respect inconditionnel de la Vie dans sa diversité, et le second le respect inconditionnel des Peuples, enfin le respect inconditionnel des Nations Humaines dans leur diversité qui sont les floralies du patrimoine commun à l'Humanité, que rien ni personne ne doit réduire à néant.

Ce respect tant des Êtres Humains comme des Peuples, comme de leur Nation, marque là le devenir, le reste n'étant que nécrose triviale et usuraire qui n'a aucun mérite car ne respectant rien ni personne, telle en provenance de cette société se réunissant à huis clos pour débattre ces derniers jours des sujets qui suivent : 1- La guerre en Ukraine et comment gérer la Russie. Isolation de la Russie plus avant et armement des milices nazies ukrainiennes, menant potentiellement à une confrontation avec l'OTAN. 2- Muselage du soutien financier des candidats potentiels à la présidence des États-Unis en concurrence d'Hillary Clinton, choix des Bilderberger pour 2016 (tout comme il semble que Juppé soit le choix des Bilderbergers pour la France en 2017). 3- Positionnement des "élites" autoproclamées comme sauveurs potentiels lorsque toujours plus d'émeutes et de troubles sociaux programmés émergeront dans la droite ligne de la politique du "Ordo ab Chao" chère au Nouvel Ordre Mondial. 4- Introduction du concept d'un monde sans argent liquide, physique et imposition de ce fait d'un totalitarisme économique planétaire. La société sans argent : Les oligarques sont en train de supprimer l'argent liquide pour ne garder qu'une monnaie 100% fictive sur écran ordinateur, histoire de toujours masquer la valeur réelle des crédits qui ne pourront jamais être repayés, mais dont les intérêts engrossent les banquiers toujours plus tandis que Monsieur Tout le monde s'appauvrit de jour en jour. 5- Discrédit de la campagne de sortie de l'UE du Royaume-Uni et de son référendum à venir sur son maintien dans l'Union Européenne. 6- Redéfinition du terme "autoritarisme" par anticipation de l'effondrement économique général à venir. 7- Finalisation du TPP (TransPacific Partnership) et autres "partenariats" transatlantique, comme piliers du gouvernement mondial tant attendu par les "élites" oligarchiques. 8- Démantèlement de la Chine et de la capacité des BRICS de défier le système unipolaire du faux Occident. 9-Promotion effrénée de l'Intelligence Artificielle / robotique et surveillance généralisée afin de rendre le totalitarisme de Big Brother comme quelque chose de normal, afin de tromper et de leurrer le public surtout les jeunes générations accrocs aux gadgets électroniques en tout genre. 10 - Promotion du flot de réfugiés fuyant les guerres de racket du faux occident dans ces mêmes pays occidentaux.

Lorsqu'on voit ce programme, on comprendra que lorsqu'on parle des droits, ces derniers ne sont plus qu'un leurre, et que s'abat avec un déterminisme total une chape liberticide sur notre Occident violé, défiguré, châtré, assassiné. Un petit exemple de ce châtrage provient d'un fait divers qui résume tout : « Désormais en France, une minorité impose sa loi, les Françaises et les Français n'ont plus le droit de faire des apéritifs avec saucisson de cochon, avec jambon de cochon ! » Mais qu'est-ce que cette contrainte née d'une religion qui n'est pas de la France et ne le sera jamais, n'en déplaise, qui elle fête en égorgeant des moutons ses différents opérandes !

Il suffit de cette arrogance, nous vivons en France et non dans le Maghreb, et nous fêtons ce que nous voulons chez nous, nous sommes majoritaires, n'en déplaise, et les Françaises et les Français n'ont pas à s'incliner devant cette barbarie intellectuelle et physique qui voudrait les soumettre à ce qui ne représente strictement rien pour eux, et ne représentera strictement rien pour eux dans leur avenir. Car enfin que devons-nous à ces injonctions qui pourrissent la vie publique avec leurs rites !

Voit-on les Juifs faire autant d'histoires avec leurs propres rites, de même que les bouddhistes ? Voit-on les Asiatiques en général se comporter avec autant de virulence dans notre Nation ? Ces derniers s'intègrent sans problème comme les Européens de souche, comme les Africains Catholiques ! Alors, il serait temps au Pouvoir Public de mettre fin à cette tentative de substituer à nos Lois naturelles des lois qui ne sont ni Françaises, ni Européennes, ni Occidentales. Mais pour cela faudrait-il avoir des femmes et des hommes politiques qui ne soient pas à genoux devant cette folie qui veut agenouiller la Liberté dans la soumission !

Cela viendra, n'en doutons un seul instant, car les anticorps se lèvent dans toutes les Nations Européennes et seront majoritaires très rapidement. Le racisme ici est exclusif de cette déshérence mieux traitée par les gouvernances que les autochtones. Un racisme fait de haine qui se concrétise dans les massacres auxquels on assiste en Syrie, en Libye, dans les pays du Maghreb, qu'applaudit toute une frange de population accueillie et recueillie dans notre Nation, non pour s'intégrer mais bien pour conquérir, et que l'on ne nous raconte l'inverse, avec cette accroche qui consiste à dire qu'il ne faut surtout pas faire d'amalgame.

On a vu applaudir suite au dernier attentat de Charlie hebdo, comme lors de l'attentat qui a eu lieu au world Trade center bien des gens qui seraient au-dessus de tous soupçons. Lorsqu'on assassine des Chrétiens, lorsqu'on détruit des cimetières catholiques, lorsqu'on pille des Églises catholiques, on attend toujours que défilent en masse ces migrants qui ne sont pas uniquement là pour profiter sans compter des économies des Françaises et des Français, quelle que soit leur couleur comme leur origine, mais bien là pour conquérir notre Nation comme les Nations Européennes avec le blanc-seing de toute la reptation mortifère qui se veut dirigeante.

Le pétrole viendra très bientôt du pôle Nord et nous n'aurons en aucun cas besoin de dépendre des pétromonarchies, nous n'avons donc en aucun cas à voir le comportement de certains dirigeants en mal de voix, armer ces pétromonarchies qui demain disparaîtront comme elles sont venues, faute de pétrole. Il convient de faire le ménage de nos alliances, qui ne peuvent en aucun cas cautionner comme c'est le cas aujourd'hui le financement des djihadistes, l'armement des djihadistes, le massacre des Chrétiens d'Orient et leur vente en marché public au nom de l'esclavage qui devrait être dénoncé dans les pays du Moyen Orient, sous les auspices de l'armée Islamique.
Nous n'avons rien à attendre de ces alliances qui se retourneront obligatoirement contre nous un jour ou

l'autre, la seule Nation régionale la plus importante et la plus conséquente étant ce jour l'Iran, ce qui ne trompe pas les États-Unis qui délaissent ses ex-alliances aux petits pieds qui demandent l'aumône, une aumône qui n'a pas lieu d'être, si et si seulement le respect de la Nation Russe était sans équivoque, si et si seulement la basse politique, la politique extérieure criminelle de la France n'existait pas.

Il faudra attendre et avoir de la patience pour se sortir de cette glu ridicule qui voit bafouer les Lois naturelles au profit de Lois qui ne nous concernent pas et ne nous concerneront jamais. Voici où en est rendue cette pauvre Nation aux noms de droits imaginaires sans contrepartie du moindre devoir, voyant la haine exhaustive de minorités tenter de déstabiliser les uns les autres dans ses sept cent cinquante zones de non-droits, avec violence et sans que l'État ne se manifeste. Pauvre État laminé et vermoulu par la terreur acide d'une franc-maçonnerie déviante associée à cette fondation dite franco-américaine qui ne porte en aucun cas le réel en pavois mais s'enferme bien au contraire dans cette lie idéologique meurtrière qu'est le socialisme, digne du djihadisme, s'accordant le droit de tuer, par avortement comme par sédation nos compatriotes, homme, femme, enfant, digne successeur du communisme et du national-socialisme, ne respectant rien, strictement rien, sinon que son petit portefeuille et ses délires le menant comme un bourgeois de calais aux plus offrants, telle une prostituée gargantuesque, jusqu'à utiliser les avions de la République destinés aux voyages officiels, pour se rendre à un match de foot bal, en s'imaginant au-dessus des lois.

Voici où nous en sommes alors que se déverse, en accord avec la gouvernance une masse incontrôlable de réfugiés en provenance du Maghreb, djihadistes de tous poils qui vont renforcer les rangs du communautarisme le plus virulent, ébauche s'il en fallait de l'invasion la plus totale de notre Nation ainsi que des Nations Européennes, sous la bannière de cette chose que l'on ose appeler la communauté Européenne qui n'a plus rien d'Européenne mais tout du bazar et du souk où se régalent les termites et les nuisibles, pendant que les Êtres Humains honnêtes sont pressurés comme jamais par des impôts infâmes afin de nourrir toute la misère humaine.

Droits sans devoirs donne ce marais putride dans lequel la fange se réjouit, une fange en tous lieux qui n'a comme dénominateur commun que la haine de l'honneur, la haine de la grandeur, la haine des Peuples, la haine des Identités, la haine des Races, et n'en doutons un seul instant, la haine de l'Humanité. Cette haine viscérale relève de la psychiatrie lourde, car elle n'a comme sujet que des Êtres déphasés du réel et se vautrant dans le virtuel afin de complaire à leur atrophie, qui est l'oubli total de leur devoir de dépassement, ce dépassement qui est nécessaire à l'évolution, et qui fort heureusement est innervé par quelque centaine de millions d'individus à travers ce petit monde, le reste dans l'oubli qu'ils sont de ce devoir qui est une condition sine qua non de la Vie, se partageant dans l'outrance où la faiblesse pour faire valoir des droits inexistants, qu'ils s'arrogent bien entendu avec leurs valets serviles qui les contentent comme des prostituées dans les Parlements.

Se sortir de cette impasse relève du renouvellement des droits par l'imposition de devoirs, dont le premier, comme précité est le respect inconditionnel de la Vie par tout un chacun, un devoir impliquant que toute atteinte à la Vie doit se manifester par une sanction déterminante, toute atteinte à ses floralies, les Ethnies, les Peuples, les Races, l'Humanité, et en condition, donc des Nations, doit voir les traîtres à la Vie déchus de tous droits civiques en chaque Nation considérée.

Si l'Humanité veut progresser, elle doit tendre vers cette réalisation, le reste n'est que miasme et glose de dénaturé s'irradiant dans la permanence de la lie et de ses sécrétions. Toutes forces négatives pliant l'Humanité dans une dérive constante la menant vers sa désintégration la plus totale. À suivre donc, dans la volonté de survivre des floralies Humaines, et non de se dissoudre dans le magma informe de la bestialité les menant doit à l'esclavage sous l'autorité de la barbarie la plus immonde que la Terre ait connue. »

Voici donc ces petites nouvelles qui font frémir, où l'on voit s'instituer Dieu toute la déraison humaine, que Shakespeare eut bien aimé traduire s'il avait vécu dans cette époque néfaste de la Terre. Courage aux Terriens, qu'ils ne se laissent impressionner par des minorités sanglantes qui veulent régir leur petit monde !

Le chaos

Quelques nouvelles de cette petite terre de plus en plus soumises aux déplacements de populations, dans le mépris le plus total des racines qui font l'harmonie des mondes, mais lisons :

« L'erreur fondamentale des théoriciens du chaos qui pullulent dans les sociétés dites de « pensée » américaines est de croire que la globalisation qu'ils cherchent à imposer reposera sur une Chappe dont la solidité sera à toute épreuve. En vérité, elle sera un château de cartes qui s'envolera au premier frisson des Peuples. Car c'est oublier l'Histoire multimillénaire, à l'image des subversifs en France qui s'imaginent faire oublier l'Histoire Française au profit de leur utopie babélienne.

Lorsque des anachronismes s'emparent de la théorie des flux durables et sans entraves, ils ont oublié l'essentiel de l'Être Humain, qui est racine, qu'ils le veuillent ou non, et certainement pas cet esclave cosmopolite asexué dont ils rêvent pour en faire un outil de production jetable après usage.

Voilà ce que nous donne l'Amérique d'aujourd'hui ! Brassée par le népotisme et l'autoritarisme acculturé qui veut dominer ce petit monde qui n'a pas attendu son despotisme devenu pour tirer les leçons du passé et faire valoir à sa superficielle rêverie, qu'elle trouvera en face de son hégémonie, des Peuples qui ne se laisseront pas déstabiliser par son outrecuidance financière ou même militaire.

Il est temps de rebattre les cartes, ni la Russie, ni la Chine n'admettront cette usurpation de la globalisation et on voit déjà dans les Pays de l'Est de l'Europe une réponse appropriée poindre pour liquider cette prétention à vouloir annihiler l'Europe au profit d'un désert dans lequel iraient se servir les fantasmes de quelques personnes qui n'ont à cœur que leur petit portefeuille, aux fins de voir sa population transformée en bétail pour les servir.

On ne peut plus parler d'Amérique ici, ni de sa gouvernance totalement inféodée, mais de la puissance de cartels financiers qui ont toujours usé et abusé de l'usure pour faire rendre gorge aux Nations aux pouvoirs faibles.

La réponse à cette dysenterie phénoménale est le rayonnement de pouvoirs forts et autoritaires, abrogeant les lois insipides dites humanitaristes, qui desservent les populations autochtones, faisant respecter leur patrimoine, leur Histoire, leur confession Religieuse, par une migration choisie en laquelle aucun regroupement familial ne peut et ne doit être permis. Le reste n'est qu'écho de cette lèpre qui cherche par tous les moyens à féconder ce château de cartes destiné à la destruction totale.

Il existe dans ce creuset une alliance contre-nature qui parade de tous ses feux afin d'organiser le chaos. Nul ne peut être dupe de la manipulation du terrorisme comme du fléau de l'immigration sauvage qui veut terrasser les terres occidentales, détruire leurs cultures, abroger la liberté au profit de la perversité de l'esclavagisme le plus répugnant que la terre ait connue. Cette alliance qui ne montre pas son visage est là dans sa putridité la plus absolue, reniant pour ses protagonistes, pour les uns leurs racines, s'accouplant pour les autres au fantasme d'être les maîtres de notre planète.

L'Histoire Humaine est pleine de ce dithyrambe écho en prosternation reniant toutes valeurs pour inscrire dans la matérialité la plus abrupte sa marque de ténèbres. Depuis 1645, où le pouvoir a changé de mains en Angleterre, où se sont couchés les Aristocrates devant l'usure, embrassant une pseudo-foi qui va faire les ravages de l'Occident, alliée aux croyances byzantines manipulant l'usure, cette marque assoit dans le meurtre, le génocide, sa monstruosité. Ignorant la condition de l'Être Humain qui est de s'élever et élever et non pas d'avilir et détruire, cette marque poursuit par tous les moyens les plus sordides, sa volonté d'imposer à chaque Être Humain son atrophie profonde.

Une atrophie qui se voit en pleine lumière dans les événements récents depuis les attentats du 9/11, que l'on ne peut, qu'à la lumière scientifique, voir que manipulés eux-mêmes par des potentats ivres de pouvoir, pour qui la barbarie n'est pas un mythe mais bien une action de chaque seconde. La barbarie en col blanc ne peut que s'allier et créer de toutes pièces la barbarie aux mains sanglantes, son outil, sa force, comme on peut le voir avec l'armée dite Islamique qui, comme l'armée bolchevique ou la waffen SS, chevauche toutes les griseries de ses potentats, de ces êtres inhumains, pour qui la vie n'est qu'une monnaie d'échange, un indice économique et en aucun cas une valeur spirituelle.

Des frontières de l'Ukraine au Moyen Orient, cette armée, dans le déni du droit des Êtres Humains, accomplit l'œuvre de cette marque, ensanglantant une partie de la planète, et non seulement dans ce Moyen Orient, mais bien plus toute l'Afrique, l'Amérique du Sud se protégeant désormais de cette source de violence et d'aberration congénitales. Ne nous y fions pas, ce n'est pas seulement une guerre de civilisation à laquelle nous assistons, mais aussi une guerre de religions, une guerre totale qui voudrait anéantir le christianisme afin que ne prévalent que les autorités surnuméraires de la perfidie matérialiste la plus éprouvante.

Une perfidie de jaloux et de haineux, de fourbes et de timorés, d'incapables à toute création, tirant du néant leur volonté caractérisée par la dissolution de leur moi dans les contingences à la fois du paraître et d'une vanité sans bornes, celle de se croire – en fonction de leurs avoirs et non de l'intelligence – prédestinés à diriger l'humanité. Cette fournaise, alimentée par des pseudos sciences, des pseudos philosophies de pacotille, tout un aréopage de mystiques de la matière, tout un aréopage de névrosés et de pervers, ne doit sa continuité que par l'effacement qu'ils font de leur réalité aux yeux des Peuples qui croient encore que leur vote dans les urnes leur donne un quelconque pouvoir, lorsque les marionnettes mises en place par ce quarteron, hissées vers les pouvoirs par la publicité à deux sous de médias aux ordres, ne représentent en aucun cas les intérêts des Peuples mais bien les intérêts de cette marque qui se veut finalité. Ce qu'ont oublié les pauvres affligés, compassion pour eux, qui se veulent mesure de notre Terre en y semant le chaos, c'est qu'en chaque Être Humain existe génétiquement l'idéal de la Liberté, comme il existe en chaque Peuple formé par l'Histoire naturelle et non leur « histoire » émasculée, une rémanence formelle qui ne peut que se porter à l'encontre de leurs vœux.

Cette rémanence que cherchent à dissimuler aux yeux des Êtres Humains tous les épouvantails d'un cosmopolitisme hideux, par l'intermédiaire de l'acculturation comme par l'infantilisation médiatique qui est à leurs ordres, ne peut être brisée, n'en déplaise, qu'aux yeux des handicapés de la pensée ne trouvant espérance que dans leur masochisme primitif et bestial. Le chaos trouve ici ses limites, et trouvera ici ses limites. Le corps social est comme le corps Humain et drainera face à ce sida sociologique les réponses adaptées à sa survie, qui ne seront celles qu'attendent l'atrophie et ses mentors, la révolution sanglante, mais bien au contraire, dans le respect des lois harmoniques qui ont conduit à la Démocratie, une reprise totale du pouvoir afin de terrasser cette inhumanité qui se gausse sur ses perchoirs qui ne sont que des fétus de paille que le vent de la colère des Peuples dispersera dans l'oubli.

La première armature à briser pour la reconquête des pouvoirs passe par la mise en l'encan de toutes les hordes qui servent ce carcan, savoir toutes les associations, sociétés dites de pensée, franc-maçonnerie diverses et variées, toutes ces maisons de tolérance qui mènent à la perte de toute réalité, dans le bubon d'une sous-humanité larvaire et corvéable à souhait, qu'un Roi, un Roi de France eut, pour l'amour de ses sujets, évacué sans état d'âme. Je ne saurais rappeler que nous n'avons aucune leçon de morale à recevoir de ce carcan, de cette bête fauve qui ruine les Nations, dont l'idéologie veut précipiter l'Humanité dans son camp de concentration dirigé par des commissaires politiques acculturés n'ayant pour avenir que la destruction de la Vie au profit de ces quelques petits millions d'individus qui cachent leurs profits issus de la guerre, des larmes, de la sueur, du sang de leurs victimes, quelle que soit la Nation, - voir la Grèce ce jour, livrée à cette parodie dite européenne qui n'a rien d'humaine mais tout de ce qui n'est pas l'Europe et ne le sera jamais - dans des paradis fiscaux qui bien entendu sont hors du droit, car le droit n'existe que pour les humbles et en aucun cas pour ce carcan sordide qui ne crée rien, n'a jamais rien créé, et ne créera rien, s'appuyant pour confirmer sa médiocrité sur la dégénérescence des arts, la dégénérescence des cultures, la destruction totale de l'Histoire – elle peut toujours rêver !

Le chaos est-il organisé ? S'il en fallait une preuve, il suffit de regarder autour de soi dans tous les domaines pour voir son œuvre mortifère en route, une route qui se heurtera, n'en doutons un seul instant à la rémanence formelle des Peuples. Il convient dans cette configuration de bien voir la manière dont cherchent à taire les petits soldats de cette marque cette rémanence. Par la flagellation et la fausse culpabilisation, dans un sadisme ordonné qui relève de l'asile psychiatrique.

Premier vecteur, le soi-disant racisme, qui ne concerne que les suppôts de cette marque, lorsqu'on voit que dans leur jeu de destruction ils déplacent des populations en facilitant la guerre, le génocide et la mort, et non seulement ces faits, mais dans un jeu économique la disette, la famine. Le racisme est là, de ces êtres inhumains, esclavagistes par essence qui s'imaginent que tout doit tourner autour d'eux. Deuxième vecteur le national-socialisme, qui est leur créature par excellence, financé par leurs deniers et ayant eu pour résultante le génocide des Peuples Européens, comme le fut le communisme, ces deux petits frères de ce socialisme qui est la plaie de l'univers. L'antisémitisme, création s'il en fallait de plus ignoble, qui ne regarde qu'eux-mêmes en leur haine et leur jalousie, manipulée et manipulateur, cherchant par tous moyens à faire accroire à l'élection d'un quelconque Peuple du droit de disposer de la Terre.

Voici les prébendes qui permettent à celles et ceux qui ne se respectent pas et ne respectent en aucun cas autrui, quelle que soit sa Race, quelle que soit sa religion, quelle que soit son identité sexuelle, de confiner à une fausse flagellation, à une fausse culpabilisation les aveugles et les sots, ou pire encore, les lâches et les compromis. Au regard de ces vecteurs qui n'existent que dans une pensée unique sans le moindre intérêt, car ne pouvant être sujette à critique, à l'image de la dialectique matérialiste issue de ce freudisme ridicule dont l'institut Tavistock se régale, nous voyons que le respect de soi-même, de son peuple, de sa Race, de son Histoire, ne peut éclore et réveiller la rémanence formelle de chacun des Peuples de notre petite planète, les uns les autres, allant courbés et en reptation devant une trinité ridicule qui n'est que source de toutes les manipulations les plus ignobles qui soient.

Il convient d'écarter à jamais ces trois vecteurs de sa pensée, pour un Être qui se respecte et par là même respecte autrui, quelle que soit sa Race, sa Religion, son identité sexuelle. Une fois écartés ces vecteurs, dès lors l'esprit critique peut reprendre ses droits, et dès lors s'engager vers la renaissance de lui-même comme la renaissance de son peuple, comme la renaissance de sa Race, comme la renaissance de l'Humanité, sortir de l'esclavagisme qui cherche par tous les moyens à les corrompre et les anéantir aux seules sources de profits de son inénarrable médiocrité. La réalité de ce monde n'a pas à se fourvoyer dans cette virtualité que meut la barbarie extrême des prosélytes de cette marque sans âme qui depuis 1645 est le chiendent de la Terre.

Le chaos n'est-il pas la stratégie de l'incapacité pour vouloir paraître ? Le chaos est enlisement de toute élévation, de toute spiritualité, de toute intellectualité, et voici ce que voudraient implanter ces sociétés dites de pensées qui sont-elles mêmes l'objet de toutes les manipulations les plus ténébreuses qui soient. Le monde n'acceptera pas cette manipulation si visible, qui ne peut quoi qu'il en soit désormais se cacher, les réseaux sociaux, le journalisme, le vrai, faisant commentaires au jour le jour de ses exactions les plus totales. Merci au Pentagone d'avoir offert à l'Humanité l'instrument de sa libération, Internet. Nous pourrions discourir longtemps sur cette instrumentalisation du chaos, telle qu'on la voit perpétrer par notre propre gouvernance notamment en

Syrie, où dans le mépris le plus total de nos Armées, servent des soldats de notre Patrie dans les rangs des djihadistes, où sont livrées des armes sans concession, qui vont tuer nos propres soldats au Mali, et ailleurs, telle qu'on la voit perpétrer par notre propre gouvernance dans cette mésalliance qui lui sera fatale électoralement avec les financiers du djihadisme, s'alliant à n'importe qui pour récolter la misère de miettes économiques qui ne suffisent à boucher le trou sans fin de notre budget, par lâcheté, une lâcheté voyant jusqu'à ses ministres aller se prosterner à la City, alors que bien au contraire, il faut faire table rase des intérêts indus et reprendre notre liberté de créer notre monnaie, et cesser d'être à genoux devant les satrapes byzantins qui perdent ce monde., etc, etc.

N'en jetons plus la cour est pleine de cette débauche rituelle, de ces exactions envers notre Peuple, de cette horreur qui sue jusque dans les circuits scolaires où désormais on doit apprendre l'histoire de l'Islam plutôt que l'Histoire de notre Nation ! Ici aussi règne le chaos qu'il suffit de voir pour savoir lorsqu'on est parents ou grands-parents, qu'il faut tout faire pour mettre ses enfants à l'abri de cette tentative de destruction de notre Histoire, par une éducation critique à la maison. Tout est lié.

Le chaos est l'insondable perversion des sociétés dites de pensée, l'insondable perversion d'êtres humains qui respirent l'inhumanité car ne marchant que sur deux vecteurs, le corps et l'âme ou bien le corps et l'esprit, n'ayant strictement rien compris à la trinité humaine, et traitant dans leur parjure d'eux-mêmes l'Être Humain comme un animal de labour que l'on pourrait enchanter avec des rêves, des slogans, des rêveries permettant d'asseoir un pouvoir usurpé par l'illusionnisme, la béquille toute trouvée des incapables à faire progresser l'Être Humain, les Peuples, les Races, l'Humanité, pour masquer leur médiocrité atavique.

Que l'on se rassure, les lignes de résistance et au refoulement du chaos se mettent en place dans chaque Nation, y compris la nôtre qui ne se laisse plus impressionner par le mensonge issu de ce soi-disant cordon républicain qui usurpe le nom de la République, car ne consacrant que son oligarchie de petits pieds avides qui n'ont que la haine de la France comme de son Peuple, tant leur portefeuille où leurs vices sont couronnés par tout ce qui n'est pas la France et ne le sera jamais. Ces lignes de résistance sont purement démocratiques, n'en déplaise, et sauront renverser à jamais ce cordon maçonnique par essence qui cherche à briser la volonté des Peuples, à usurper ses droits, et les réduire en esclavage.

Petite question pour les naïfs : pourquoi ce qu'ils nomment daesh n'est-il pas mis hors d'état de nuire par une coalition dirigée par l'Onu ? Ce fameux Onu a fait tout pour que disparaisse un tyran qui ne servait plus les intérêts occidentaux, savoir Saddam Hussein en Irak, comme le maître de la Libye, lâchement assassiné. Où l'on voit ici qu'il existe une collusion manifeste qui sert les intérêts du chaos organisé, associant « les flux durables » à la monstruosité, pour imposer au monde l'esclavagisme et la soumission à un pseudo-ordre qui ne dit pas son nom, l'ordre de la barbarie, digne du communisme comme du national-socialisme, le mondial socialisme hideux qui est la dictature par excellence issue de la médiocrité la plus délirante qui soit, ne voulant voir qu'une seule tête, un seul organe, un seul être métissé dans le carcan de la pensée unique, un parfait esclave aux ordres d'une économie barbare et sans entraves qui se repaît de la chair humaine de ses semblables en acclamant son dieu Mammon dans une pitoyable prière qui est celle de l'indigence mentale la plus purulente.

Face à ce chaos, ne doutons un seul instant que les lignes vont bouger dans les décennies qui viennent et que ne seront pas vainqueurs ni l'inhumanité ni la bestialité de celles et de ceux qui ne se respectent pas, ne respectent personne, et n'ont d'autres ambitions que leur moi atrophié qui n'est que haine envers tout un chacun, telles qu'on peut les voir en action dans notre propre Patrie. Cette haine perfide qui depuis 1645 fait ressembler la terre à un jardin de sang, où la criminalité en col blanc s'est substituée au pouvoir naturel pour imposer son délire virtuel.»

La logique du chaos ne peut sortir que d'esprits torves qui n'ont plus aucun souci de la vie, irresponsables névrotiques qui sont sous la domination d'un de leur vecteur qui ressort soit de la matière brute, soit de la malversation spirituelle, deux signes que nos âges ont connu il y a de cela bien des décades alors que nous prenions possession des mondes inhabités et hostiles des astres de Dyzan.

La lâcheté institutionnelle

Quelques nouvelles de cette petite Terre où l'on voit s'extasier tous les barbares économiques sur le remplacement des Peuples par des masses exogènes instrumentalisées, mais lisons :

« La lâcheté institutionnelle est le nerf de la guerre de la flagellation comme de la culpabilisation qui ne regarde que cette strate subversive hurlant avec ses « ismes » dans un désert de plus en plus visible, et qui n'a pas besoin d'être révélée pour apparaître dans sa réalité la plus globale. Au regard des intentions de votes, on perçoit qu'il n'existe en France que vingt-deux pour cent d'aveugles, de compromis, de prébendiers pour suivre l'action névrotique de la haine et du mépris envers le Peuple de France. Les Institutions ne sont pas en cause dans cette lâcheté qui les conditionne, elle provient de l'idéologie subversive, contre nature, déployant ses oriflammes noires et rouges sur toutes les strates de notre Société, suivies en cela par une grande partie de ce qui ose s'appeler «républicains», lorsqu'ils ne sont que les valets serviles d'une oligarchie qui stérilise toutes les faces de la droite comme de la gauche et cherche déjà à anéantir le front national par entrisme forcené.

La lâcheté est congénitale chez les suppôts de cette trahison conditionnant la mort des Nations, des Identités, de la réalité du vivant, au profit du magma boueux de la mondialisation répugnante qui ce jour parade en Occident. Les Peuples dans ce chancre idéologique n'ont plus de personnalité, plus de souveraineté, plus d'identité, plus de culture, plus de spiritualité, et même leur corps doit s'atrophier au langage de la pédophilie qui se veut règne par l'intermédiaire de la théorie du genre.

Les Peuples n'ont plus aucune liberté, car la Liberté sous-tend la droiture et l'honneur ce que n'ont en aucun cas les valets serviles qui fanfaronnent en politique comme d'autres sur des scènes de théâtre où l'acculturation est reine. Ce règne de l'infâme comme de la médiocrité est conditionné comme je l'ai souvent dit par tous les néologismes de la putridité de celles et de ceux qui ne se respectent pas, ne respectent en aucun cas autrui et surtout ne sont là que pour profiter des prébendes qu'on leur donne pour qu'ils aiguisent leurs couteaux de boucher aux fins de pourfendre la réalité au profit de leur virtualité.

L'atrophie est leur demeure, et comment ne pourrait-il pas en être autrement au regard de leur déracinement, de leur incapacité congénitale à créer, de leur désir incessant de se fondre dans la matière et vouloir que chacun s'y fonde en applaudissant de toutes leurs mains, jusqu'à accepter leur mise à mort dans la glorification de l'avortement comme de la sédation, ces deux mamelles des assassins en col blanc qui masquent sous les lois leur désir de détruire tout ce qu'ils rejettent en eux, à commencer par eux-mêmes, ce que nous devrions prendre pour argent comptant, comme sommet de la philosophie, la philosophie de la mort.

Les exemples situationnels ne manquent pas de leur déterminisme, dans leurs «ismes» couronnés, le national-socialisme comme le communisme qui n'ont rien de social mais tout de l'eugénisme grandeur nature de l'intelligence à défaut des corps, ce qu'a réussi pour ce dernier terme le mondial socialisme qui s'outille de sa panoplie de boucher, au même titre que les djihadistes, sa création, aux fins de laminer nos Peuples, notre réalité vivante, la métisser dans un viol systémique à l'échelle humaine aux fins de n'avoir plus que des esclaves à sa solde.

L'Être Humain qui se respecte et respecte autrui, et se fait respecter, le Peuple qui se respecte, qui respecte autrui, et se fait respecter, n'a rien à voir avec cette dantesque comédie issue des ténèbres les plus glauques que l'Humanité ait connues. L'exemple le plus caractéristique que l'on observe actuellement de cette tragédie se situe en Allemagne. On voit avec quel empressement le patronat Allemand va accueillir ce qui va réduire à néant sa capacité intellectuelle, la boutant dans la soumission à ce qui ne représente strictement rien dans l'Europe qui se respecte. On trouve ici les leviers de cette instrumentalisation par guerre ouverte contre des Peuples qui n'ont pas demandé le règne du sordide, des leviers qui sont nés tout simplement de la culpabilisation et de la flagellation d'un Peuple qui n'a pas su intégrer son histoire, fut-elle la plus répugnante, comme l'a fait le Peuple Russe, qui ce jour se défait de la puanteur du communisme.

Deux guerres mondiales pour sacrifier à l'autel de Mammon l'intelligence Européenne ne suffisant pas pour les cosmopolites, il faut bien désormais qu'ils en passent par le viol total des Peuples Européens pour finaliser leur but de servage. Une honte pour l'Europe comme pour les Nations Européennes qui se respectent. Et c'est cette Allemagne en ses représentants qui voudrait dicter sa Loi à chacune de nos Nations, comme elle a tenté de le faire par deux guerres fratricides, une Allemagne qui ne se reproduit plus, a perdu toute intelligence de ses caractéristiques, va au bout de sa flagellation dans un suicide qui, je le pense sincèrement, ne sera pas accepté par son Peuple. Ce suicide doit faire tache d'eau dans la marmite où les gargouilles du Parlement ténébreux qui idolâtre, son oligarchie non élue, se régalent de l'anéantissement de l'intelligence Européenne au profit de glauques Byzantins qui ne cherchent en aucun cas à élever l'Être Humain mais à le réduire au servage.

Pour en revenir à notre Nation, on perçoit que la boucle tourne en rond de ce propagandisme létal, il n'y a aucune majorité pour couronner cette perfidie, ce déni du réel, cette atteinte aux libertés fondamentales des Peuples à disposer d'eux-mêmes. Ce qui est rassurant, mais doit passer par l'écrasement total des sources de cette abjection qui se veut trône, par l'intermédiaire de votes de salubrité publique.

L'Europe comme les Nations Européennes sont malades du chancre bestial si bien représenté par la BCE et tutti quanti qui manipulent et ordonnent, légifèrent et détruisent, à l'image de leurs congénères qui détruisent Palmyre, en assermentant des valets insipides que l'on ose appeler des femmes et des hommes politiques. Cette maladie s'appelle le servage, cette maladie s'appelle l'usure, cette maladie est purement irrationnelle et doit donc être soignée par des remèdes rationnels, issus des Peuples, qui ne sont pas encore trépanés du cerveau par les neuro sciences qui s'appliquent en continu dans les médias ridicules qui bafouent et dénient les réalités au profit de la fange malsaine qui voudrait devenir notre lot commun.

Pour en revenir à la lâcheté, on comprendra mieux cette lâcheté devant ce tableau qui n'est malheureusement pas une caricature mais le fruit de l'observation la plus sociologique qui soit, psychosociologique devrais-je dire. Les gargouilles politiques sont tenues par la vanité, l'argent, le sexe, ou pire le meurtre. Ces gargouilles qui prennent des décisions sans l'accord des Peuples ne défendent en aucun cas les Peuples mais les critères de leur soumission, soit en appartenance d'une franc-maçonnerie avariée, soit en appartenance comme on le voit si bien à droite et à gauche à la Fondation dite Franco Américaine, soit à de multiples sectes qui se croisent et s'entrecroisent pour révéler leur but, la domination mondiale la plus sauvage et barbare qui soit.

Les Peuples, s'ils veulent survivre ne peuvent continuer à voter pour ces pédants grotesques, ces atrophiés de la réalité, ces haineux de la Vie, des racistes envers leur race, ces personnages sans personnalité qui ne sont que des pantins dont les coulisses agitent jusqu'à leur comportement devant les caméras de télévision, si faciles à reconnaître, l'uniformisation de leurs rites tendant à la perfection vers l'inanité qu'ils et elles représentent.

Un autre exemple de cette aberration chromosomique tendant à la désintégration de nos Nations, se retrouve dans le champ commun, d'une visite à Cognac, où un propriétaire de vignoble me racontait que son fils, qui ne voulait pas reprendre la suite, une de ses filles le proposant, venait d'être mis au chômage par l'entreprise dans laquelle il travaillait, et retrouvant du travail à un salaire moindre, se fit dire par la caisse s'occupant des indemnités de chômage, qu'il valait mieux qu'il ne retravaille pas, car il perdrait ses droits sur son salaire initial, cependant que travaillent des Roumains dans les champs vinicoles, et que le chômage explose dans notre pays !

La traite des esclaves si chère au monde Musulman et aux Protestants est redevenue le fer de lance de notre pauvre Nation, comme elle l'est au regard de ce que vient de dire le patronat Allemand sur l'afflux d'immigrés totalement irresponsables sur le sol Allemand. À l'heure où certains, totalement atrophiés de la Vie, considèrent les Êtres Humains comme du bétail, le résultat est là, de cette lâcheté conditionnant nos propres institutions devant le fléau instrumentalisé que nous subissons. Et bien entendu de s'égosiller une « Église » Catholique qui n'en porte plus que le nom pour complaire à l'usure et sa bassesse. Quatre-vingts pour cent de notre population, dont l'identité n'est pas métissée comme cela devient à la mode chez les nouveaux arrivants qui ont plus de droit que cette première, ne sont pas aveugles de ces faits qui se répercutent inlassablement pour détruire jusqu'au droit d'exister et de penser dans notre Nation.

Elle est consciente qu'une guerre a été déclarée par les apatrides, les immoraux, les laxistes et les lâches, à la bonne marche de cette petite terre, et commence à percevoir l'imposture dramatique pour ne parler que du présent de cette armée islamique créé de toutes pièces par un faux Occident afin d'advenir l'immigration massive et la tentative de submersion de son Peuple. Le terme réfugié ne touche que deux pour cent des nouveaux arrivants, le reste étant immigré économique ou pire encore représentant l'armée islamique, qui, grâce à la bienveillance de notre gouvernance, va se trouver disséminée dans nos campagnes, et ainsi pourra quadriller notre Nation lors d'un coup d'État Islamique, ce qui n'est pas à exclure.

De fait la majorité des Françaises et des Français se lèvent du sommeil pandémique qu'on leur octroie par les faits de la sous-intelligence permanente diluée par les médiatiques errances, ces bubons domestiqués qui n'ont de journalistes que le nom, et qui en fait ne sont que des relais de la propagande bolchevique assenée du matin au soir par la volonté de vingt pour cent de nos concitoyens : belle « république » que celle-là ! La « république oligarchique » institutionnalisée par le patronat cosmopolite via sa secte Le Siècle, courroie de transmission de cette chose que l'on nomme la Fondation dite Franco Américaine, à laquelle appartiennent nombres des facettes de notre gouvernance, comme elle tient entre ses mains nombre de ces pseudos «républicains» qui s'égosillent lorsque le front national réalise de vrais scores, malgré les découpages électoraux qui servent les minorités UMPSUDI.

La Fabian Society doit se régaler de voir ses petits pions aux commandes, mais ce régal ne peut durer qu'un temps, tant la médiocrité est son synonyme, une médiocrité bien entendu acclamée par un patronat totalement rétrograde qui a cent ans de retard sur la réalité économique et qui dans la version servage, comme le patronat Allemand, sans se soucier du devenir des Peuples, préfère des serfs et des vilains à des hommes et des femmes libres et capables de discernement. Et cette bestialité, car il n'y a pas d'autres termes pour désigner ceux qui réduisent en esclavage l'Être Humain, planifie dans notre propre Nation ses errements, en manipulant avec une certaine grossièreté, les pantins politiques qui la servent.

Il suffit de regarder ce qui se passe dans les services publics pour en voir l'efficience : quarante-cinq mille personnes utilisées dans un travail au noir dans la justice, et combien d'autres, sans compter le bubon stratosphérique d'une éducation dite Nationale qui n'est qu'une officine de propagande dantesque, où un million de personnes végètent, non pour apprendre à lire, non pour apprendre à écrire, non pour apprendre à compter, mais bien pour diffuser dans la répétition les hymnes incantatoires de la perversion de l'idéologie mortifère, afin que nos enfants et nos petits-enfants, lobotomisés, votent sans conscience pour leur suicide collectif.

Nos Rois, nos Empires ne sont plus dans les programmes, par contre l'apprentissage de l'Islam devient nécessaire ! De qui se moque-t-on ? Les vrais Républicains, se retournent dans leur tombe en voyant ce noyage par le bas de toute la réalité physique, intellectuelle et spirituelle de la France ! Cependant les écoles musulmanes y fleurissent comme les Mosquées, comme si la religion de la soumission complaisait à l'indécence qui se veut règne. Et n'est-ce pas là où veut arriver cette indécence, où l'on voit des élus dans le mensonge de leurs appartenances se courber, en reptation, devant ce culte qui n'a rien de la France et ne le sera jamais ?

Jusqu'à voir cette « europe » empêcher les écoles Italiennes à avoir des crucifix? Le piège est grossier et malfaisant, le piège est issu de la tare intellectuelle de ses mentors, que de croire un seul instant que tout le monde se laissera enfermer dans sa nasse nauséabonde. À les écouter, l'Islam sera la religion de chaque Être Humain, l'Être Humain sera l'esclave de l'usure, et l'Être Humain ne sera plus qu'une marchandise que l'on euthanasiera lorsqu'elle ne sera plus productive ! Il y a là de quoi faire travailler les asiles psychiatriques pendant des millénaires, que d'avoir pour conception du monde que cette lâcheté congénitale qui ne marche que sur l'atrophie la plus dégénérative qui soit.

Ces moralistes, si, si, ils font de la morale, de pacotille, avec leurs pseudos philosophes qui ne savent que copier des auteurs auxquels ils n'arrivent pas à la semelle, viennent jusque dans nos maisons par l'intermédiaire de la lucarne de la propagande, ce jour vous expliquer qu'il faut intervenir en Syrie. De quelle intervention parlent-ils ? Celle permettant à l'Armée Islamique d'en prendre le pouvoir, ou bien celle qui permettra à son Président de bouter hors de ses frontières cette armée exclusive d'un faux occident qui l'instrumentalise ?

On aura compris que l'intervention en Syrie, dans l'aveuglement le plus complet, n'aura pas pour intention de pilonner les troupes djihadistes mais bien les troupes Syriennes légitimes, comme cela s'est vu récemment, avec ce grand allié de l'OTAN, la Turquie, où s'est tenu bien entendu le G20. Ne tombons pas dans ce piège grossier, où les chemises au vent, les assassins de la Serbie comme de la Libye se précipitent, sans le moindre souci du chaos qu'ils créent. Ces grotesques personnages qui partout où ils passent enfantent la destruction, en rapport avec le sang qu'ils ont sur les mains, doivent être remisés à l'encan, et personne, je dis bien personne ne doit prêter une oreille à ces meurtriers par procuration. De la morale donc, en provenance de cette faune simiesque qui a plus de crimes sur la conscience que n'importe qui ? Qui par l'intermédiaire de son idéologie a occasionné l'assassinat de cent cinquante millions de personnes à travers le monde, occasionné deux guerres mondiales aux conséquences tragiques sur l'intelligence Humaine, et qui veulent de nouveau, dans l'illusion qu'ils ont de leur élection, voir nos aviateurs à la botte de leur système de mort ?

Ce qu'il faut pour répondre à l'outrance de tels personnages, c'est bien demander à l'ONU, qui se tait lamentablement, complice de cette horreur et de ce fléau qui veulent décomposer l'Europe, une résolution sans faille voyant une coalition se mettre ne place pour éradiquer la barbarie créée par le faux Occident. Lorsqu'on a créé le chaos, il faut être capable de le réduire à néant. Mais ne comptons pas sur ces castes politiques qui ne disent pas leurs appartenances pour changer quoi que ce soit à cette anomalie engendrée sciemment, car cette anomalie sert les intérêts de l'usure et de ses féaux, comme on peut si bien le voir dans une Allemagne accueillant sans discernement toute une main-d'œuvre en voie de servage.

La France doit se sortir de cette ornière par un vote de salubrité publique, un cordon solidaire et sanitaire nationaliste qui permettra d'éradiquer à jamais la prétention de certains de nous voir leurs domestiques, leurs valets insipides, comme le sont la plupart des femmes et hommes politiques qui osent faire accroire qu'ils ont une quelconque idée personnelle. La France doit se sortir de la médiocrité qui l'englue dans la prosternation et l'obvie par propagande interposée dans le guignol putride et dégénéré de celles et de ceux qui la détruisent.

On voit ici que la lâcheté même est instrumentalisée, corrigée, efforcée, dissipée, éduquée, en provenance des mêmes vecteurs qui pourrissent cette petite planète. Une lâcheté phénoménale qui part de pseudos élites et se répercute jusque dans les chaumières, où les armes de l'intelligence ont depuis bien longtemps baissé les bras, en croyant un seul instant qu'elles ne pouvaient rien pour dissiper cette errance. Car on veut faire croire qu'il n'y a plus rien à faire, tel contre le terrorisme pour lequel nous devrions vivre avec, exemple pur de la lâcheté des gouvernances qui ne veulent pas s'attaquer au problème de fond que représentent les zones de non droits dans notre Nation, fourriers des troupes du terrorisme instrumentalisé!

La lâcheté est soumission, et l'on comprend mieux pourquoi se soumet toute cette clique aux ordres qui voudraient pérenniser dans sa lie notre destinée. La lâcheté est sa propre devise et comment en serait-il autrement, au regard de son idéologie qui est la pustule de l'humanité, se confinant dans le terrorisme, dans les guerres, dans l'outrage envers la vie, dans cette désintégration que le Palais Royal avant la Révolution dite Française, connaissait si bien, voyant l'Aristocratie se faire violer par toute la bassesse et ses illuminations, au regard de ses dettes instrumentalisées.

Nous y sommes, nous y voilà, nous sommes en plein dans ce cénacle de la débilité mentale associée avec la ladrerie la plus pernicieuse qui soit. Que l'on se rassure, la France a connu d'autres occupations, et cette occupation de la lâcheté agréant le génocide de son peuple, ne durera que l'instant des prochaines élections. Sauf à penser, que la bestialité devant l'ouragan qui se prépare active ses réseaux parfaitement domptés de terroristes en puissance pour créer les conditions d'un attentat inhumain, qui permettrait à ce pouvoir destructeur de faire appliquer la Loi martiale et contraindre les élections à de nouvelles échéances.

Cela s'est déjà vu, l'Histoire peut se répéter, et rien ne pourra plus nous étonner dans notre Nation livrée à la perversité de la subversion la plus nauséeuse qui soit. »

Pauvre Terre, et surtout pauvre Occident fourvoyé par la lâcheté inconditionnelle formatée par les satrapes esclavagistes qui le dominent, espérons que se dresse contre cette aberration la rémanence formelle de ses Peuples...

La mise en esclavage

Petites nouvelles de la Terre, où l'horreur devient dans la servitude sur sa face sombre, mais lisons :

« Qu'on le veuille ou non, et cela n'est qu'un constat et non un jugement de valeur, simplement un jugement d'existence, la France devient la Nation où son Peuple de souche qui représente 85% de sa population devient une masse de troisième classe qui ne doit porter aucun jugement sur les faits et actes des intouchables de l'oligarchie qui se prétend républicaine, alors que la République est une et indivisible. Nous reconnaissons là le sadisme maniaque dépressif des dictatures qu'ont connu l'Allemagne et la Russie, où dans la première Nation les citoyens de troisième classe étaient les personnes de confession Juive, et dans la deuxième Nation, les citoyens de troisième classe étaient le Peuple de souche, plus particulièrement ceux qui étaient Orthodoxes ou Catholiques.

En Allemagne et comme dans les Nations envahies par le national-socialisme, les personnes de confession Juive devaient porter une étoile jaune. Ne doutons un seul instant que nous ne soyons obligés bientôt de porter ce type d'étoile comme signe distinctif par rapport aux citoyens de première et de seconde classe, portant ainsi le joug de ce qui inexistant pour celles et ceux qui se respectent, respectent autrui, et se font respecter, du délit de «racisme», «antisémitisme», «islamophobie», «xénophobie» et que sais-je encore, toutes notions qui ne regardent que celles et ceux qui en ont fait leur rente. Ainsi le Peuple de France en sa majorité sera-t-il condamné d'avance par le carcan d'une oligarchie qui ne respecte pas la France, qui ne respecte pas son Peuple, et se noie dans son utopie babélienne, qu'elle ose appeler «république» universelle. Ne doutons qu'elle mette en place si elle reste au pouvoir des camps de concentration et des goulags, qu'elle autorise des liquidations individuelles et systématiques de cette population encartée qu'elle cherche par tous les moyens à tuer, par sédation et avortement déjà, afin de faire table rase de son intelligence, pour laisser place à l'esclave parfait qui acclamera sa sédation après usage économique et sexuel par ses membres apatrides.

Au regard du racisme, car là est le racisme, envers ces 85% de notre population, ce racisme belliqueux, ce racisme ignoble de celles et de ceux qui dans le déni de la réalité, nient l'existence des Peuples, de leur Histoire charnelle, de leur composante bio géo historique, qui nous verra porter des étoiles sur nos vêtements pour que l'on nous reconnaisse sans jugement comme coupable par intention, il conviendra de faire appel auprès de la Cour de Justice Internationale pour faire couler cette Loi, qui, dans le mépris le plus total de la Liberté, assigne la majorité de nos Peuples à l'acceptation de son génocide. Car que l'on ne se trompe, cette Loi ne poursuit qu'un objectif, cette Loi rendant coupable sans jugement 85% de notre Population, que son génocide le plus total. Il n'y a que les aveugles pour ne pas voir cela. Sur ce chef de chapitre, il conviendra de réformer notre Constitution, si et si seulement le Peuple se réveille, pour adopter la seule Constitution viable de ce monde, la Constitution des États-Unis qui elle, respecte l'individu.

D'une manière générale nous subissons une guerre innommable dont l'action a pour but la destruction totale de notre Identité bio géo historique Européenne, au profit de la mise en place d'un vivier d'esclaves déracinés, acculturés, illettrés, dissous dans une pensée unique, dont la qualité d'Être Humain n'existera plus, remplacée par une chose corvéable à souhait n'ayant d'autre but que de servir économiquement ou sexuellement la barbarie qui agit en ses deux mâchoires par le sommet par l'usure, par la base par l'invasion programmée et manipulée de ses armées de même origine bio géo historique. Nous ne sommes pas dans le cadre d'un choc des civilisations, mais bien dans le cadre d'une guerre totale envers notre réalité que l'agresseur a décidé de décimer pour réaliser son implantation globale, et nous rayer de la surface de la terre, physiquement par viol systémique, destruction systématique par avortement et euthanasie, culturellement par destruction globale de nos cultures et de nos traditions, spirituellement par destruction de notre spiritualité qui devrait se soumettre à la soumission.

Cette guerre totale se masque dans une hypocrisie d'une lâcheté incommensurable, issue des loges noires naissant ses injonctions, ses mots d'ordre et sa bestialité, qui animent des pantins sectaires qui ne représentent pas les Peuples, mais une oligarchie née des menstrues de la pensée humaine. Une oligarchie qui ne respecte ni la Démocratie, ni la République, ni les Droits Nationaux, et encore moins le Droit International, et qui dans l'illusion, la propagande, et une législation la défendant, immobilise les forces naturelles des Peuples à réagir à son encontre, ce qui lui permet de mieux affirmer sa croisade esclavagiste. Une croisade barbare qui porte le nom de bolchevisme contre laquelle tout un chacun doit combattre dans ce qu'elle ignore, la Légalité, seul pivot permettant d'éradiquer sa prétention anachronique et sanglante. Cette guerre qui nous est déclarée ne sera pas gagnée par cette tornade d'esclavagistes génocidaires, si et si seulement les Peuples cessent de voter pour des pantins manipulés et tenus par leurs vices, qui se présentent aux élections en masquant leurs appartenances sectaires, qu'il convient pour tout un chacun de mettre à nu pour se rendre compte de l'hypocrisie qui les meut, du mensonge permanent qui les lie, qui ne peuvent en aucun cas permettre l'élévation des Peuples mais bien leur désintégration dans ce qui est leur lieu commun, la matière brute.

Tout un chacun pourrait consentir à une oligarchie déclarée dont le symbole serait la capacité qui mettrait tout en œuvre pour élever les Peuples dans le respect absolu de leur intégrité bio géo historique, personne ne peut consentir à une oligarchie masquée utilisant la médiocrité pour mettre tout en œuvre pour détruire les Peules, leur réalité bio géo historique, dans une œuvre génocidaire qui elle-même se masque sous les voiles d'une démocratie inexistante, comme d'une République invisible.

Nous ne sommes pas les esclaves des Peuples du Moyen-Orient et ne le serons jamais. Ce creuset n'est pas le seul ayant existé dans ce monde dont les continents ont varié en fonction de la mouvance de ses plaques tectoniques qui ont participé à la création de multiples continents depuis sa naissance, il y a quatre milliards cinq cents millions d'années. Et c'est bien faire preuve de petit esprit que de croire un seul instant que l'une ou l'autre civilisation créée par un Peuple puisse être le seul garant de l'Histoire Humaine, surtout lorsqu'on observe que pour certains ce monde n'a commencé à exister qu'il y a 6000 ans.

Cette prétention ridicule est une injure à l'Humanité, à sa diversité, à son déploiement, à sa réalité. Dieu ne joue pas aux dés et ne met pas ses œufs dans le même panier. Afin de faire évoluer sa création il multiplie les floralies pour mieux les voir progresser et évoluer. D'où l'existence de notre diversité Humaine dont aucune ne peut prétendre dominer l'autre, car toutes sont complémentaires, et par cette complémentarité dans le respect multilatéral de ce qu'elles sont et sont les autres, initie l'évolution avec un E majuscule. Le reste n'est que fatras de l'ignorance la plus crue, jusqu'à cette vue de l'esprit voyant naître l'Être Humain du poisson, puis du singe, dans une théorie anthropomorphe totalement ridicule, qui devrait voir naître de nos amis les singes en ce moment des Êtres Humains, ce qui n'est pas tout à fait le cas, n'est-ce pas ?

Nous ne saurons rappeler que les théories ridicules, outre le darwinisme, sont représentées par le freudisme qui ne voit l'Être Humain que comme un sexe et plus encore un anus, le marxisme, idée de Hébert révolutionnaire Français, qui est la fortune de l'esclavagisme le plus puissant dont on a vu ce qu'il a provoqué dans les Nations qui ont été noyés dans son idéologie putride, le einsteinisme, dont la théorie est la théorie de Poincaré que ce dernier a renié, qui imagine l'Humanité tourner en rond et ne jamais dépasser la vitesse de la Lumière, enfin le friedmanisme, qui est l'œuvre démente par excellence où tout un chacun est un loup pour l'autre, alors que nous vivons dans des sociétés humaines. Ces théories sont le bréviaire du bolchevisme, cette errance idéologique qui n'a d'autre but que de rendre esclave l'Humanité en la broyant dans la matérialité la plus brute. Une matérialité où n'existe plus l'esprit et encore moins l'âme de l'Être Humain.

On comprendra ici que l'Esprit individuel comme l'Esprit collectif généré par les existants bio géo historiques qui ont fondé ce monde, n'existe pas pour le bolchevisme, qui ne peut comprendre un seul instant que l'Être Humain puisse penser et que cette pensée réalise des civilisations transcendées qu'il ne peut bien entendu accepter car ne se diluant dans l'abjection de son nauséeux matérialisme putride qui ne veut voir qu'un magma au service de la caste qu'il défend.

On comprendra ici que l'âme individuelle comme l'âme collective générée par les existants bio géo historiques qui, est monothéiste par essence comme en substance, n'en déplaise et ce depuis la création des Êtres Humains, ne puisse exister pour le bolchevisme tendant à faire disparaître sa réalité au profit de typologies religieuses oublieuses de la réalité Humaine tendant à asservir l'Être Humain, ne l'oublions pas, en accord avec cette idéologie qui ne concerne qu'une strate de l'Humanité.

La face sombre de notre petite Terre est là, dans ses avaries, ses moisissures, son racisme, et là nous pouvons parler de racisme, totalitaire envers tout ce qui n'est pas de sa composante et de ses extrêmes déraisons. Et nous devrions nous plier à cette indigence de l'Esprit, à ce totalitarisme barbare qui s'appuie sur des théories inventées de toutes pièces, alors que nous représentons des Peuples façonnés par une Histoire remarquable issue d'une proto histoire encore plus fastueuse, confère les textes de notre réalité écrite dans notre langue initiale commune le Sanskrit ? Gageons que cela ne sera pas, et que nos Peuples, enfin éveillés à leur réalité charnelle, intellectuelle et spirituelle, sauront faire face à cette guerre déployée contre eux dont le but est leur génocide total.

Fin de partie, comme on le dit si bien dans les jeux informatiques. Les cartes sont tombées et les masques sont enlevés. Tous nos Peuples peuvent comprendre l'enjeu auquel ils ont à faire face, leur survie ou bien leur disparition dans ce qui ne représente rien à leurs yeux, sinon que la symbolique de leur mise en esclavage par ce qui n'est et ne sera jamais, ni physiquement, ni culturellement, ni spirituellement, leur réalité bio géo historique.

Cette guerre qui est déclarée à l'Occident dans son intégralité sera gagnée, nom sur un champ de bataille, mais par le Droit et uniquement le Droit, le Droit National qui se défera de tous les articles composants le joug posé sur la réalité des existants bio géo historiques, qui se défera de toutes lois approuvant la fuite des capitaux amassés par les Peuples pour leur propre protection au profit des masses invasives, qui restituera aux Nations le droit de battre monnaie et ne plus se soumettre à une usure quelconque, le Droit International qui devra se voir respecté et notamment dans le cadre de la Loi permettant aux Peuples de disposer d'eux-mêmes, et notamment par la mise en justice devant le tribunal pénal international de tous les participants au génocide direct et indirect de nos Peuples.

Cette guerre que nous a déclarée une strate apatride ne pourra pas être gagnée que si et si seulement les Peuples Occidentaux se défont par un vote salutaire de tous leurs satrapes qui sévissent dans les Institutions de leurs Nations, un vote éclairé pour celles et ceux, sans la moindre appartenance sectaire, en capacité, qui auront dédié leur vie au service des Peuples et de leur Nation, en vue de les élever et non de les rabaisser dans la fange dans une hypocrisie dépassant tout ce que l'imagination peut créer, initiée par des instituts de manipulation de masse entraînant le viol psychique de chaque individu par l'intermédiaire des neuros sciences auquel le grand public devrait s'intéresser pour voir à quel degré de manipulation barbare en sont rendus les satrapes qui veulent régir notre Continent.

À l'heure où sonne le glas pour notre civilisation, sous le joug d'un bolchevisme abominable, tout un chacun doit dans notre Existant bio géo historique, comme d'ailleurs dans les autres Existants bio géo historique, se réveiller et agir dans la légalité afin de renvoyer aux poubelles de l'histoire cette tentative de mise en esclavage de notre réalité Humaine par ce bolchevisme composite du terrorisme le plus ignoble qui soit.

Cela doit être un combat de chaque seconde, culturel et spirituel, afin que nos enfants et nos arrières petits-enfants ne deviennent des choses, acculturées et illettrés, économiques et sexuelles, jouets de cette insanité qui se veut règne. »

Le voile sombre de la matérialisation la plus putride veut s'abattre sur l'Occident de cette petite Terre, gageons que ses Peuples multimillénaires, à l'Histoire souveraine, sachent s'en défaire, comme nous avons su dans nos propres Galaxies nous en défaire.

Le fléau

Mais voici quelques nouvelles de cette pauvre Terre ayant basculé sur son axe, voyant la terreur instaurée à l'Ouest lorsqu'elle était à l'Est, l'Est reprenant le flambeau de la Liberté pour écraser la subversion dans ses dernières limites, mais lisons :

« Le monde ne peut aspirer à la Paix que dans le cadre de la Liberté formelle et non de la liberté virtuelle, que dans le cadre de l'essence du droit le plus pur, permettant à tout un chacun de s'épanouir et s'élever dans le cadre des Institutions Nationales et Internationales assurant sa sécurité et l'Ordre naturel de ce monde. Ce jour nous voit pris entre les mâchoires d'une tenaille absolument inhumaine, cristallisation du matérialisme le plus infect, né de l'atrophie la plus vulgaire, conditionnée par la carence créative la plus déséquilibrée qui soit, un anachronisme particulièrement virulent tendant à faire revenir à l'âge de pierre nos civilisations.

Cette mâchoire est composite d'une force sourde financière et bancaire, qui se veut invisible, mais désormais transparaît dans sa hideur la plus révulsive, et de toutes les forces terroristes qu'elle manipule par l'intermédiaire de gouvernances oligarchiques à ses ordres. Après avoir mis en œuvre la mise à sac de l'intelligence Européenne, la destruction des trônes et de la religion multimillénaire de l'Occident, le Christianisme, par l'intermédiaire de forces dites révolutionnaires, et de mystiques dévoyées, la désintégration des forces Européennes par l'intermédiaire de deux guerres fratricides, la mise en place d'un génocide composite du Peuple Russe par l'intermédiaire du socialisme, son image de marque, témoignée dans le communisme, le trotskisme, le national-socialisme, cette hydre aujourd'hui se présente pour marquer au fer rouge l'Humanité en déclenchant par l'intermédiaire de ses hordes à la solde le terrorisme international, levier de son incurie intellectuelle, - car nihiliste par excellence - le mondial socialisme ou l'internationale trotskiste, prélude à une troisième guerre mondiale ayant pour but d'instaurer une dictature universelle sous le joug de son fléau.

Face à cette hydre néfaste pour le devenir de l'Humanité, néfaste à tous les niveaux, au niveau Humain en voulant transformer l'Être Humain en chose, en larve économique et sexuelle, au niveau des Peuples en les violant par migrations d'esclaves patentés et en les assassinant par avortement et euthanasie conjoints, au niveau des Races en leur imposant un métissage de force, au niveau de l'Humanité en instaurant un régime d'usure absolument hallucinant, et maintenant en instaurant la dictature du terrorisme afin que tout un chacun se réfugie dans le giron de gouvernances à leur solde, il convient de prendre mesure et d'agir significativement afin d'en destituer l'immonde perversion.

Pour que le golem que cette hydre a créé de toutes pièces soit anéanti militairement, sans concession, il convient d'anéantir sa prétention dans toutes les gouvernances et pour cela instaurer des votes de salubrité publique par toutes Nations, en éjectant tous ses supports quels qu'ils soient, où qu'ils soient, que ce soit dans les domaines de l'exécutif, du législatif comme de la justice, afin d'assurer la survie de nos espèces et de nos civilisations.

Pour parvenir à cette éjection il convient de bien comprendre que nous devons rentrer en guerre intellectuellement afin que le mot culture ne soit plus l'étendard inondé du sang des victimes, favorisé par cet aréopage oligarchique stérile et sans intérêt pour le devenir de l'Humanité. Le pouvoir de l'information est perdu par cette hydre, l'information transitant à la vitesse de la lumière d'un point à l'autre de notre planète, la culture elle-même est en passe de renaître malgré le fléau de la pensée unique, les médias classiques comme les journaux, les radios, les télévisions, ne sont plus lus ni écoutés, confère leur propagande de débile pour les « débiles » qui ne fait plus recette – à ce titre et pour voir à quel point en sont rendues ces caricatures de l'esprit, il suffit de regarder et d'écouter les « publicités » qu'ils

donnent, ne respectant en aucun cas la langue des Peuples, s'adressant à des enfants de moins de deux ans !
– .

Face à cette déferlante de l'insanité comme du grotesque, il convient de bâtir, de poursuivre la conquête de l'information comme de la culture par l'intermédiaire de sites internet, de colloques, et de réunions permettant de faire renaître de ses cendres toute culture conchiée par l'oligarchie et ses séides. Non seulement faut-il agir pour la renaissance de nos cultures, mais bien par une œuvre journalistique mettre en exergue toutes les poubelles de l'esprit et leurs mentors, insinués dans tous les mouvements dits politiques, à part quelques exceptions, qui ne sont que les fourriers de l'hydre totalitaire agitant leur soldatesque aux mains sanglantes. Il faut mettre à nu les pouvoirs qui s'autorisent parallèles, conjoints, pyramidaux, qui interfèrent avec la Liberté Publique, la Liberté du peuple à disposer de lui-même, sans la moindre concession, les alliances et la corruption qui y règnent, ce mimétisme de la lâcheté associée à la traîtrise qui y sévît au détriment des Peuples.

Il y a trois fléaux contre lesquels la guerre de l'intelligence doit être déclarée:

L'usure, qui est le levier de toute la boue putride qui couvre nos Nations, qui doit être régulée politiquement et non assistée servilement par des gouvernances aux ordres. Ce qui amène à la reprise de pouvoir battre monnaie par l'ensemble des Nations, condition majeure qui est le prix de la Liberté que l'on ne peut concéder à qui que ce soit et certainement pas à une oligarchie ténébreuse n'ayant pour but que la rapine, le vice, la destruction, le génocide, la manipulation, la terreur, aux fins de faire fructifier des profits immondes.

L'appartenance, qui est le moteur de ce coup d'État de l'hydre dans les États Occidentaux et d'autre part toute la domesticité incarnée qui ne s'insère que dans le cadre de ses intérêts privés et ne défend en aucun cas les intérêts généraux – il n'y a qu'à regarder ce qu'est devenue cette « europe » qui n'est que bestiaire de tous les lobbies économiques, de tous les marchands du temple qui soit, vendant son âme au diable pour jouir de l'esclavagisme le plus totalitaire qui soit -.

L'appartenance doit être non seulement désignée mais mise en balance dans le cadre d'une quelconque élection, où ne peuvent se présenter décemment pour représenter un quelconque pouvoir du Peuple, que des personnes intègres sous tous rapports, en aucun cas vendues et tenues par des sectes quelconques. La France a l'arsenal juridique pour contrer ces sectes quelconques, la Loi de 1905, qui outre le fait qu'elle doit désormais séparer toute religion de l'État, doit désormais s'étendre à la franc-maçonnerie, aux think tanks quelconques, et aux lobbies internationaux, instrumentant lesdites loges et consorts, Fabian Society, fondations diverses et variées – telle la fondation dite franco américaine qui de par ses appartenances tient les leviers du pouvoir en France dans le déni total du droit de regard du Peuple de France – etc.

On me dira qu'il n'est pas possible de juguler le pouvoir. Faux, il suffit de mettre en place un contre-pouvoir dans toutes Institutions, chargées de réguler les prétendants à un pouvoir quelconque et mettre en œuvre tout processus disciplinaire pour écarter les brebis galeuses de ces pouvoirs, allant jusqu'à la déchéance de nationalité s'il le faut, confère une véritable révision de la Constitution qui ne laisserait plus libre cours à l'usurpation du pouvoir par une quelconque secte.

Enfin le mélange des genres savoir le mélange de la Politique, qui est l'art de diriger la cité, avec l'économique. L'économique ce jour en Occident a supplanté le politique menant à ce chaos organisé absolument répugnant, tendant à rendre esclave toutes ses populations, les marquant ainsi du signe de la consommation à outrance – largement favorisée par la mise sur le marché de produits dont l'obsolescence est parfaitement calculée, y compris dans le cadre, un peu d'humour, de ces téléviseurs que nos compatriotes ont acheté et qui ne pourront plus recevoir la moindre chaîne au prétexte d'un changement de fréquence ordonné par des lobbies qui n'ont pas pris la mesure du bon vouloir des Françaises et des Français, et qui dans un totalitarisme parfait sont chefs d'orchestre pour leur faire acheter de nouveaux téléviseurs – Ce mélange des genres doit être stoppé aux racines dans toutes nos Institutions, car il est le motif le plus grave qui soit, qui initie la corruption des élus, à tout le moins le favorise. L'économie doit être sous le regard du politique qui doit le dominer. La libre circulation des biens et des services doit être régulée, les produits issus de goulags économiques taxés, l'économie locale renaître de ses cendres, l'agriculture revigorée, l'industrie redéployée, les services contenus, notamment par la séparation des banques d'affaires des banques de dépôts.

Ces fléaux sont le nerf de la guerre de l'hydre totalitaire qu'il convient de balayer et de proscrire dans toutes Nations qui se respectent. On a un exemple absolument absurde de l'économie supplantant le politique, au regard de ventes d'armement à des Nations étrangères défendant le djihadisme international, dont certains avions destinés à notre Armée qui se voient vendus sans qu'elle n'en bénéficie et plus encore devant attendre 2018 pour être livrée ! On a vu aussi l'affaire des Navires Russes, pour lesquels les contribuables de France devront mettre la main à la poche à hauteur de deux cent cinquante millions d'euros ! On le voit aussi dans les livraisons effectuées d'armements conjoints de nos secrets militaires dévoilés à certaines Nations ! Une gabegie sans nom et sans lendemain qui ne pourrait se commettre avec un pouvoir sans dépendances quelconques, car axé sur une Politique de vertu au service de son peuple et non au service, notamment ici, de Nations qui financent et arment le terrorisme international.

La guerre de l'intelligence ne doit uniquement s'en prendre à ces trois fléaux, mais bien aux fléaux que représentent le remplacement de Peuples au motif vulgaire de basse politique d'obtention de voix par des femmes et des hommes qui n'ont de politique que le nom. Tout remplacement de Peuple instrumentalisé confère à la perte de l'Identité, à la perte des racines, à la perte de la culture et de la spiritualité. L'hydre n'a pas d'état d'âme à ce sujet, se servant actuellement de l'internationale trotskiste ou mondial socialisme, comme elle s'est servi du communisme, comme elle s'est servi du national-socialisme, car par essence elle est le fléau armant la destruction, et par excellence la vie humaine n'a aucune importance pour elle, du moment qu'elle la sert jusqu'à l'épuisement total.

L'esclavagisme est son rayon d'action, et cet esclavagisme ne peut être encouragé que par la destruction des Peuples, de leur Identité, de leur Histoire, de leurs racines, dans le cadre d'un viol total physique, culturel, spirituel. On ne peut mieux voir cette action en cours dans notre propre Nation où le Peuple de France vit en apartheid totalement contrôlé au profit des masses exogènes qui se sont implantées sur son territoire, où plus de sept cent cinquante zones de non droits pullulent, où le trafic de drogue comme le trafic d'armes sévit à outrance, pour tuer la jeunesse de notre Peuple, avec le regard bienveillant d'une classe politique totalement dénué de morale.

Remarquons que depuis l'attentat du 13/11, aucune mesure n'a été prise à l'encontre de ces zones de non droits, et que conjointement aucune personne en mosquée prônant le radicalisme Islamique n'a été évacuée. On comprendra bien ici que les Françaises comme les Français, quelle que soit leur confession, leur origine ethnique, leur orientation sexuelle, sont pris en otage par ce phénomène absolument monstrueux qui consiste à métisser de force un Peuple, cela s'appelle en d'autres termes un génocide, un génocide accentué par deux cent mille avortements de masse annuels, et n'en doutons un seul instant deux cent mille assassinats de nos aînés par l'intermédiaire des lois portant le nom, doux euphémisme, de sédation qui n'est plus ni moins qu'une mise à mort, digne de celle que pratiquaient tant les soviets bolcheviques que les nationaux socialistes.

Sortir de cette ordure, relève du combat culturel à outrance, en la Vie, par la Vie et pour la Vie. La classe politique que nous connaissons depuis des dizaines d'années, qui se réunit au Siècle, sa devanture, où végètent de petits journalistes venant prendre leurs ordres, et 99% du PNB Français, où sont fait et défait des femmes et des hommes qui n'ont de politique que le nom, sans se rendre compte pour ces derniers qu'ils ne sont que des jouets au service de l'hydre, se révélant ainsi totalement rétrograde et anachronique, à l'image de ce patronat Allemand, acclamant la marche servile des esclaves à bon prix qui entrent dans leur Nation, cette classe politique n'a aucun avenir dans notre Nation. Il convient de l'évincer de tous les pouvoirs, comme devraient être évincés actuellement de la gouvernance toutes celles et tous ceux qui ont aidé, financé, armé le terrorisme international soit en Syrie, soit en Libye, soit en Irak, au nom de l'utopie babélienne d'un grand «Moyen Orient» aux ordres de pétromonarchies abstraites qui décapitent à outrance, condamnent à mort des penseurs, rendent esclaves les femmes aux noms de principes qui n'ont pas lieu d'être les nôtres dans nos Nations.

Face à l'international trotskiste ou mondial socialisme, il faut agir sereinement, méticuleusement, sans état d'âme, par un combat méthodique culturel renvoyant aux ornières du vide tous les tenants et les aboutissants de son totalitarisme véreux. Tous les propos de ses séides doivent être relevés, analysés, disséqués et critiqués jusqu'aux moindres extrémités afin d'en monter l'inanité, inanité de journalistes aux ordres, de pseudos experts aux ordres, de pseudos politiques aux ordres, rien ne doit être laissé de côté. Il faut montrer à notre Peuple comme d'ailleurs aux autres Peuples, qui doivent faire de même, que nous ne sommes pas dupes de la coercition, de la reptation, de la traîtrise, de la fourberie, de la félonie, de la duplicité de cette faune qui végète dans le déni du réel, dans la flagellation, dans l'orchestration de la culpabilisation, dans une corruption sans fin.

Il est temps pour les Peuples de reprendre le pouvoir qu'ils ont délaissé au profit d'oligarchies douteuses au service de l'hydre qui voudrait terrasser le devenir humain au profit de l'atrophie putride qui la motive, la mise en servage de l'humain à son profit. Il ne faut simplement résister mais bien aussi agir massivement pour faire reconnaître et le Droit International des Peuples à disposer d'eux-mêmes, et le Droit National qui doit être basé sur la Liberté de l'Esprit, qui ne peut être jugulé dans l'étroitesse de cette idéologie qui se manifeste de plus en plus ouvertement, ce mondial socialisme, cette internationale trotskiste, anachronique, manipulé par l'hydre précitée.

Il faut se défaire de leurs agents, tant au niveau politique en les évacuant de tous les votes, qu'au niveau culturel en les réduisant à leur plus simple expression, celle de leur dialectique matérialiste ridicule qui se mord la queue, qui est l'expression typique des incapables à toute création, il faut réduire à néant les « idées » de ces pâles copistes qui se disent philosophes, compisseurs d'idéologies meurtrières et génocidaires, trotskistes mondialistes, pisses vinaigre d'oligarchies spongieuses et totalitaires, il faut les mettre devant la scène et les mettre en face de leurs actes, il faut que l'on voit leurs mains couvertes du sang des innocents, que l'on voit leurs mains cannibales de l'Humanité, au profit de cette chose larvaire asexuée acclamant son euthanasie comme l'avortement, dégénéré mental en puissance qui sera l'esclave économique ou sexuel de cette pseudo « élite » perverse, barbare et sans avenir.

Il convient d'éliminer systématiquement leur vocabulaire de larves attitrées à leur Babel monstrueuse, éradiquer de nos dictionnaires la flagellation, la culpabilisation en provenance de ces golems acculturés et illettrés, et répandre la Culture de nos racines par toutes voies de propagation et non de propagande, afin que se réveillent les Peuples en camisole de force devant les tenants et les aboutissants de la subversion mondiale. Cela ne peut se faire dans un seul Pays mais dans tous les Pays qui se dressent pour vivre et ne plus être esclave de cette parodie qui se dit intellectuelle alors qu'elle n'en arrive pas à la semelle. De pauvres hères allant jusqu'à inventer un réchauffement climatique qui serait dû aux Êtres Humains, ignorant des réalités spatio temporelles, ignorant tout de la physique, comme du magnétisme, ou pires, achetés comme des navets à la foire de l'ignominie par tous les usuriers de ce monde.

Ils ont essayé de détruire les Nations avec leur cosmopolitisme douteux et véreux, ils ont voulu un monde broyé par leur totalitarisme, ils veulent nous entraîner dans une guerre mondiale qui préserverait leurs acquis issus du vol, du viol, du génocide de peuples entiers, ils s'efforcent avec le terrorisme, leur arme, de nous imposer la barbarie, qui est leur propre image, il convient d'en défaire les miasmes, dans la légalité qu'ils ignorent, dans cette légalité qui est la force du Droit International comme National, la Démocratie qui quoi qu'on en pense n'est pas le pire des Arts de diriger la Cité, la République, qui n'est qu'une forme de gouvernance et non pas au-dessus de la Nation mais au service de la Nation, une République intègre balayant les scories qui y végètent, les sectes, et les esprits sectaires qui y sévissent et la pourrissent, de la gouvernance elle-même à la plus petite des Mairies.

Ils vont continuer, n'en doutons un seul instant, mais les masques sont tombés, et personne, je dis bien personne, pour reprendre une phrase habituelle, ne pourra dire qu'il n'a pas conscience du double, du triple, du quadruple jeu de celles et de ceux qui osent prétendre les gouverner, des jeux qui ne sont pas nés du peuple mais bien de cette oligarchie tentaculaire qui se veut invisible mais qui ne l'est plus pour qui s'appesantit un tant soit peu sur les ressorts de cette horreur instrumentalisée qu'est le terrorisme. Double front, mais il faut déjà gagner l'évacuation par des votes de salubrité publique de tous les agents dévots de cette hydre qui ruminent notre désintégration dans tous les pouvoirs, alors nous pourrons entamer la lutte totale contre leur arme, le terrorisme et ses séides.

Ce n'est qu'à ce prix immédiat, dans la simplicité de la légalité que nous pourrons vaincre le pourrissement comme la hideur de nos sociétés devenues grâce au laxisme des prévaricateurs et des corrompus qui y règnent, hors la loi par excellence qui osent demander l'unité Nationale, après que d'avoir, et ce n'est qu'un exemple donné des armes au terrorisme qui frappe nos soldats sur les fronts Africains. L'unité Nationale se fera sans eux, avec des femmes et des hommes de bonne volonté, résistants et agissants contre la virtualité qui domine les gouvernances, politiquement par des votes de salubrité publique, intellectuellement par la résurgence de notre Culture, de notre Spiritualité, résistance et action conjointes qui se multiplieront à l'infini de notre Peuple pour écraser la vipère trotskiste et le mondial socialisme répugnant qui nous veulent servage de leur goulag méprisable.

La dictature du communisme comme la dictature du national-socialisme a été écrasée, reste à réduire à néant la prétention de l'international trotskiste qui sévit en Occident, et son mondial socialisme qui n'est qu'une maffia de plus dans cette partie du monde obscur, car ne doutons un seul instant que nous ne soyons pas dans le cadre d'une obscurité maladive, issue d'esprits atrophiés, le monde libre se situant désormais à l'Est face à la caricature grotesque des pouvoirs que nous subissons, soit par ignorance, soit par corruption, soit par propagande confère les degrés d'acculturation et d'illettrisme des uns et des autres.

Terrasser le terrorisme, il faut bien le comprendre, ce n'est pas simplement en faire table rase, mais bien faire table rase de ses commanditaires, sans cela tout ce qui sera fait ne servira de rien, sinon qu'accentuer le prix du sang, le tribut du sang à ces commanditaires qui s'imaginent hors du droit, mais qui ne le seront pas toujours, si et si seulement tout un chacun prend réellement conscience de l'entreprise de manipulation qui régit la manifestation de ce que nous venons de connaître, et que nous allons, n'en doutons pas continuer à connaître.

À telles fins qu'il convient de savoir que deux des terroristes du 13/11, comme d'habitude étaient parfaitement connus de nos services spéciaux, l'un revenant de Syrie, après avoir quitté la France, et être revenue, connu de la DCRI, auditionné en 2012, normalement placé sous contrôle judiciaire, mis en examen pour association de malfaiteur, laissé totalement libre, le second dénoncé par les services Turcs, lui aussi laissé totalement libre ! N'oublions pas encore une fois que ce ne sont pas les services spéciaux qui sont en cause, qui reçoivent des ordres et doivent obéir, mais les donneurs d'ordre en qui aujourd'hui, nous ne pouvons avoir nulle confiance, pas l'ombre d'une confiance quelconque.
À telles fins qu'on attend toujours qu'ils interdisent les prêches djihadistes sur notre sol et investissent les zones de non droit... Les élections régionales doivent donner le signal du repli de ces forces douteuses, et il faudra continuer jusqu'à laver le sol de France de toute l'injure

qu'il subit du matin au soir par cette classe politique à la solde qui, comble du ridicule, déclarant porter la guerre au terrorisme, l'aide sans ne rien faire en notre Nation, comme c'est le cas dans la plupart des Nations Européennes. »

Verra-t-on une éclaircie sur cette pauvre petite planète si isolée dans la très grande banlieue de cette galaxie, une parmi des milliards et des milliards? L'avenir nous le dira.

Nouvel an

Petites nouvelles de cette petite Terre située aux confins d'une galaxie qui n'est que l'ombre d'une poussière aux travers des immensités que nous scrutons depuis l'éternité, mais lisons :

« Mais voici donc l'an neuf sur la Terre, comme une page qui se tourne, comme une page vierge qui se tisse, et d'ombre comme de soleil s'éploient ses oriflammes par toutes aires embrasées que l'Aigle souverain scrute, avec l'intelligence des termes, avec la splendeur qui sied, tandis que s'agitent, frileusement les masques de ce temps pour croire encore à leur devise surannée, anachronique et sans avenir, et que les flots discontinus de la vie se rebellent contre une autorité vide, un devenir sans écrins, soufflant sur le château de cartes de l'immorale destinée où confluent les inconscients, ces nefs sans densité sinon celles de leurs instincts primaires, sanctuaires de l'acculturation et de l'illettrisme les menant vers la matière brute, bestiale, limon de l'indéfini qui roucoule par toutes les sphères pour s'imaginer vertu alors qu'elle n'est que venelle de la désintégration la plus abortive.

Le sens est perdu pour ces dérives en nombre qui, telles des pailles se tressent pour obéir à l'illicite, dans une prosternation au mensonge qui déglutie à chaque heure de la journée comme à chaque heure de la nuit, son poison frivole, son poison maudit qui serpente, tel un fléau, dans la cognition pour l'envenimer de ses résidus intellectuels qui charrient la propagande, la terreur, la moisson des naufrages qui se veulent maîtres de cette petite terre, et qui ne sont que des apprentis sorciers qui doivent s'effacer pour faire place enfin au réel et non à ses imageries sectaires qui suent la mort, le génocide, le meurtre, l'agonie tant de la raison que de l'imagination, un bestiaire où se réjouit la sottise métissée à la bêtise, une parure qui se montre dans tous ses apparats, ceux de l'extrême nucléarisation du vivant soumis à sa virtualité.

Ne cherchons de sève dans ce ferment des oripeaux qui se veulent maîtres à danser, maîtres à penser, maîtres de leur seule infortune, celle de la haine qu'ils ont d'eux-mêmes qu'ils transfèrent sur autrui en faisant accroire que la haine c'est autrui, et comment cela serait-il autrement, au regard de la désincarnation de leur réalité, un marais sanglant dans lequel ils se baignent avec leurs mots d'ordre sans lumière aucune, le marais de leur pitoyable personne dévouée au crime, à toutes les atrocités barbares qui les culminent, à l'irrespect de tout un chacun, jusqu'aux enfants dont ils se servent comme de torchon pour évacuer leurs déchets, jusqu'aux humains qu'ils éventrent à plaisir pour en récupérer les organes et les vendre au marché noir de leur souillure, bréviaire de vaste tradition de la nuit et de ses horreurs qu'ils illuminent de leurs fléaux.

Ces homoncules à l'esprit de ténèbres, sans tenir compte des lois de la Vie, s'enchantent de leur grotesque apparence, petits dictateurs incultes, petits rôles serviles qui n'entendent rien, ne voient rien, ne disent rien, que ce que certains veulent bien qu'ils voient, qu'ils entendent, qu'ils disent, prognathes dissociations de leur esprit atrophié qui manœuvre dans l'errance de leur semis, de leurs champs d'opium où se roule dans la fange tout ce qu'ils regardent pour recueillir une miette de leur soumission avide, complices, voici leurs drapeaux de hyènes cannibales qui dans un égrégore ignoble voudraient ponctuer le sort du vivant, en le marquant au fer rouge de la vivisection, de l'avortement, de l'euthanasie, pour défendre les privilèges de leurs mentors, ces ossatures issues du vol, du viol, du pillage, de la démesure de la barbarie la plus hautaine.

Une barbarie qui s'étoffe, se gonfle, outrecuidante, témoignant de la Race sans esprit de leurs auteurs, dévoués à la destruction de ces Races qui les gênent pour obtenir l'esclave parfait, et dans une parfaite inconscience livrant ce monde au multiracialisme, le métis parfait acceptant son esclavage, car sans racines, et sans histoires, du multiculturalisme, cultures qui ne s'additionnent et ne se multiplient mais se soustraient jusqu'à ne laisser à la culture que son linceul, le plus répugnant, métissage dont cette barbarie se garde bien entendu, raciste hors des lois du commun qui agréé sa propre race qui n'en est plus une depuis bien longtemps, au regard de la dépravation qui y règne, de cette agitation délirante qui est son règne, vestale de l'octroi de tuer l'Humain, par la guerre, par la liquidation physique ou tout simplement par le génocide.

Un génocide physique qui enfle, un génocide intellectuel qui devient démesure, un génocide spirituel qu'il n'y a plus lieu de conter, et ce en contravention totale avec les Lois internationales que compissent ces fourriers des charniers les plus révoltants que la Terre ait connus, le massacre des Catholiques depuis 1645 en Angleterre et ailleurs qui se poursuit imperturbablement ce jour, le massacre de l'intelligence depuis 1789 y compris l'assassinat systémique du Peuple, en France, le massacre des Boers en Afrique du Sud par les Anglais, le massacre du Peuple Russe à partir de 1917, le massacre du Peuple Chinois, le massacre des Arméniens, le massacre de l'intellect Européen par l'intermédiaire de deux guerres mondiales instrumentalisées, tous massacres phares du génocide le plus total que nous connaissons ce jour innervé par une guerre silencieuse qui ne dit pas son nom.

Une guerre qui est là, globale, totale, et avec laquelle il convient de prendre mesure, mesure de toute la léthargie, mesure de toute la soumission, mesure de toute la traîtrise, qui enrobe sa réalité, voyant des gouvernances laisser agir la terreur qu'elle instrumentalise sur des sols étrangers dans leur propre Nation, voyant l'ignominie chercher à conserver à tout prix un pouvoir qui lui échappe, par n'importe quels moyens, fussent l'assassinat collectif, le crime individuel, la propagande indicible, toutes vertus de la mort que manient avec tant de ferveur les extrémistes d'un navire qui prend l'eau de toute part, où contrairement à ce qu'ils pensaient, l'intelligence se redresse – car ainsi est la Vie, qu'elle ne se laisse défaire par les scories putrides -, les Peuples s'éveillent, et se réveillent du carcan les vouant à leur désintégration par culpabilisation et flagellation.

Ce nouvel an est donc en cette entière définition de cette guerre menée par de pseudos élites à leurs Peuples, une écume nauséeuse qui agite sa propre folie, sa propre monstruosité devant lesquelles tout un chacun devrait s'agenouiller et prêter serment, dans une mystique de boue qui s'appuie sur des concepts, des raisonnements abstraits, des idéologies blafardes, des chausse-trappes de la pensée, des atavismes spongieux et filiformes, des bestiaires lubriques qui épousent et enserrent le temps pour mieux en profiter, attendant de voir naître l'esclave parfait, l'esclave servile, sexuel et économique dont les satrapes pourront jouir jusqu'à ce qu'ils les fassent euthanasier suivant leur bon plaisir, car la guerre est là, de ces barbares en cols blancs agitant les barbares aux mains sanglantes, qui tels des golems, sont leur propre création.

Ici est le véritable tournant que doivent prendre les Peuples face à cette comédie sanglante, que de les voir se séparer des tenants et aboutissants de ces pouvoirs tenus par les fourbes, les incapables et les médiocres, petits valets serviles de quelques consortiums financiers et bancaires qui cachent dans leurs conseils d'administration le venin de cette errance que nous vivons, une errance si limpide au regard de l'autre face de ce monde qui se défait de cette glu en œuvrant pour la Vie et par la Vie et en la Vie, initiant ce que tout un chacun doit œuvrer sur son propre sol, l'élection de la capacité, la reprise en main totale de son autonomie financière, la réinsertion de la souveraineté, seuls obstacles permettant d'anéantir ici en notre lieu, les aréopages des commissaires politiques de type bolchevique qui osent faire croire qu'ils servent tant les Nations que l'Internation Européenne.

Faites de petits valets serviles, cette faune n'est pas là pour servir les Peuples mais bien pour les trahir, comme on le verra si bien lors de l'élection de 2017 en France où se présenteront, non pas deux partis politiques l'un en face de l'autre, sauf si le front de la Nation réussit sa percée, mais les valets de la fondation dite franco américaine qui sévit dans tous les pouvoirs de notre Pays aujourd'hui, faisant la politique des néo conservateurs états-uniens comme de la Fabian society afin d'instaurer le mondial socialisme, cette idéologie puante née du trotskisme international qui sévit avec tant de nauséabonde perfection sur notre aire occidentale, et ce depuis 1945, alimenté par ce que l'on a appelé le monde libre qui aujourd'hui n'est plus à l'Ouest mais bien à l'Est, Est qui a su se débarrasser du communisme triomphant ayant occasionné cent cinquante millions de victimes.

La bête rouge brune est là dans toute son horreur, dans toute son obséquiosité, dans toute sa morgue, sa haine multiforme qui se sert de tout un chacun pour se déverser dans chaque respire, dans chaque foyer afin d'y instiguer la peur, la terreur, qui voit la majorité se réfugier dans son carcan, comme un enfant inconscient entre les mains de ses prédateurs, la bête ignoble est là et elle tend ses oriflammes en déguisant la démocratie sous les voiles d'une dictature putride, en déguisant la République sous les voiles de son oligarchie répugnante, voyant tous les Peuples aveugles, au nom de ce qu'ils osent appeler la devise de la République, la Fraternité, inexistante, l'Égalité, inexistante, la Liberté réduite à peau de chagrin, les Peuples étant désormais considérés comme citoyens de troisième classe dans leur Patrie, au profit de l'exogène dans sa densité et ses particularités.

Le terrorisme est là dans son apothéose, sa virulence, sa détermination, sa glauque certitude, et il convient pour tout un chacun d'en prendre la mesure, cette mesure qui se révèle usurpation de tous les pouvoirs au profit du néant, de cette route vers le néant que forgent la destruction et ses féaux lubriques, ces inexistants au sens propre de l'intelligence qui ne sont que haine des Peuples, qui ne sont que haine des Traditions, qui ne sont que haine des Races Humaines, qui ne sont que haine de l'Humanité, une Humanité qu'ils veulent rendre servile à leur botte souillée du sang de leurs victimes, les bottes de l'atrophie qui sermonnent, les bottes de la déliquescence qui poudroient, les bottes de la subjugation à tout ce qui n'est pas la vie, et que la vie devrait adorer, jusqu'à disparaître pour leur complaire, bottes ineffables de la subversion qui se réjouit.

Les vœux se succèdent dans une litanie de confort qui ne reflète absolument pas le réel, voyant la terreur manipulée aux mains sanglantes informer sur la multiplication des attentats dans nos Nations, voyant pire encore le transfert d'armes se poursuivre à ceux qui tuent nos citoyens notamment en Afrique, voyant pire encore s'étaler avec complaisance la collusion existant au Moyen Orient avec les tueurs nés qui ne sont qu'une milice de pouvoirs en déraison, une collusion faisant voir la complicité de ces pouvoirs avec la destruction du Catholicisme, des minorités religieuses, et des Musulmans modérés dans cette région qui devient le charnier par excellence de la subversion, où le fait d'être Chrétien équivaut à la crucifixion, la décapitation, l'éviscération, et bien entendu la mise en esclavage comme denrée sexuelle que l'on liquide après usage.

Belle image de ce qui se passe dans nos Nations dites « civilisées » tombées sous le joug de la barbarie la plus glauque où les pédophiles s'en donnent à cœur joie dans le cadre des attouchements sexuels familiaux autorisés par la gouvernance, où le meurtre rituel est devenu le nec plus ultra de la débauche de sectes qui paradent dans toutes les Institutions, sectes qui ne lèvent pas le voile sur la disparition de quarante mille enfants dans notre Nation, prurits de la folie monstrueuse de celles et de ceux qui sont tenus par leur crime et qui obéissent au doigt et à l'œil aux ordres qui leur sont donnés faute de quoi leurs exactions seraient sur la place publique, belle image qui révèle ici que notre Occident n'a rien à voir avec ces litanies de la perversion, et qu'il est bien investi par la barbarie babylonienne qui n'a rien de nos racines et a été combattu par Sparte avec l'Esprit de victoire.

Cet Esprit doit revenir dans le cœur de nos Peuples, des Peuples en léthargies devant les mensonges les plus grotesques les uns que les autres, qui depuis la seconde guerre mondiale pullulent jusqu'à la nausée, masquant la tentative d'annihilation du Peuple Allemand par les bombes au phosphore, le viol et l'assassinat de presque deux millions de femmes sur le front de l'Est, et le génocide d'environ trois millions de soldats Allemands dans les camps de concentration des « alliés », le génocide du Peuple Français à la sortie de la guerre voyant plus de cent cinquante mille de nos citoyens passés par les armes et la torture la plus sanglante dans le joug des cachots communistes, et ne parlons même pas des autres Nations livrées à la folie criminelle de la subversion, dont Katyn fut un triste exemple, où l'intelligence Polonaise a été réduite à néant par les communistes.

Cet esprit doit chercher et comprendre les motivations profondes de cette sangsue qui immobilise la réalité au profit de sa virtualité, une sangsue cachant bien ses crimes et ses génocides sous une histoire réécrite, une histoire qui tombe petit à petit aux révélations des archives qui se font jour, et notamment sur la mise en œuvre de l'invasion de l'Europe par les communistes Russes prévue le 10 juillet 1941, cet esprit ne doit pas se laisser berner par les histoires à deux sous, les complaintes et les dérives sectaires qui ramènent tout à elles, et bien aller au fond des choses, pour comprendre quel est le degré de la manipulation qu'il subit depuis plus de deux siècles, à tout le moins dans notre Nation, et l'évacuer sans coup férir, pour enfin reprendre sa liberté de poser les vrais jugements d'existence et non de valeur qui manquent tant à notre ère perdue dans l'abîme.

Je ne le dirais jamais assez, avant de voter pour un quelconque candidat au pouvoir, il convient de s'assurer de sa probité intellectuelle, de son indépendance absolue vis-à-vis des sectes qui pourrissent ce jour les Institutions, et qui seront assimilées à la Loi de 1905 pour en défaire les miasmes de notre Nation lorsque le pouvoir du peuple sera reconquis légalement par le Peuple, par un vote définitif de salubrité publique, permettant de soigner ce corps gangrené par une infection totalitaire et bolchevique qu'est devenue notre Nation, cette analyse est nécessaire et arbitraire à toute autre chose, et cette analyse doit être individuelle et non collective, l'intelligence du collectif diminuant comme le carré de l'échantillon concerné, ce qui permet ici de voir à quel point la manipulation mentale, le viol de l'esprit par les partis, est parfaitement compris.

Lorsqu'on entend que ces gouvernances qui ne s'appartiennent pas vont résorber les maux de notre société, on ne peut que rire, en sachant que les Nations européennes de ce jour qui ont accepté le joug de cette « europe » sont tributaires des décisions des commissaires politiques bolcheviques qui y siègent, et qu'elles ne pourront ni lutter contre le chômage qui sert si bien les intérêts d'une classe dite de capitalistes totalement anachronique, ni lutter contre l'invasion de nos sols par toute la misère humaine, mieux servie que les Peuples de souches au regard du viol ethnique légiféré que représente cette invasion, ils ne peuvent rien les mains liées par leurs appartenances, par cette fourberie métissée par la traîtrise qui est leur propre reflet, et dès lors vendent des illusions, petits vendeurs à la sauvette qui défendent à cor et à cri leurs petits privilèges de naufrageurs.

Le Peuple est l'issue de ce problème, un Peuple qui se lève, déterminé, nettoyé des scories d'une «histoire » ridicule, le Peuple qui seulement dans la légalité affirmera son autorité, débarrassée des leurres qui l'enferrent, le Peuple en ses racines et sa destinée qui n'est ni celle du multiculturalisme, ni celle du multiracialisme, mais bien de son identité, une Identité qui est le préambule à toute innovation, à toute avancée, à toute probité, un Peuple uni aux autres Peuples de ses souches, les Peuples Européens qui ne doivent rien aux byzantins, aux babyloniens, à ces artefacts qui cherchent par tous les moyens à anéantir leur capacité créative, leur capacité de résistance, leur capacité cognitive, leur capacité d'indépendance, leur capacité intellectuelle, physique et spirituelle, toutes capacités ce jour nivelées par ce qui est phasme.

Le phasme réducteur qui polie sa pierre brute dans l'oubli total du réel pour imposer sa virtualité dans le mensonge, la propagande, l'insidieuse perversion, la dénature la plus totale, cet embryon de la déliquescence qui veut naître cette chose inouïe, acceptante, larve qui avait autrefois le nom d'humain, sénile avant l'âge qui se regarde le nombril, nucléarisé à souhait, se levant et se baissant sous les mots d'ordre, comme on l'a si bien vu dans les attentats contre ce journal satirique, larve bestiale agréant au terrorisme au lieu de demander des comptes à des gouvernances indirectement complices par livraisons d'armes et aides sur le terrain, une larve stérile acclamant sa mise à mort dans la duplicité au nom d'une société dite permissive qui renvoie à la bestialité, son nectar le plus intime, la ferme des animaux par excellence de Orwell.

Je ne saurais dire à la jeunesse de ce jour de se cultiver au-delà des aberrations qu'on lui enseigne dans ce que l'on ose appeler l' « éducation » «nationale » qui est le camp de concentration par excellence de l'intelligence, afin de voir au-delà des métriques composées qui cherchent à l'anéantir tant dans sa capacité cognitive que dans son esprit critique, œuvrées par des sbires à la solde de la subversion qui pullule dans cette dite éducation où il ne s'agit pas d'éduquer l'enfant mais bien de le prosterner à la symbolique la plus délirante qui soit, celle de son acceptation de tout ce qui est, de trouver « normal » le champ d'action de la subversion, de trouver «normal» qu'il disparaisse au profit de la fange, de trouver normal qu'il devienne l'objet économique de l'ordure et de ses féaux, quand il ne sera pas l'objet sexuel de cette déficience mentale.

À bien regarder, elle verra que la France ne vaut pas mieux que l'Allemagne de 1920 où la pédophilie était reine, et l'Espagne de 1936 où les fous et les assassins étaient relâchés pour mettre à feu et à sang cette Nation, jusqu'à l'empalement des cadavres des sœurs dans les cimetières, elle est dans l'abîme, et cet abîme se décore par l'historiette anémiée, la bêtise institutionnalisée, la propagande légalisée, ainsi, à l'heure où l'information circule à la vitesse de la lumière, la jeunesse doit chercher par elle-même et trouvera inévitablement les espaces culturels où elle pourra enfin apprendre les raisons mortifères qui la voient dans l'obligation de se prosterner à la bestialité et ainsi en son âme et conscience pourra-t-elle agir lorsqu'elle sera en âge de voter pour terrasser l'hydre belliqueuse qui soudoie toutes les institutions nationales et internationales sur ce versant de la Terre.

L'avenir appartient à la jeunesse et non à la race des cloportes et des médiocres, elle doit lui opposer la Race de l'intelligence sur tous les fronts, dépassant et se dépassant de toutes les limites abstraites qui ne sont là que pour freiner sa créativité, telles ces sciences ridicules portant sur un pseudo-réchauffement climatique qui n'est qu'une entreprise de racket international, telles ces sciences de la «matière» qui verrait l'Être Humain subordonné à la vitesse de la lumière, telles ces sciences que l'on qualifie pompeusement archéologiques qui sont le rempart aux mensonges et aux fumisteries les plus surannés, et ne parlons de l'art, où tout est à rebâtir pour en élaguer le miroir de la pédanterie la plus forcenée, le régime de l'étron roi devant lequel tout le monde devrait se prosterner, quand à la littérature n'en parlons même pas.

Ici les parents ont un rôle majeur à jouer pour déjouer les pièges de cette nullité de l' « éducation », ce bréviaire de l'insolence et de la bestialité qui fourvoie les uns les autres afin de mieux les amener dans le réduit de l'ignorance, de l'acculturation et de l'illettrisme, viviers par excellence de l'esclave à venir, un esclave qui ne doit pas être au regard du vivant, qui est perpétuelle élévation et non désintégration, mais cela appelle à une modification de conscience qui n'est pas encore relevée, tant la bêtise est le privilège de la masse, une masse qu'il faut confondre par l'individualité, et non l'individualisme, reléguant le collectif à ce qu'il est, le néant absolu, car en tout l'un est complémentaire de l'autre, et en aucun cas soumis à l'autre, sinon que par les Lois qui permettent à une société de s'équilibrer et vivre dans l'élévation et pour l'élévation de chacun.

Où l'on voit ici que le carcan maçonnique imposé au pouvoir ne sert de rien, sinon que pour légitimer les fuites en avant de la désintégration, et cela est totalement naturel, car sans contre-pouvoir cette dérive sectaire ne peut servir les intérêts de l'Humain, et encore moins les intérêts de l'Humanité, toute dévouée est-elle à ses aberrations chimériques et en adoration devant ce qu'elle croit être la lumière alors que ce n'est que l'ombre la plus sordide, savoir l'instauration de sa dictature universelle, qui comme toute dictature doit être combattue jusque dans ses extrémités les plus intolérables, tels ses sommets, vouant la Vie humaine à la destruction, l'avortement obligatoire comme l'euthanasie obligatoire, ferments de toutes les dérives voyant disparaître rien que dans notre Nation plus de quatre cent mille personnes par an.

Les cartes sont battues et on les voit en pleine lumière ce jour de nouvel an, des pouvoirs androïdes qui cherchent à subvertir la réalité Humaine au profit de l'équation inhumaine qui les porte, le mondial socialisme et ses suppôts tyranniques, et sur l'autre face de la Terre, l'émergence de Peuples n'ayant pas baissé les bras devant la virtualité et se dressant contre la subversion et ses féaux, le choix de demain pour celles et ceux qui défendent la Liberté n'est pas très difficile à faire, sauf à penser qu'ils soient compromis, faire en sorte que nos Nations sous le joug du bolchevisme trotskiste, se libèrent de cette prétention, et s'unissent aux forces vives de l'Humanité qui se déploient à l'Est, dans le cadre d'internations respectueuses des Nations qui les composent, bio géo historiquement constituées, et en aucun cas désintégrées par la boue qui veut les figer.

Le devenir de l'Histoire, avec un H majuscule, Humaine se joue ici, et cette année sera à ne s'y méprendre le jeu d'une confrontation sans égale, pas nécessairement militaire, qui aura pour but de terrasser l'hydre maladive qui depuis des siècles cherche à anéantir le vivant au profit de sa bestialité la plus ignorante sur l'Occident, que l'on se rassure, cette bestialité a perdu la bataille de l'information, de l'intelligence, de la culture, et elle est aux abois, à telles fins qu'elle cherche par tous les moyens à créer le parterre d'une dictature qui sera elle-même combattue dans la légalité la plus totale, et ce ne seront des millions de voix qui se dresseront contre son parjure actuellement, mais bien des milliards de voix demain, n'en déplaise à leurs vecteurs, leurs suppôts, leurs féaux, leurs valets en tous genres qui infectent les pouvoirs.

Les dés en Occident sont pipés, tout un chacun peut le voir désormais, ils sont pipés depuis plus de deux siècles en France, depuis 1945 en Europe, et ces dés ce jour ne peuvent plus être joués, sinon que pour rejoindre l'abstraction totale, ce que ne suivront pas les majorités des Peuples, laissant à leur venin les proscrits, jaloux et haineux, médiocres et envieux, de l'Histoire avec un H majuscule qui depuis des centaines d'années tentent d'imposer leur diktat, un diktat contre lequel tout un chacun doit désormais lutter intellectuellement, spirituellement, légalement, afin d'en anéantir les bestiales errances, la domesticité induite, l'outrance et l'obséquiosité qui en sont les oriflammes, et qui se cachent sous les haillons de la Démocratie qu'ils ont transformée en dictature, et les haillons de la République qu'ils souillent par les voix de leur oligarchie vendue.

Nouvel an donc sur cette petite Terre, et je souhaiterais mes vœux ici à toutes mes lectrices et mes lecteurs, en espérant que cette année leur soit favorable pour s'éduquer le plus possible, sortir du carcan de la « pensée unique » qui est le grimoire des imbéciles, des dupes et des corrompus, des lâches et des serviles, attendus qu'ils trouveront tout sur la toile en matière de reportage, de livres, de films qui leur permettront de s'élever en conscience et mieux comprendre les problèmes de ce temps incertain, dont il ne faut pas avoir peur, le tragique faisant partie de la vie, mais qu'il faut confondre afin que se tarissent ses inepties, ses virtualités composites nées d'atrophies caractéristiques, lieu de tout un monde où l'Humain ne marche que sur deux vecteurs de sa personnalité et en aucun cas dans son processus évolutif, symbiotique par essence. »

Cette pauvre terre est voilée par l'ignorance et il est bien évident qu'il faudra beaucoup de persévérance à celles et ceux qui veulent passer de l'autre côté du miroir de cette ignorance, mais les temps sont mûrs pour cela, et nous ne doutons pas d'avoir des nouvelles bien meilleures cette année nouvelle sur la terre que celles des précédentes années.

La guerre

Petites nouvelles de cette petite Terre livrée au fléau en Occident de la bestialité et de ses féaux, mais lisons :

« La guerre est un invariant phénoménologique contre lequel on ne peut lutter que si on la dépasse, au sens de l'Esprit le plus signifiant. Toute guerre naît d'une confusion des genres, du rejet des identités, du rejet formel de la réalité Humaine, de ses Races, de ses Peuples, de ses Ethnies, un rejet incommensurable bâti principalement par l'appât du gain, le vol, le viol, le pillage, actions classiques de l'incapacité congénitale à créer, innover, élever, entreprendre. La barbarie est en ce lieu, car il convient ici de bien mettre en exergue l'agresseur face à l'agressé. L'agresseur est toujours un barbare qui ne peut s'ignorer, une barbarie donnant lieu à toutes les exactions, toute la putridité matérialisée par la dégénérescence chronique de la bestialité qui rôde dans l'atrophie liée à la désunion motrice de l'Humain, qui au lieu de se regarder symbiose du corps, de l'esprit et de l'âme, se renferme sur deux de ces composants, une osmose donnant naissance au matérialiste brut, au spiritualiste brut et au primitif brut.

La guerre est le produit donc de l'atrophie Humaine. Résultante envers laquelle l'agressé doit comprendre qu'il doit réagir s'il veut survivre, une réaction saine, sans pitié, sans état d'âme qui doit entreprendre l'éradication totale de la barbarie à ses portes comme en son sein. L'univers est violent, et il faut le comprendre ainsi pour être en correspondance avec le degré d'action nécessaire à la liquidation totale de l'atrophie qui cherche à nuire à l'homéostasie des souches de l'Humanité, souches nécessaires, car complémentaires, permettant l'élévation et non la destruction, la complémentarité multipliant les intelligences, la dilution provoquant une exponentielle inverse de l'intelligence.

Lorsqu'on observe le présent, on peut voir sans stupéfaction, l'atrophie se vouloir maîtresse des strates humaines, déployant les hordes primitives au nom de l'atrophie tant spiritualiste que matérialiste dans un bain de sang qui trouve ses racines dans la manipulation la plus totale des éléments humains vecteurs de l'atrophie. Ainsi on peut voir que lorsque le pouvoir est laissé entre les mains des spiritualistes comme des matérialistes, manipulant à souhait les primitifs, ce pouvoir, sans contre-pouvoir, dérive vers l'abîme, et parsème notre terre de désastres concomitants.

La guerre au regard de cette dérive doit être donc totale vis-à-vis de cette adversité, née de toute carence humaine. Elle ne pourra être dépassée que dans le cadre symbiotique, dans le respect multilatéral de toutes strates humaines, et ce respect passe inévitablement par la remise en cause globale des artefacts qui veulent présider aux destinées humaines et dont les vecteurs sont tant primitifs, que spiritualistes, que matérialistes, les opérandes liés à une atrophie que l'on peut qualifier d'osmotique, car ne tenant compte que de deux faces du réel vivant, esprit-corps, ou corps-âme, ou esprit-âme. En tout état de cause, il ne faut pas craindre la guerre qui est déclarée à l'humanité dans son ensemble, mais bien au contraire affirmer les positions respectueuses de la réalité Humaine pour contrebalancer définitivement la barbarie qui sévit.

Cette barbarie doit être anéantie totalement et globalement, tant au niveau de ses mains sanglantes qu'au niveau de ses donneurs d'ordre. Ce n'est qu'à ce prix que l'Humanité ce jour sortira de cette contraction temporelle la menant vers la désintégration. Pour celles et ceux qui craindraient la nécessité de combattre, je ne saurais trop leur enjoindre de lire et relire la Bhagavad Gîtâ, le livre de l'excellence de nos véritables racines, qui compose au devoir du combat contre la barbarie et ses esclaves. La guerre n'est pas seulement physique, elle est celle de l'Esprit comme de l'Âme, elle celle de la culture contre l'acculturation et la propagande, elle est celle de la Spiritualité contre la dictature de pseudos monothéismes déracinés, elle est celle de l'Unité symbiotique contre l'atrophie osmotique, elle est totale, globale, et civilisatrice.

L'affrontement est toujours évitable dans le cadre du respect multilatéral, il ne l'est plus dans le cadre de la soumission à la barbarie et de ses féaux, de ses valets insipides corrompus et multiformes qui rampent devant leur propre agonie. On ne transige pas avec la barbarie, on la combat jusqu'à son agonie, jusqu'au triomphe de la volonté qui doit terrasser son adversité dans ses composantes, ses strates, son levain, cette gangrène qui souille l'Humanité au plus profond d'elle-même, par mensonges, affabulations, consternante propagande, mettant en œuvre le viol psychologique des foules, le viol systémique des populations, initiant l'ordure comme sommet suprême, tant dans les arts que dans le corps social, tant dans ce que l'on ose appeler le «politique» que dans toutes les Institutions usurpées, dans le mépris total des Peuples, par des castes égarées qui n'ont de doctrine que l'implantation de la dictature Universelle, déguisée sous le doux euphémisme de « république » universelle.
La guerre d'agression envers l'Humanité qui est menée par la non-Humanité doit trouver réponse en chaque strate des sociétés, dans les syndicats, dans les organisations ouvertes, discrètes, secrètes, dans les Institutions, dans tous les corps politiques, dans les sectes les plus infâmes qu'elles soient, afin d'en détruire les moteurs et les pouvoirs, par un entrisme total, désintéressé, unanime qui permettra de renverser le mausolée de la terreur qui se veut règne. Il n'y a pas d'association qui ne doit pas être insinuée, par de partis qui ne doivent être insinués, pas de sectes qui ne doivent être insinuées, tout doit être totalement investi, dans une guerre silencieuse, une guerre totale contre les limbes de la pourriture qui y gémissent et s'y concertent, s'y vautrent et régissent une haine farouche envers l'Humanité.

Le gant de la guerre doit être relevé dans toutes les Idées, sur tous les fronts qui cherchent à anéantir le réel au profit du virtuel. Tout ce qui induit une liquidation de la réalité Humaine doit être poursuivi sans relâche, jusque dans les toilettes publiques s'il le faut, le déni du vivant, le déni de la vie, le déni des Races Humaines, le déni des Peuples Humains, le déni des Ethnies Humaines, le déni de l'Histoire Universelle Humaine et de ses Peuples comme de ses Civilisations, le déni de l'Être Humain, de la Femme comme de l'Homme, le déni du devoir Politique, le déni du droit inaliénable des Peuples à disposer d'eux-mêmes, le déni de la transcendance Humaine.

Ainsi l'acculturation, l'irrespect des langues Humaines, fourriers de la lâcheté Humaine, doivent être combattus sans relâche, les droits de l'Homme sans le moindre devoir, de même, car ces «droits » sans la moindre valeur au regard de devoirs complémentaires sont les fourriers du laxisme, de la soumission, de l'esclavagisme les plus totalitaires qui soient et dont nous voyons au vingt et une nième siècle ce qu'ils donnent : des régimes où la corruption devient un système, où la Démocratie n'existe plus remplacée par des oligarchies primitives, où la République n'est plus qu'un leurre voilé par le mensonge et l'abstraction, où la barbarie condescendante est un drapeau, où les communautarismes minoritaires deviennent les leviers de citoyens de première et seconde classes, la dernière étant représentée par les Peuples qui ont donné leur Vie pour leur Nation respective.

Les valeurs Humaines ne sont de ces terriers prédateurs, et encore moins de leur lie visqueuse qui se congratule dans la défécation et la zoophilie quand ce n'est pas dans la pédophilie la plus écœurante, ici il faut bien comprendre que l'immoralité la plus répugnante est son domaine, vouée qu'elle est à ses abstractions les plus séniles, celle du gain qu'il soit primitif ou sexuel. Nous n'avons pas à faire avec ses représentants démultipliés à des Êtres Humains au sens noble mais bien à des avatars Humains dont la prédation est le propre de l'incapacité à toute création, des infirmes sans talents qui ne se réjouissent dans leur médiocrité qu'avec la médiocrité humaine et en aucun cas avec la capacité humaine.

La guerre est de leur fait, de leurs désirs de gain, de leur inconscience humaine qu'ils travestissent en «valeurs». Lorsqu'on observe ces « valeurs » on ne peut être que préoccupé de leur santé mentale : au nom d'un droit inexistant d'ingérence le décret de toutes guerres possibles et imaginables, sous des prétextes mensongers les plus ineptes, empourpré par l'illusion de l'instauration de régimes «démocratiques » totalement pervertis par leur domination sectaire, la manipulation de milices à leurs ordres commettant les exactions les plus monstrueuses que la terre ait connues, jusque dans leur propre terre afin d'insinuer la terreur, l'arme des lâches et des proscrits, des apatrides et des serviles, de tout ce que l'Humanité peut engendrer par aveuglement, inconsistance, défaut de caractère, jalousie, haine, toutes voies menant à la déperdition de toute réelle valeur humaine.

Lorsqu'on observe ces « valeurs », le déshonneur comme marque de fabrique, la traîtrise et la fourberie comme moteurs, la soumission et la reptation comme pierres d'œuvre, on ne peut avoir sinon que du mépris que de la compassion pour ces pauvres hères qui ne vivent que par leur insuffisance humaine et voudraient que tout un chacun leur ressemble. Sauf à être complice, tout un chacun perçoit par-delà les limbes de la propagande, qu'il y a quelque chose de totalement pourri sur cette face du monde que l'on appelle l'Occident. Les Peuples n'y sont plus maîtres, leur pouvoir usurpé trônant dans une assemblée babélienne totalement soumise à des sectes morbides ne cherchant qu'à assouvir leur désir de gain, voyant jusqu'à naître au nom du flux migratoire, composé par un esprit dérangé au-delà de l'Atlantique, un marché aux esclaves dans le cadre Européen, une typologie qui est la faconde de peuples moyens orientaux avec lesquels les Peuples Européens n'ont aucune valeur commune.

Si tout un chacun regarde au plus profond des États Européens, chacun peut voir la densité de l'usurpation par cette monstruosité qui planifie dans une bureaucratie digne de celle des Soviétiques d'antan, la mort des Nations qui feront place non pas à une fédération Européenne mais à un laboratoire mondialiste où le vivre ensemble devra être loi, la loi des communautarismes les plus belliqueux, la loi des proxénètes et des violeurs, la loi d'une mafia gargantuesque, servie par une horde de barbare politiques vendus comme des marques de savonnettes par des médias aux ordres, indigne d'ailleurs des règles de la Mafia telle qu'on la connaît, où le pire côtoie l'immonde, où la permissivité est la règle, jusqu'au viol des citoyens et citoyennes de souche, jusqu'au racket nauséabond de masses de lâches incapables de se battre dans leur propre Nation pour y établir les règles élémentaires de vie, loi invasive s'il en fallait de plus répugnante où l'on voit naître le génocide des Peuples Européens, ceux-ci n'ayant aucun droit de contredire les gouvernances ineptes et les dirigeants inaptes, ces dernières leur envoyant les forces de l'ordre pour les faire taire, alors que ces forces de l'ordre se replient devant les mouvements invasifs comme on l'a si bien vu à Calais.

Les sphères politiques sont totalement pourries, des Mairies aux gouvernances, touchant très certainement le butin de leur reptation, via des comptes discrets dans ce monde où s'autoprotège la bestialité humaine. Les Peuples Européens sont en soumission devant cette panurgique essence dont la substance est criminelle. Criminelle jusqu'en ses lois conduisant à la liquidation des enfants à naître et des vieillards qui ont servi leur Nation, criminelle jusqu'à faire accroire en un genre qui n'est que la putréfaction de l'Être Humain, un objet servile destiné à devenir esclave sexuel ou économique des médiocres qui n'ont d'intelligence que la valeur de leur portefeuille. Criminelle jusqu'en l'aide servile de milices aux frontières de la Russie et ailleurs, pour œuvrer à une troisième guerre mondiale qui satisferont les béquilles de ce temps, non les Êtres Humains mais les atrophiés qui se prennent pour des humains et qui voudraient régir l'ensemble de ce petit monde sous les auspices de leurs minables « philosophes », de ces pâles copieurs et stériles individus qui sont la bien pensée de leur médiocrité devisée et acclamée.

Ces satrapes dans leur nausée s'imaginent des théories, et la plus belle de leur invention est celle du mondialisme, travesti en Universalisme, alors que l'Universalité c'est le respect inconditionnel des Peuples et des Nations existantes et non la boue putride qu'impose ce « mondialisme » qui est le chaos par excellence. La forge de leur glose, de leur « gnose » se tient dans les Institutions mondialistes qu'ils ont créés de toutes pièces, l'ONU pour asservir l'Humanité sous les arcanes de la Lucy Trust, le FMI pour asservir financièrement l'Humanité sous la férule de la Banque des règlements internationaux, l'OMC pour asservir les économies nationales sous la férule d'illusions devenues de sociétés qui ne pensent plus mais bien au contraire excluent toutes pensées, l'OMS afin de détruire l'Humanité enchaînée par les malthusianismes milliardaires et les laboratoires pharmaceutiques déviants, comme on a si bien vu cette organisation en action avec le H1N1, invention d'un laboratoire Américain avec d'autres d'ailleurs, dont le vaccin était pourri par des adjuvants, etc, etc, la cour est pleine.

Mais ces Institutions ne sont que des paravents des machines de guerre mises en place pour rendre esclave l'Humanité, les réels pouvoirs se tenant à la FED aux États-Unis et à la City à Londres, dont les rapines s'officient à la Banque des Règlements Internationaux, le saint des saints du culte de l'esclavagisme, dont les banques centrales sont dominions, telle la banque centrale Européenne, qui rappelons-le est totalement hors des lois humaines, comme le sont toutes les banques centrales. Ce vivier infect pourrit le monde Occidental depuis des siècles et désormais, en carence économique, alors qu'il suffit d'éteindre les dettes, remettre le curseur à zéro, ne nous prépare même pas dans le secret, mais dans la propagande la plus irréelle, une troisième guerre mondiale comme elle a préparé et la première et la seconde pour s'enrichir encore plus, et surtout détruire toute intelligence humaine, ne laissant de l'Humanité que des larves consentantes à leur mise en esclavage, sous domination scélérate de la médiocrité la plus bestiale et barbare.

Signe byzantin par excellence, signe invasif auquel Lépante a mis fin, auquel Poitiers a mis fin, mais qui poursuit imperturbablement son objectif. Un objectif condescendant voyant jusqu'à de pseudos alliés devenus s'immiscer dans nos programmes d'éducation, eux qui érigent des murs pour se défendre de l'immigration sud-américaine, pour nous faire accepter sans broncher notre génocide racial et ethnique, dont ils sont les promoteurs. Ici brille le phare de la soumission dans toutes ses attitudes, dans toutes ses pénétrations, dans tout son machiavélisme, dans toute son horreur, une horreur masquée par la léthargie provoquée de nos contemporains, ne vivant plus le réel, mais la virtualité qui s'impose, jusque dans des publicités pour les débiles usant et abusant de tout ce qui permet la destruction des langues au profit de cette chose anglo-saxonne qu'on nomme la langue anglaise sans nuances, sans finesse, une langue de brute qui assoit sa volonté par la barbarie, fief même de cette nausée que provoque son outrecuidance, sa malhonnêteté, sa fourberie, digne en cela de ses caractéristiques profondes issues de ces conseils d'administration où végètent les incapables à toute créativité, licencieux boulimiques s'imaginant l'Éternité, alors qu'ils ne sont que comme tout un chacun que de passage sur cette petite Terre.

Ces féaux de la morbidité, ont déclaré la guerre à l'Humanité, investis toute strate de la société humaine, tenant par leurs vices les prétendants aux pouvoirs, tenant par leur faille tout cet aréopage de nuisibles, d'incapables, qui prolifèrent dans les administrations, dans les institutions, petits paravents qui donnent l'illusion d'une démocratie inexistante, les voix de ces personnages étant achetées par avance au degré de la lie qui les immole, les rendent litière de toute admonestation, de toute flagellation, vendus et corrompus qui marquent de leur morgue les couloirs des Assemblées, profiteurs en tous genres qui spolient la dynamique des Nations pour l'étouffer dans leurs limbes maladifs, leur haine incommensurable de ce que représente l'Être Humain, de ce que représentent les Ethnies Humaines, de ce que représentent les Peuples Humains, de ce que représentent les Races Humaines, de ce que représente l'Humanité elle-même, que ces chiens couchés vomissent en traitant les uns les autres de sans dents, pitoyables individus dont la belle image est donnée par la représentation singulière de cette fourberie que l'on appelle aujourd'hui «les républicains », mièvres personnages faisant écrire des livres à deux sous pour vendre leur corruption à ce qui n'est pas la France et ne le sera jamais.

Têtes de liste de ces arcanes on y voit les mêmes issus de la fondation dite franco américaine, fourrier de la Fabian society, devisant le bolchevisme universel, qui végète dans la gouvernance actuelle, poudre de perlin pimpin pour les gogos et les bobos qui se flagellent en chœur, lorsqu'on leur dit de regarder ce qu'ils sont et non ce qu'attendent leurs maîtres qu'ils soient, personnages sans envergure qui s'imaginent les maîtres du monde dès lors qu'ils ont eu le cerveau lavé par des opinions étrangères, allant jusqu'à remettre des légions d'honneur à des tyrans qui exécutent journellement au nom de leur religion dans leur propre pays. Lorsqu'on regarde à quel degré d'ahurissement en sont ces personnages qui plongent dans la guerre comme on plonge dans une piscine, insouciant du sang d'autrui, aidant, armant, entraînant, les mains sanglantes qui dépècent les Chrétiens d'Orient et les Musulmans modérés, qui dans leur morgue haïssent les Nations qui se respectent, il faut vraiment avoir perdu toute morale comme toute conscience pour les mettre au pouvoir, et continuer à les vouloir au pouvoir, ou bien être totalement complice de leurs crimes.

La guerre est totale, mais ne doutons pas que les Êtres Humains qui se respectent aient des alliés, de vrais alliés jusque dans les Institutions internationales, dans les Nations elles-mêmes, jusque dans les corps d'Armée et de police tant Nationales qu'internationales, jusque dans les sociétés les plus discrètes comme les plus secrètes, l'apparence n'étant que le fait de déracinés inconscients qui s'imaginent mener la barque du monde mais qui connaîtront invariablement le désastre comme toute dictature a connu. Car le corps social est comme le corps Humain, et les anticorps qu'il dresse lorsque la maladie devient infectieuse, lentement mais sûrement se mettent en place pour cicatriser les plaies immondes que provoquent les densités qui s'exagèrent de par ce monde.

La guerre n'est donc pas seulement la guerre que tout un chacun doit mener contre la déliquescence, mais la guerre que doit mener tout un chacun qui se respecte appartenant aux Institutions les plus diverses comme les plus variées, à tous les niveaux, afin d'éradiquer le terrorisme global, le terrorisme des cols blancs agitant les mains sanglantes, que nous vivons en Occident. Elle doit être le fait de la Justice comme de la Police, de l'Armée comme des Administrations, en tous lieux, en toutes places, jusqu'à la plus humble mairie pour en élaguer les membres pourris, corrompus et vicieux, qui s'enrichissent au détriment de la communauté Nationale, et bien pire pour certains au détriment de la communauté internationale.

Le travail n'est pas si considérable, la médiocrité a su investir toutes les arcanes des pouvoirs, la capacité devrait largement le faire, et sans le moindre problème, car enfin que peut l'inintelligence contre l'intelligence ? Rien, sinon bien entendu que d'invectiver, de molester, de flageller, de hurler, de tuer, tant son incapacité est réductrice à ce qu'elle ne sait que faire, savoir la destruction. C'est bien pour cela que cette guerre à mener doit être totalement silencieuse. Le nombre défilant dans les rues dont l'intelligence diminue comme le carré de son échantillon, n'a plus aucune valeur face à la morbidité, aux chiens de guerre et aux milices grassement payés par les pouvoirs médiocres pour anéantir toutes pensées, seul l'individu multiplié à l'infini résoudra l'équation de cette dérive macabre qui se veut gouvernance.

Une gouvernance de tueurs nés qui n'ont d'autres opérandes que la destruction de l'Être Humain, la destruction des Peuples, la destruction des Nations, au profit d'une dictature universelle dont les prémisses existent globalement dans nos Nations Européennes. Un petit exemple de cette dictature dans notre propre Nation, relève du changement de nom de nos Régions, totalement arbitraire, de la réforme de l'orthographe, totalement délirante, de la théorie du genre enseignée à des enfants de six ans qui bientôt, si ce n'est pas déjà le cas, devront se masturber et se sodomiser devant des pédophiles souillant l'éducation dite nationale, de la réforme du Code du travail qui désormais se trouve à l'état de serpillière afin de transformer en esclave tout travailleur quel qu'il soit, de la réforme pénale qui laisse à l'abri les assassins en tout genre, du prosélytisme Islamique évertué par de pseudos dirigeants vendus comme des marques de savonnettes à cette religion par haine globale de leurs racines, du Catholicisme prioritairement, un régime perverti et sans ancrage sinon celui des sectes qui le domine et l'anéantit progressivement, etc, etc.

La cartographie de la médiocrité abyssale est là dans ses orientations qui n'ont pour but que le laminage des Peuples, la disparition de leur Histoire, la consécration du néant et de ses abîmes où se réjouissent tous les impotents, les illuminés, les parasites, les vendus et les traîtres, de cette pauvre petite Terre. Ce qu'il y a d'amusant avec ce sordide, c'est qu'il fait accroire à l'inéluctabilité de son mouvement, un mouvement inverse qui va à la vitesse de la lumière dans le mur de ses ténèbres. Il peut bien rêver, la lumière n'étant ni de son fait ni de ses actes, sa permanence relève déjà de l'impermanence au regard que porte vers lui la majorité des Peuples, une majorité qui se respecte et se fera respecter, n'en doutons un seul instant dans les décennies à venir, tant l'ignominie est à son faîte.

Cette ignominie est le véhicule même de sa précarité, qu'un seul mouvement de vent renversera comme le château de cartes qu'il est, car ne reposant non pas sur l'acceptation commune, mais sur le rejet commun de son outrecuidance. Que représente-t-il en nombre ? Rien, 0,0002% des Êtres Humains, un ratio insignifiant qui telle la grenouille se veut plus gros que le bœuf, s'imaginant qu'avec les armes, les armées, les milices à ses ordres, il pourra terrasser toute velléité des Peuples à reprendre leur liberté. C'est oublier que les armées ne sont uniquement des armées politiques, mais bien composées, comme les polices, les services de renseignements, et tutti quanti, d'Êtres Humains qui aspirent à autre chose que d'être des machines à tuer pour des guerres qui ne concernent pas la sécurité des Peuples. La grande erreur de cette machinerie est là, sa fragilité de même. Elle ne représente strictement rien aux yeux de l'Univers comme de l'Humanité sinon qu'un avatar qui sera écarté comme il se doit d'un revers de main lorsque l'Humanité globalement cessera d'en être l'esclave.

Le principe qui permet de briser ses rouages est d'une simplicité extrême, une grève illimitée tant Nationale qu'internationale, sans le moindre défilé (en général totalement investi par les soudards des oligarchies triviales) ayant pour but la restauration tant de la Démocratie que de la République dans chaque Nation par élection de citoyennes et de citoyens ordinaires en capacité et capables ne dépendant d'aucune autorité or celle du Peuple, qui doit être son conseil de surveillance global. Le reste piaillé par ce que l'on ose appeler des partis n'est toujours que souci de duplicité, d'immoralité, de conditionnement. Cela viendra, car à force de prendre les Peuples pour des vaches à lait, à force de prendre les Peuples pour des imbéciles congénitaux, les Peuples œuvreront pour retrouver leur légitimité usurpée par les sectes barbares qui pavanent comme des singes sur les ruines des sociétés qu'ils laminent.

La guerre est donc là, intérieure comme extérieure, manipulée à souhait, le terrorisme est là, intérieur et extérieur, manipulé comme jamais, un terrorisme qui ne dit pas son nom mais explose à la vue de chacun qui regarde la bestialité en action. En France, les élections Nationales auront lieu en 2017. Pour garder un avenir à la France, à son peuple, il convient d'ores et déjà d'éliminer systématiquement des votes toutes les marionnettes et les pantins sectaires qui sévissent dans le pouvoir où attendent de prendre le pouvoir, il faut cesser de voter pour les images vendues par une presse aux ordres, que plus personne ne lit ni ne regarde d'ailleurs, n'en déplaise. Rappelez-vous la vente du dernier Président. Une offensive tous azimuts pour vendre ce personnage, par la télévision, la presse écrite. Nous assistons au même principe avec son alter ego chez les Républicains de ce jour. Alter ego car représentant la même secte et les mêmes orientations de cette secte. Et l'on brouille encore plus les cartes en présentant différentes facettes de cette secte dans l'intronisation de tel ou tel personnage de ce dit parti qui est le même parti que celui qui officie actuellement de par ses appartenances. On pourrait s'en amuser, si cela n'était aussi triste de manipulation et de connivence, ce qui d'ailleurs n'échappe pas à cette majorité silencieuse, par obligation du fait qu'elle est devenue paria dans sa propre Nation.

Ici se tient le lieu exact de la guerre menée contre les Peuples, la fabulation, le laisser croire, dans le déni de la réalité des appartenances. Cette guerre doit être gagnée par le Peuple de France, qui ne doit plus se fier aux marques de savonnettes estampillées néoconservatrices, bolchevique, socialiste (ah la belle injure à l'Humanité que celle-ci, une pseudo-droite ne le sachant pas ou étant complice votant pour le socialisme universel !) ou autre, ventre mou par exemple d'un centre ridicule et sans la moindre perception sinon celle de sa propre corde au cou aux sectes vivipares qui la façonnent. Une guerre qui se résoudra tout simplement dans les urnes et par les urnes en évacuant totalement l'arbitraire d'oligarchies aux ordres qui roulent dans la fange la Démocratie comme la République, dont elles se réclament comme un paravent à leurs traîtrises et leurs parjures, en faisant croire qu'ils les défendent alors qu'ils les renient jusqu'à la lie la plus totale.

Ce qui est vrai pour la France, l'est tout autant pour les autres Nations Européennes, or certains Pays de l'Est qui ont vu le parjure manifeste de l'erreur conjuguée que l'on nomme encore l' « Union Européenne », un travestissement du réel au profit d'un fédéralisme vendu à tout ce qui est étranger à l'Europe, se prosternant devant les revendications d'une Turquie qui la rackette sans discontinuer au nom de la théorie des flux qu'ont acceptés des dirigeants de Nations Européennes en méconnaissant totalement la finalité de cet opérande qui est celui de voir l'Europe devenir le marché aux esclaves de pseudos alliés. Lorsqu'on prépare une armée pour tirer sur les Peuples en cas de rébellion, lorsqu'on est une Europe qui se respecte et se fait respecter, on utilise cette armée pour stopper aux frontières les millions de migrants si bien payés par le népotisme apatride qui se veut dominant, et on ne fait rentrer sur nos terres que des réfugiés et non des migrants économiques. Mais cela est beaucoup trop demander à des patronats en mal d'esclavagisme qui, à l'image de leurs ancêtres, devisent les bénéfices qu'ils peuvent faire sur ce trafic d'Être Humain qu'ils pourront payer à bas coût.

L'irresponsabilité congénitale est là, dans cette fiction morbide, dans ce dépotoir mental, dans cette avanie qui ruisselle le sang des innocents, tant à l'intérieur de l'Europe qu'à l'extérieur de l'Europe, menant tout droit les Nations Européennes sous la férule de la dictature Islamique si les Peuples n'y prennent garde et évacuent de tous leurs votes les primitifs qui cherchent à anéantir leur Culture, leur Identité, leur force naturelle. Bouffis d'orgueil ces monstres égotiques ne voient plus la réalité, s'imaginant des Empereurs Romains, alors qu'ils n'en sont que des menstrues, dignes de Néron, Caligula et non de César, Hadrien ou Marc Aurèle. L'Europe se fera, mais une Europe des Nations respectueuses de ses Peuples et de ses Existants, et cette caverne d'Ali Baba, cette tour de Babel vendue aux lobbies qui y trouvent là la matière à toute servilité pour quelques euros, disparaîtra.

Ce qui est vrai pour les États est vrai pour cette Europe spoliée, végétative de toutes les sectes qui la déstructurent. Je ne saurais rappeler que ce ne sont pas les Institutions qui sont en cause, mais le parasitisme qui règne en leurs enceintes, que ce soient les Institutions Nationales, comme Internationales et que le combat doit être mené en leur sein pour en destituer les moisissures. Les Anglais s'apprêtent à quitter ce navire sans capitaine, et ils ont bien raison, d'ailleurs ils n'ont en aucun cas besoin de ce terreau infertile, l'Empire Britannique existant leur suffisant bien pour œuvrer à leur prospérité. L'Europe ne sera jamais l'Europe si elle ne s'unit dans le cadre de l'Europe des Nations, avec la Russie, n'en déplaise. Ce n'est qu'à ce prix qu'elle redeviendra une puissance naturelle, et non une esclave proscrite que certains cherchent à détruire en la violant, et en la soumettant.

Le devenir Européen passe par l'Eurasie et en aucun cas par une vassalisation aux États-Unis d'Amérique, qui d'ailleurs ont bien autre chose à faire avec leur zone Pacifique plutôt que de s'appesantir sur une terre livrée à la bestialité la plus totale et la plus globale. Ce n'est que lorsque l'Europe qui se respecte et se fera respecter existera, grâce à l'Europe des Nations, qu'alors pourront s'engager les grands mouvements pour une gouvernance de conseil, et non de pouvoir, mondial, par l'équilibre sine qua non voyant naître les grands espaces que seront les États-Unis, le Canada, l'Europe, la Russie, pour une part, l'Afrique pour seconde part, l'Amérique du Sud pour troisième part et enfin l'Asie. Mais pour cela il convient de revisiter totalement les écueils et les élaguer de ce qui prostitue ce petit monde à l'ambition aveugle de sectes diverses et variées qui n'ont pas à usurper les pouvoirs comme l'autorité des Peuples composants.

La guerre est là, dans ces deux conceptions du monde que sont d'un côté le mondialisme où la dictature universelle, et l'Universalité, et en aucun cas l'universalisme qui est une litière du mondialisme, voyant naître un Ordre mondial naturel respectueux de toutes Nations comme de tous Peuples, et notamment du droit des Peuples à disposer d'eux-mêmes sans être sous la férule du vice et de l'ordure, de l'esclavagisme, au nom de pseudos droits d'ingérence dénués de tous fondements, sinon ceux de la spoliation, de la mise en esclavage, du vol comme du viol légalisé. La guerre est donc là, et il faut l'assumer, ne pas la craindre et encore moins la regarder à la légère. Gageons que la bonne volonté Humaine saura gagner ce combat qui est celui de la droiture, de l'honneur, de l'élévation, contre la traîtrise, la fourberie, le déshonneur, la destruction.»

Pauvre petite Terre où fort heureusement se lèvent des Nations pour corriger la bêtise et la haine, la corruption et la félonie, l'esclavagisme putride dans lesquels se fourvoie l'inhumanité la plus corrompue et la plus bestiale. Espérons que les Êtres Humains se réveillent de cette virtualité immonde que nous avons combattue il y a bien des siècles et dont aujourd'hui nos enfants et nos petits enfants qui essaiment les étoiles tiennent compte afin de libérer du joug des vies entravées par l'atrophie et ses constituants.

Monopoly

La terre est devenue un gigantesque monopoly où le gargantuesque se mêle à la nanification, où l'improvisation à court terme rejoint les abîmes dantesques, où la perversité est devenue une règle, une ascension, une dénomination, un nectar. Et qui ne se plie pas à cette fosse d'aisance doit immédiatement être éradiqué par la violence, la force, la barbarie.

La nature même de ce délitement trouve sa conjonction dans l'avoir, la croyance en une immortelle vie de vanité et de plaisirs atones. Les faces simiesques qui ressortent de cette trame totalement ridicule, se dressent en drapeaux, en horizons, prenant la substance pour leur sens, dans une exagération fétide qui les dépeint comme elles sont, des aberrations chromosomiques, le prurit de la fange qui se veut règne.

Il n'y a ici aucune valeur, aucune morale, aucune destinée, aucune victoire, aucune gloire, aucun honneur, rien que les moisissures qui se veulent prestiges et qui s'honorent, se courbent, se lèchent, s'embrassent, se réjouissent de leur infortune humaine dans un cliquetis larvaire de monnaie et de crimes, dans le sang même de l'humain, répandu à flot continu pour asseoir la bassesse, la consomption même de l'horreur qui est le vide sacrificiel de toute viduité.

Olympe de cette cristallisation se dressent des idéologies qui pavanent dans la boue, au-delà du sens commun, voudraient accroire que tout un chacun soit serviteur de sa faune désarticulée, consommée, une faune de négriers qui s'abreuvent de sueur comme de sang pour acquérir et acquérir encore, par le vol, la tromperie, l'outrage, la guerre, les racines de ce qui ne leur appartient pas et ne leur appartiendra jamais, la Vie. Car la Vie voit bien leurs méandres et leurs alluvions, leur stérile langueur et leur accouplement dénaturés, leur visage inhumain qui se dresse dans le servile, l'hypocrisie, la bêtise, génuflexion de rituels organiques lavés dans la terreur et la peur, dans l'oppression et le déni du réel.

Cette barbarie écume de la tête aux pieds de ses outrecuidances, dans une propagande qui fait rire le monde entier, dans une ignorance crasse de la Vie, qui culmine dans l'outrance les vertiges de sa décadence labiale, atavique et pourrie comme le fumier. Lorsqu'on observe dans la temporalité les conjonctions de cette boue, les fluctuations anachroniques qui s'y dessinent et s'y destinent de son fait et par ses actes, on comprend mieux le terrassement ignominieux que l'Humanité subit en ses racines, ses Races, ses Peuples, ses Ethnies, jusqu'en l'Être Humain en ses composantes la Femme et l'Homme, toutes forces qui doivent se dissiper dans le néant pour asseoir le trône de sa fétidité incarnée.

Et il y en a pour penser que voici le règne de Satan, mais cela est bien pire que son règne qui lui-même est dépassé devant la pourriture qui s'y incarne et se révèle à grands coups de mentons, à grands coups de semonces, dans ce vertigineux complexe qu'à l'Être de lui-même lorsqu'il est totalement incomplet, marchant avec des béquilles, les béquilles de son ignorance et de sa fatale destinée qui est celle de l'autodestruction. Et le miroir de ce monde nous renvoie ces béquilles qui s'accouplent pour le gain, la matière vide, le prestige de la dépendance de pouvoirs usurpés qui baignent dans le lacis de serments qui suent la mort et ses principes.

La mort ici parade, légalisée à outrance et se donne sans mystère comme celle qui fut donnée dans les mystiques bolcheviques et national-socialiste, la mort est là dans l'avortement obligatoire et non plus seulement suggéré, dans la sédation la plus totale, dans l'euthanasie glorifiée, dans ces principes voyants disparaître des millions d'êtres Humains au profit d'une architecture économique qui n'est qu'un bubon, une métastase qui voudrait emporter la Vie elle-même pour mettre en valeur jusqu'à l'écœurement des idoles drapées d'or dont l'intelligence ne dépasse pas celle d'un enfant de maternelle.

Une maternelle dont chaque Être Humain devient le pion, une maternelle de débiles mentaux résonnant d'une manière binaire, le bon, le méchant, abreuvant les élémentaires, les pauvres hères acculturés et ignorants qui se courbent pour profiter des miettes que délaisse cette logorrhée dont le bestiaire n'est plus à conter. Il y a là le troupeau de cette litanie qui glose, des pédants et des vaniteux, inconciliables avec leur réalité, déracinés de toute viduité, se lovant dans l'illusion pour faire accroire, mentors obséquieux qui se réunissent et se concertent dans des sociétés dites de pensées qui ne sont que les dépotoirs des refoulés, des administrés de la perversité, des maniaques et des tyrans en herbes qui veulent attraire le monde dans leur boisseau, leur escarcelle, leur coffre-fort dont la puanteur les sanctifie.

Pour se servir, se servent-ils en parure de leur mets favori, les minables errances qui viennent en cohortes quémander l'aune d'un pouvoir dans leurs hémicycles dantesques, de pauvres gens affligés de cette divination qui est le propre des roturiers, des bourgeois et des faibles qui s'alitent à la perception de la vie et demandent à se voiler pour enfin exister. Et ces membranes déchiquetées, violentées par leur propre atrophie sont là déversées afin de naître dans l'hypocrite absurdité de se croire encore libre des Peuples entiers qui scandent leur nom dans des protocoles initiés par des médiatiques errances aux ordres, conjoints d'instituts sectaires les préparant au gestuel qui convient, à ce délire insensé qui voit ces propulsés gesticuler comme des araignées devant les mouches qu'elles cherchent à immoler.

Le jeu des élections est le brouet qui sanctuarise cette devise, tout Peuple en croyance que voter pour ces animaux de basse-cour les verront en droit de partage d'un quelconque pouvoir, tout Peuple en fait se ligotant lui-même à la bassesse et ses féaux qui tentent par tous les moyens dans quelque parti que ce soit d'inféoder sa puissance. Et ces hydres parlent de démocratie, alors qu'ils ne connaissent que l'oligarchie de la médiocrité qui les embellit, et ces féaux ne parlent que de République, alors qu'ils ne connaissent que la dictature qu'imposent leurs mentors sur leurs actes comme sur leurs gestes.

On pourrait s'en amuser s'il n'était aussi triste de voir les Peuples croire encore à cette perversion, ce rebut de l'humanité qui vend jusqu'à son existence pour quelques aumônes, pour quelques largesses en provenance du pouvoir réel qui ne se commet jamais avec les masques qu'il instruit et persévère. Car le pouvoir ce jour n'est pas dans cette avanie qui hurle, mais bien dans le sens même de la correspondance usuraire qui convole avec toutes formes pour instaurer non seulement sa puissance, mais en fonction de sa léthargie, aussi sa médiocrité par l'exemple, une médiocrité qui rejaillit sur ses termes, ces pseudos hommes et femmes politiques qui ne sont que ses jouets stériles et incompétents.

La nature du pouvoir aujourd'hui s'exerce par la finance et en aucun cas par l'économique et encore moins par le politique. Ici se tient le lieu où le monopoly étrange se circonscrit, s'abreuve et s'établit. Suivant la puissance des flux qu'elle coordonne en ses différents arcanes, le fleuve se tarit ou bien se définit, parfois comme on peut le voir sur une partie de cette Terre qui compte le plus grand nombre d'Êtres Humains s'harmonise et conditionne ainsi non pas la médiocrité mais la capacité, cette capacité à élever les Êtres Humains et non à les enfoncer dans la boue saumâtre qui est le lit de fortune de l'avarié et de l'inexistant.

La terre ici parle de cette densité qui s'éclôt et que la face putride voudrait contrarier jusqu'à déclencher une guerre mondiale qui n'est l'intérêt de personne d'engager, pour se vouloir encore contrôle de toute humanité par son inhumanité. Ce coup de poker fallacieux met en exergue les volitions du prurit de l'asservissement global, qui ne peut désormais se cacher dans ses conseils d'administration et doit donc être mis en évidence afin d'enrayer ses menstrues et ses abîmes, non par la violence physique, mais par la mise en exergue de son atrophie sans borne.

En cela toute Nation qui se respecte doit s'allier avec les Nations qui se respectent et se font respecter dans le cadre du droit international pour lutter contre l'influence décérébrée de la sauvagerie qui tente d'immoler ce monde. Aucun Peuple, aucun Être Humain qui se respecte ne doit se courber devant la monstruosité, ses idoles, ses rampants, ses féaux, ses pantins politiques qui couronnent ce vertige absolument excrémentiel, le voyant jusqu'à renier l'Être Humain pour l'asservir dans la « chose », cet outil sexuel ou économique que l'on jette après usage. Doivent être dénoncées toutes ses actions où qu'elles se situent afin d'endiguer sa morgue irrationnelle et ses atteintes inextinguibles contre l'Être Humain, ses Ethnies, ses Peuples, ses Races, l'Humanité.

Chacun de ses membres doit être mis devant la scène publique, ses actes comme ses dépendances, ce qui permettra au-delà de l'illusion de percevoir cette réalité ignoble à laquelle et en laquelle sont soumis les Peuples par aveuglement, ignorance, propagande, les voyants défendre des «valeurs» qui ne sont que des valeurs nées de l'atrophie, ce qui les caractérise valeurs de mort par outrance et outrage, valeurs qui mènent ce monde à l'agonie si on a empreint leur chemin de sang, de larmes et de sueur.

Si cette inhumanité déclare la guerre, aucun Peuple, aucun Être Humain ne devra suivre le moindre de ses ordres dictés par les pantins qu'elle nécrose dans tous les pouvoirs des plus humbles aux plus vifs. Il n'y a pas d'ordre à recevoir de la lie de l'humanité, si elle veut se battre elle se battra par elle-même, avec ses cohortes de terroristes. Cette guerre qu'elle veut par tous les moyens, elle ne la gagnera pas, car elle ne peut pas vaincre sept milliards d'Êtres Humains dont les yeux se dessilleront et qui verront alors ce qu'est sa réalité, une putride aisance qui s'imagine Dieu à la place de Dieu, une force convexe et perfide qui n'est pas née du désir des Peuples mais de l'usurpation totale des pouvoirs des Peuples.

Et s'engagera alors l'irréversible en ce qui concerne sa conduite, n'en doutons un seul instant, comme devrait s'engager dès ce jour leur cohorte devant le Tribunal Pénal International, pour crimes de guerre, association avec le terrorisme, tentative de mise en esclavage de l'Humanité, vol, viol, pillage, tentative de destruction de la réalité humaine au profit de cliques pédophiles et sanguinaires. Il ne suffit d'être grand clerc pour voir sa situation de ce jour qui revêt le caractère pur et global de criminel par essence comme en substance.

Si l'on regarde les événements liant actuellement deux Peuples sous son joug, on remarquera l'alliance et la compatibilité globale qui s'y instaure. N'oublions jamais que cette embarcation créée l'évènement, et en fonction des réactions de masse, s'érige en justicière pour remédier à ce qu'elle a mis en place. Ainsi cette alliance entre les assassins en cols blancs et les mains sanglantes qui cinglent dans ces deux nations leur pitoyable déchéance.

Car il s'agit de déchéance pour les féaux de cette contrition qui veulent masquer leur crime par l'intermédiaire d'une guerre qui n'a pas lieu d'être, et tout un chacun saura désormais qui il conviendra de juger après la révolte de cette impuissance à créer, coordonner, élever. Cela viendra, sauf à penser que la raison soit encore dans les circuits nimbés d'allégeance, de soumission, et que s'enraye la voie du fléau qui devrait s'abattre sur l'Humanité pour préserver les intérêts de quelques déroutés qui s'imaginent les maîtres de ce monde.
En attendant le pire, où la défection de cette impuissance, les Nations en son sein se roulent dans sa fange, dans l'obscurité la plus noire qui soit, dans le remplacement de leur Peuple par les mendiants économiques incapables de se battre dans leur propre Nation, bréviaire de l'accoutumance que les faux spirituels enchantent dans la vertu de l'or que cela leur procure, bétail approprié pour des raisons bâtardes et fauves qui n'ont strictement rien à voir avec l'élévation de l'Humain mais tout de sa mise en servage.

Les élections dans ces Nations sont les sujets de la vente à l'encan des précieuses ridicules et médiocres qui dans leurs discours creux et velléitaires annoncent des renouveaux qui s'attendent et s'attendront longtemps. Ici rien ne porte l'Humain à son évolution, tout le confond dans la descente aux enfers, les uns culturels, les autres physiques, les derniers spirituels, afin de marquer l'incapacité de chacun à comprendre l'unité de sa réalité et se fourvoyer dans le virtuel, cette sauce commune de l'atrophie qui veille. Le parjure y est de règle, le déshonneur sans mystère s'accomplit comme un honneur, et c'est à qui se lovera le plus dans la bassesse pour exalter cette perfidie qui sourd par tous les pores des « valeurs » initiées par cette dérision qui vogue vers l'ombre la plus totale.

Ignorance, flagellation, propagande sont les trames de cette servilité qui se compose, oriente, et voudrait que tout un chacun s'y plie, dans une démesure accentuée qui voit l'assassin récompensé, la victime huée, les corrompus choyés, les repris de justice en partance vers de pseudos pouvoirs anéantis. Nos enfants et nos arrières petits-enfants ont du pain sur la planche et doivent retrousser leurs manches pour augurer d'un avenir meilleur que celui de l'infection bubonique qui leur est servi jour après jour.

Cette partie que l'on nomme l'Occident de cette Terre est malade, malade de dépendance et de soumission, malade de propagande et de concussion, maladie dont les miasmes se répandent comme autant de pustules sur sa réalité, son Histoire, son Identité, miasmes qui doivent être combattus légalement, pas à pas par les majorités, car elles sont majorités, des Peuples qui entendent renverser cette pourriture qui cherche à les anéantir, les voir brouets de médiocres en cours. Ceci doit être le premier combat à mener, le reste ne sert de rien, sinon qu'à s'embourber dans les chrysanthèmes de pouvoirs qui ne servent de rien, car ils ne représentent rien et ne sont rien, ne leur en déplaisent, sinon que les échos d'une partie des financiers, ceux-là avides et apatrides qui cherchent par tous les moyens à correspondre leur envie avec la dénature la plus totale que ce monde ait connue, une dénature digne des idéologies qu'ils ont inventées et qui ce jour dans leur synthèse apparaît au grand jour : le trotskisme socialiste universel, cette panacée de la boue qui ruisselle sur ce monde avec lequel ils jouent comme un enfant de cinq ans au monopoly, en n'ayant pour but que l'asservissement et en aucun l'élévation de l'Humanité.

Multipolarité

Petites nouvelles de cette Terre que nous observons et qui vient de connaître un cataclysme remarquable lui permettant de renaître de ses cendres. Mais lisons :

« Le tombereau de haine qui transpire des pseudos élites, pantins avariés de sectes infâmes, des médias larvaires, concernant l'élection du Président des États-Unis, marque bien là, la putridité du mondial socialisme, de cette hérésie née dans les bas-fonds de la Fabian Society, repris en chœur par toute la médiocrité qui se veut règne. Après le Communisme, le Trotskisme est en voie d'achèvement, et il convient de l'éradiquer totalement de la planète afin que tout un chacun retrouve sa liberté et ne soit plus l'esclave de cette idéologie simiesque, anachronique, image parfaite du djihadisme aux mains sanglantes qu'elle anime depuis des décennies avec tant de célérité.

Cette infamie proclamait il y a peu son «nouvel ordre mondial », imposant par des révolutions instrumentalisées le pillage des ressources primaires et en sus le viol ethnique afin de complaire à son atrophie visqueuse qui est celle de la bestialité accouplée à la perversité, qu'elle voulait dans un cadre unipolaire imposer à toute l'Humanité. Une humanité acculturée, illettrée, esclave de cette aporie qui continue ses gloses dans nos Nations Européennes, notamment notre pauvre France livrée à son hégémonie la plus répugnante qui soit, celle de la veulerie, de la bassesse, de l'outrance, de l'arrogance, de l'obséquiosité, de ces parures infectes qui cernent le médiocre qui s'imagine comme la grenouille plus grosse que le bœuf, et qui en fait est la mesure même de sa déréliction, une poussière qui vagit sur ses déjections et les congratule.

La seconde Révolution Américaine vient d'avoir lieu, elle prédispose d'autres réelles révolutions qui viendront nettoyer par le vide les Nations de notre Europe, sous le joug de la domination bestiale d'incapables et de minables qui s'imaginent le centre du monde alors qu'ils n'en sont que périphéries morbides et mortifères. Leur tentative de destruction des Peuples, et notamment des Races, qu'elles soient blanche, noire ou jaune, est aujourd'hui lisier de leur échec, leur tentative d'anéantir la religion Chrétienne au profit de pseudos religions qui sont avant tout des modèles d'hégémonies politiques, commence aujourd'hui à se voir dans une réalité dont la brutalité sera décimée, leur tentative de naître l'impensable, le virtuel, la «chose», se liquéfiera, enfin leur tentative d'attraire tout un chacun dans leur perversité, dans l'innommable qui est leur lieu d'aisance, est en train de se déliter.

Car ces gribouilles de l'intelligence ont oublié une seule chose, la rémanence des Peuples, cette rémanence indestructible, née de vecteurs bio géo historiques que rien ne peut détruire, et surtout pas la boue qui cherche à l'enliser. Les peuples ont cette particularité qu'ils sont indestructibles lorsqu'on les attaque, lorsqu'on cherche à les anéantir, lorsqu'on cherche à leur imposer une pensée unique qui est le levier de toute la pourriture et de ses ornements, de la lâcheté, de la culpabilisation, de cette errance née de l'incapacité créative à se dresser en ses piliers de la Vie qui sont le Corps, l'Esprit et l'Âme, dans une ardeur symbiotique et en aucun cas osmotique, stéréotype de cette bêtise incarnée où l'on voit se renier une masse de «choses» vitriolée par l'inintelligence.

La Démocratie ne peut appartenir à cette ahurissante décomposition qui brame et ne s'éclôt qu'en fonction de ses avoirs, de ce dithyrambe écho en prostration à la matière, la matière brute, si bien enchantée par les sectes ovipares qui en sont les fondements, la litière et l'ordure. L'Angleterre, avec le Brexit s'est retirée de cette mare nauséeuse, les États-Unis avec l'élection de son nouveau Président, va retrouver son honneur et sa grandeur, basée sur son Peuple, par son Peuple et pour son Peuple, et non plus inféodés à l'atrophie spongieuse qui voulait le faire disparaître. L'Autriche s'apprête à se retirer de ce bestiaire ruisselant du sang et des larmes des Peuples. La France devrait et doit impérativement, par la marque de son Peuple, se sortir de cette ornière pulvérulente qui pue l'horreur et ses défécations tribales. La France doit opérer à la suite des États-Unis cette dernière révolution qui la verra renvoyer à leurs chères études de dictature tous les sectaires qui empuantissent sa République en flouant à leur profit la Démocratie qui n'est plus qu'un leurre dans cette Nation.

Tout un chacun de son Peuple doit se poser les bonnes questions relatives à son avenir, soit la dissolution dans les feuillées de l'esclavagisme le plus purulent qui soit, ou bien la sortie de ce brouillard sans fin, digne de ceux des camps de concentration et goulags réunis, qui assassine l'Être Humain au profit d'une masse gluante d'esclaves économiques ou sexuels dirigée par la lie de l'Humanité. Cette lie est là, en lice dans une élection à venir, où l'on voit tant dans ce que l'on ose appeler encore la gauche ou la droite, les petits pieds de la Fabian Society, du mondial socialisme islamiste, si bien représentés par le premier d'entre eux, pourrissant l'éducation, la santé, etc, et par d'autres anciens ministres qui se réclament du pouvoir, économistes de pacotilles en reptation devant leurs donneurs d'ordre, en pleine représentation dans une pseudo-opposition, que les sondages portent, avec en éventail autour d'elle de minables scories qui s'imaginent pouvoir, jusque d'ailleurs dans ce que l'on ose appeler la droite qui ne congratule l'élection Américaine mais, tenu par ses dépendances, s'en abstient globalement.

Et ces hydres parrainées tant par les sectes maçonniques avariées, que par le salafisme, tant par des sociétés de pensée qui sont devenues des viviers infects où grouillent les prébendiers du «nouvel ordre mondial», paradent, glosent, mentent, illusionnent à souhait pour accroire encore à leur entreprise de destruction, une entreprise qu'ils voudraient imposer dans le galimatias de leurs théories fumeuses, de leurs stérilités sans équivoque, de leurs panaches trépanés par leurs dépendances sordides et visqueuses, dont s'est débarrassé le Peuple Américain lors de son dernier vote.

Ces menstrues qui tournent en rond dans leur tanière fétide s'imaginent encore quelque chose, allant jusqu'à vouloir faire imposer leur vue via les médias aux ordres d'une partie de la finance apatride qui vient de se faire tacler par le Peuple Américain, et qui n'a pu faire jouer les marchés en sa faveur en faisant dégringoler les cours sinon qu'une petite journée de dupe, qui a vu la véritable finance se porter à son encontre et destituer ses efforts de maniaques. Nulle voix ne doit accompagner ces perfides et sanguinolents personnages, les uns ayant mis à feu et à sang la Libye, les autres aidants, armant, les djihadistes en Syrie et ailleurs, se servant de nos armées comme supplétives de cette errance qui les domine et devant laquelle ils plient, lamentablement, car en dépendance globale de par leurs actes, leurs affaires filiformes, leurs vices et leurs meurtres.

La France doit se libérer de ces scories de la nature Humaine qui n'ont de valeur que celle de l'avoir, de ces représentations délétères qui siègent par usurpation, au regard de leurs dépendances avariées, dans toutes les Institutions de la République, pour mieux saper et détruire la cohésion Nationale au profit de la boue et de ses illuminations. Le vote de 2017 devrait faire passer dès le premier tour les représentants du Peuple de France que l'on retrouve dans la vague bleu marine et en aucun cas le bréviaire insane de l'UMPSUDI, qui croule sous ses avanies, sa livrée pitoyable de francs–maçons avariés, de sectaires en lices, toute une équipée délirante qui ce jour fustige la seconde Révolution Américaine, aux fins de cantonner le Peuple de France dans l'aberration et la trivialité meurtrière de l'idéologie mondiale socialiste islamique qui les lie, avec une constante, celle de la médiocrité la plus houleuse, la plus obséquieuse, la plus répugnante qui soit.

Le Peuple de France est majeur et politiquement parfaitement informé pour statuer sur la liquidation par vote massif de l'errance qui cherche à l'étrangler dans des valeurs qui ne sont pas les siennes, défouloirs de suicidaires qui renient leurs racines pour enfanter le glauque et le sordide, l'Être avarié indigent et routinier qui servira d'esclave à leur donneur d'ordre. Le Peuple, bafoué, humilié, prosterné par la flagellation, la culpabilisation, doit sortir de ce carcan qui cherche à l'immoler. Et pour cela doit-il se défaire radicalement des geôliers qui cherchent à l'emprisonner dans l'atrophie. Le vote Américain, doit être le vote Français de demain. Le Peuple doit reprendre le pouvoir, instituer une réelle démocratie délivrée de l'oligarchie de la médiocrité qui y végète, ne pas se laisser impressionner par ce que l'on entend ce jour relativement à l'élection américaine, qui nest que leurre pour les troupeaux d'abrutis et de dégénérés que l'on voit actuellement défiler dans cette Nation, instrumentalisés par la finance stérile qui veut encore conserver ses minables pouvoirs.

Le Peuple de France soit se rappeler qu'il ne doit rien à cette infection, sinon que la traîtrise, la félonie, la guerre, le paupérisme, l'esclavagisme. Il doit retrouver sa souveraineté afin de ne pas s'enliser dans la pourriture qui est de règle dans ce que l'on ose appeler l'«europe», le vivier par excellence des sectes les plus offensives et les plus ignobles qui soient. Il doit éradiquer le mal à sa racine en instituant un alinéa à la Loi de 1905, privant à jamais de s'inscrire en politique les représentants des sectes quelles qu'elles soient, maçonniques ou islamiques, poursuivre impitoyablement toute communauté axée sur la destruction des valeurs Républicaines, anéantir en son sein les supports du terrorisme institutionnalisé qui sont les leviers de cette fourberie qui se nomme le « nouvel ordre mondial ».

La France doit revoir l'intégralité de ses alliances, éradiquer toutes celles qui financent le terrorisme, juger la complaisance de pseudos élus qui touchent les dividendes de leurs crimes en provenance de leurs Nations, qui devront être destitués de tous droits civiques, de toutes indemnités et retraites parlementaires. La France n'a pas pour vocation de s'ingérer dans les affaires d'autrui et doit en cela uniquement assurer le contrôle de ses frontières et ne pas servir de supplétif à la démence organisée qu'agite le «nouvel ordre mondial», notamment par l'intermédiaire de l'OTAN qui ne remplit plus son rôle, qui est celui de préserver la Paix mondiale et en aucun cas de devenir l'agresseur supplétif de la déraison qui vient d'être sonnée aux États-Unis.
Sortir de l'« Europe », sortir de l'OTAN, retrouver sa souveraineté et forger avec les Nations qui se respectent et se font respecter, dans un respect multilatéral indivisible,

l'Ordre mondial naturel qui est aux antipodes du « nouvel ordre mondial », car porteur de la Liberté, de l'indépendance, de l'élévation de tout Être Humain, de l'Humanité dans son ensemble, dans le cadre d'une volition ordonnée, statuée et signifiante, qui ne doit rien à la dictature de la médiocrité, mais tout à la valeur de la capacité, dans tous les domaines, voilà l'avenir.

Le Peuple de France en déclenchant par les urnes sa dernière révolution permettra d'accéder à cette réalité humaine, qui n'est pas celle de la virtualité et de ses horreurs, de ses guerres outrancières et de ses dénégations humaines. Car le monde ne sera pas unipolaire sous les griffes de la terreur organisée et instrumentalisée par l'atrophie, mais multipolaire dans le cadre d'une Assemblée de conseil et d'ouverture, et non dans le cadre de cette ONU totalement enchaînée par les miasmes moribonds de croyances désuètes et délirantes qui continuent à vouloir manifester leurs orientations stupides et erronées. À titre d'exemple la majorité sexuelle à dix ans ! Pour enhardir la volonté des débiles mentaux pédophiles qui pourrissent cet univers !

La France est capable de se sortir du bourbier qui se veut institutionnel dans nos Nations Européennes, qui se voulait institutionnel aux États-Unis hier, et que la volonté de son Peuple a renvoyé dans ses alcôves putrides. La Russie a donné le ton de la multipolarité, comme la Chine, l'Inde, le Brésil (avant qu'il ne soit floué de son pouvoir, et ce n'est que provisoire, par la boue institutionnelle de l'atrophie), Les États-Unis viennent de le rejoindre, reste à la France à s'y engager volontairement, sans défaillir devant l'ignominie qui glose, l'impertinence cadavérique qui ronge, la bestialité qui destitue, la culpabilisation qui est un affront à l'intelligence, la flagellation qui est le moteur de la puanteur qui l'agit.

Le monde a connu un coup d'État de l'avarice et de ses plaies, un coup d'État remisé à l'encan dans les pays précités, un coup d'État qui doit avorter en France, qui ne peut continuer ainsi à s'enfoncer dans la lie instrumentalisée par les sectes vivipares qui s'en veulent règne. Le règne de la fripouille, le règne de la lie de l'humanité, le règne de l'idéologie mondiale socialiste islamique qui est le tremplin vers la désintégration, vers la guerre, vers la disparition totale de toutes les valeurs humaines. Les Françaises et les Français doivent faire parade à cette déréliction, à cette profanation de leur réalité bio géo historique, à cette dictature de la pensée dont la médiocrité n'est plus à révéler, tant la pourriture est son ersatz.

Les Françaises et les Français sont le Peuple de France, cela paraît une lapalissade que de dire cela, mais lorsqu'on voit l'invasion exogène qu'il subit, instrumentalisée par tous les vautours esclavagistes qui y règnent, on voit bien qu'il est temps de remettre les pendules à l'heure pour bien faire voir que la majorité de ce Peuple est encore bien vivante, malgré les tombereaux d'ignominies qui cherchent à le défigurer, et que toute chose égale par ailleurs, ce Peuple est capable de prendre son destin en main et en aucun cas le laisser entre les mains visqueuses de sang de tous les suppôts du mondial socialisme islamique qui y végètent, et qui se servent des exogènes pour perdurer la lie extrême qui est leur berceau et leur attente.

Quel risque le Peuple a-t-il de se prononcer ? Voir l'instrumentalisation des milices du mondial socialisme islamique se répandre dans la violence, une minorité comme on le voit actuellement aux États-Unis qui conchient la démocratie, cette minorité sera désarmée, car le Peuple bio géo historiquement constitué de la France est majoritaire et ne se laissera impressionner par les hordes apatrides, telles qu'on les voit actuellement en activité dans le cadre de l'invasion que la France subit, payés par une finance avariée et mondiale socialiste, trotskiste par essence, dictatoriale en substance.

Le risque n'existe donc pas pour le Peuple de se prononcer en son âme et conscience aux fins de destituer la glu qui l'envenime, le paupérise, le désintègre sous les coups de boutoirs de l'ignominie sanguinaire et de ses rets. La Démocratie est le symbole de la majorité et non des minorités qui n'ont qu'un défi, celui de l'anémier à leur profit et la destituer. Ne l'oublions jamais. Et ces minorités ne sont pas celles à laquelle pensent en surface les illettrés et les acculturés, ne regardent en aucun cas les Races, les orientations sexuelles, mais bien le creuset des dépendances les plus obviées au sectarisme le plus belliqueux qui soit, qui ce jour vient de se voir flouer de ses rapines par un Peuple qui s'est levé contre ses bassesses, ses objurgations, ses desseins les plus cruels comme les plus barbares qui soient.

Et notamment la mise en œuvre d'une troisième guerre mondiale, que nous éviterons très certainement grâce au réveil des États-Unis, grâce au réveil de son Peuple qui s'inscrit dans la multipolarité et non plus dans l'agressive persistance de l'unipolarité qui s'abrite encore dans nos Nations Européennes et que nous devons, toutes Nations confondues, éradiquer de nos terres afin que la Liberté Humaine ne soit plus endeuillée. Le Peuple de France saura-t-il déjouer les illusions qui s'épanchent du matin au soir dans les médias aux ordres, rejoindre la multipolarité qui veille et désormais se façonne ?
Saura-t-il éliminer de tous ses votes les pantins du désordre mondial ? Et donner la place qui revient au pouvoir, celle de sa présence inaliénable ? Vaste question devant les offensives menées par la boue et ses scories tentant de faire croire que le Peuple n'a pas le droit de se révéler, et qu'il doit se coucher devant l'usurpation et son totalitarisme belliqueux, un totalitarisme qui n'hésite pas à demander la mise à mort du nouveau Président des États-Unis via les voix de ses médias aux ordres, de pseudos journalistes véreux, de pseudos comiques répugnants, de pseudos acteurs et chanteurs introvertis dans le marais putride de leurs aisances, tout un cloaque de dégénérés qui fondent les « valeurs » du « nouvel ordre mondial » qui lentement, mais sûrement s'incline vers l'oubli, non pas l'oubli intellectuel qui désignera cette purulence comme tout ce qu'il ne faut pas pratiquer, mais l'oubli formel de ses actes les plus répugnants qui ne doivent plus contraindre le moindre Peuple, le moindre Être vivant sur cette planète, qui en naissance n'a demandé à être esclave de son atrophie venimeuse.

Au Peuple de France de jouer sur ce vaste échiquier qui fonde l'avenir. Qu'il vote pour celles et ceux qui le représentent et ne représentent pas les déficiences sectaires qui sont actuellement son règne. Qu'il vote dès le premier tour son nouveau Président, ne laissant place à l'ombre d'un doute pour les reclus et les perclus du «nouvel ordre mondial» qui ne représente aucune destinée ni pour l'Humanité, ni pour ses Races, ni pour ses Peuples, ni pour le moindre Être Humain qui aspire à l'élévation et non à la désintégration. »

La dictature de la médiocrité ne dure qu'un temps comme l'ont prouvé les dictatures obscènes et désormais éradiquées que nous avons connues nous-mêmes dans certains berceaux de la Vie. Espérons que cette Nation que l'on nomme la France marque définitivement la fin de la dictature qui se voulait règne sur cette petite Terre.

La croisée des chemins

La croisée des chemins est le verbe qu'il faut exposer ce jour, la croisée entre la fange représentée par la haine esclavagiste, et la force de la Liberté. Ne nous leurrons sur la pseudo-puissance de la fange si bien représentée par les médias aux ordres, les sectes les plus nauséeuses qui soient, ne nous leurrons mais en même temps, il faudrait remettre les choses à leur place.

Cette puissance n'est qu'un jeu de cartes représenté par 0,0001% de la population et ne tient que grâce à la propagande et la servilité à la propagande. Cette insulte à l'intelligence humaine est pernicieuse, une larve qui déploie ses arachnides perversions par le cœur de ses mantras, la bassesse, la panoplie de la pourriture, l'abandon de toute référence à l'Humain. Pour le remplacer par la chose, la girouette sexuelle et économique de pseudos pouvoirs qui ne représentent qu'eux-mêmes, un petit quarteron de débiles mentaux qui voudraient mettre à genoux l'Humanité, la rendre esclave à ses désirs de pervers, de pédophile, de déviant sexuel, de malades chroniques qui devraient être traités dans des asiles psychiatriques, tant leurs tares sont la modélisation de ce qu'ils souhaitent pour ce monde.

Un monde de cocaïnomane, de drogués à la matière brute, dont le sordide est représentation, que tout un chacun devrait applaudir, de malfaisants personnages qui ne sont que les sous-produits de leur haine de tous et qui ne voient en eux que la lumière alors qu'ils ne sont que les prurits de l'ombre la plus glauque, la plus répugnante qui soit, enchantant dans ses loges noires la destruction de l'humain, jusqu'à sa mise à mort par tous les moyens dont bon lui semble, qui se révèle par l'émission de lois sédatives de tout humain, par la mascarade des vaccinations, par l'apologie de la mise à mort des vieillards et des personnes à naître, toutes émanations en provenance de ces loges maçonniques déviantes qui décident leur avenir à la prêtrise de Thanatos.

Lorsqu'on analyse le règne de ces gruaux de la perversité, on ne s'étonnera pas qu'ils mettent en lice la représentation exacte de leur folie, ce croupion des sectes dont le parcours est synonyme de toutes les déviations possibles et imaginables, une chose tenue par ses aspirations, un bouffon qui n'est que le singe d'une finance apatride et qui n'a d'autres vocations que leur servir de kleenex avant qu'il ne disparaisse pour imposer plus largement la folie qui se veut dominante sous la houlette d'un système bolchevique dont les arcanes sont percevables parfaitement dans ce jour.

Ils sont forts actuellement car ils tiennent les rouages des institutions comme des pouvoirs, par une usurpation qui conchie la Démocratie comme la République, tout en ayant ces mots pleins la bouche afin de leurrer les opinions. Ne croyez que cette boue ne sache pas ce qu'elle fait, elle le fait remarquablement bien, pour faire illusion, pour promouvoir sa perfidie, son ostracisme, sa traîtrise, sa souillure, une plaie cancérigène qui se répand comme la peste, tant elle est bubon de la mentalité de ses créateurs, une mentalité d'assisté, de parasite, qui capitalise sur la faiblesse humaine, l'acculturation, l'illettrisme, pour se faire valoir.

Soyons sérieux, le temps est venu de se débarrasser de cette outrance, de ces grenouilles qui se veulent plus grosses que le bœuf, dont l'insanité intellectuelle est le fléau de notre temps. Il est temps que cette souillure humaine qui ne représente que quelques individus au regard de l'Humanité soit remisée dans la pestilence qui est la sienne, sous très haute surveillance, afin que l'Humanité retrouve sa Liberté, sa Liberté de créer, sa Liberté de vivre tout simplement. Ne croyons que cela se fasse facilement, la moisissure étant tenace, et pour cela faut-il légiférer pour en liquider la prétention, une législation très claire évacuant toutes sectes qu'elle soit franc-maçonne ou autre, de tout pouvoir quel qu'il soit, que ce soit dans l'exécutif, le législatif, le judiciaire, l'armée et la police.

Tant que cette opération de salubrité publique ne sera pas réalisée, rien ne sera possible. On le voit très bien aux États-Unis, où l'État profond ne permet pas au Président élu d'inscrire sa politique. Ce n'est qu'à ce prix que les Nations retrouveront leur faculté à se projeter dans l'avenir, le reste n'est que fumisterie d'esprits dévoyés. Au regard de cette désintégration des ennemis publics que sont les représentants de ces sectes, tout gouvernement doit s'attaquer à la plaie profonde initiée par ces sectes, savoir les intérêts indus des dettes.

La finance n'est pas totalement pourrie, et le vide des banksters en son sein sera rapide et définitif, si la première condition est réunie. La finance doit exister pour irriguer la marche économique tant des Nations que du Monde, et les vrais financiers l'ont parfaitement compris, et cette finance sera toujours nécessaire dans le cadre de la multipolarité. Mais pour discuter d'égal à égal avec la finance, faut-il ne pas en être dépendant comme on l'est actuellement, en tous les cas pour la France, à cause d'un traité de 1973 qui devra être réduit à la poussière.

La France doit retrouver son indépendance monétaire comme son indépendance tout cours en sortant de cette europe bolchevique, et de cet OTAN belliqueux qui ne garantit plus la paix mais prépare la guerre. Moyennant ces quelques actions, et prioritairement l'élimination de tous les pouvoirs usurpés qui rongent nos Institutions, le devenir est possible, un devenir net clair et précis, qui ne peut être entaché de la virtualité, de cette boue sordide où les adipeux et les pernicieux, les esclavagistes cherchent à enfermer les Françaises et les Français en leur faisant croire que rien n'est possible en dehors de leur lie, de leur narcose dont la répugnance se démontre si bien ici, dans notre Nation, lorsqu'on regarde les actions des fourbes et des félons qui y interagissent, irradiant le blanc-seing le plus total pour les trafics les plus répugnants, la drogue, les armes, le trafic d'organes, le trafic d'êtres humains en vue de la prostitution ou bien de leurs tueries.

La croisée des chemins est ici, soit la boue, soit la Liberté, et si la boue l'emporte, par acculturation, sachons que nous entrerons dans une période bolchevique globale, dont la tyrannie s'exercera sur tout un chacun jusqu'à l'anéantissement. La résistance dès lors doit s'organiser dans le respect des lois, une résistance totale à l'oppression de la médiocrité, comme elle s'est organisée en union soviétique, comme elle s'est organisée pendant la période où l'Allemagne nazie gouvernait notre Nation avec l'aval de gauchistes répugnants, issus des rangs de cette franc-maçonnerie ordurière qui aujourd'hui réclame encore et encore la soumission des Françaises et des Français à son usurpation.

Cette usurpation ne durera qu'un temps, les dictatures s'effondrent les unes après les autres, et cette tyrannie s'effondrera, car le monde, que le veuille ou non cette boue glauque, sera multipolaire, et nos alliances de facto se feront naturellement. Les Nations Européennes n'ont pas à être soumises à leur escroquerie intellectuelle, et toutes les Nations se dresseront globalement pour détruire à jamais la prétention de sa crapulerie qui se veut pouvoir. C'est mal connaître la Loi de l'Histoire qui se débarrasse de ses scories lorsque l'évolution cesse, en croyant que l'esclavagisme va être l'idéologie dominante dans nos Nations Européennes.

Les mouvements de patriotes auxquels on assiste ce jour décupleront et viendront à bout de cette hérésie de la médiocrité. En attendant ce jour tout un chacun à la possibilité de défaire ces miasmes dans le cadre de l'élection Française. Et dans la légalité absolue bouter à jamais cette déchéance humaine, qui représente un danger total tant pour la France que pour l'Humanité, une insulte à l'intelligence qui ne peut être née que du gruau de la perversion la plus globale, que personne ne doit suivre, sous peine de tomber dans la connivence la plus insane qui soit.

Jour J

Jour J de la troisième guerre mondiale. Ce sept avril 2017, la troisième guerre mondiale vient de commencer réellement. La frappe Américaine sur la Syrie, au mépris du droit International, au mépris des résultats de l'enquête en cours, prouve que le Président des États-Unis n'a plus la main, à preuve le renvoi pur et simple de son conseiller en Sécurité, et qu'il est désormais le jouet de l'État profond de cette Nation, belliciste.

Au même moment on apprend qu'avec le concours des États-Unis les terroristes attaquent la ville de Mhardeh, la plus grande ville Chrétienne de Syrie, dans une sauvagerie absolue. Il n'échappera à quiconque que le terrorisme est totalement instrumentalisé et que les djihadistes sont une composante mercenaire des armées dites Occidentales. Les États voyous sont là, désormais dans leur coalition du crime et de l'horreur. Malheureusement, la France en fait partie, elle qui défend depuis l'origine des groupes alliés à Al Kaida, et qui aujourd'hui par l'intermédiaire de ses représentants plastronnent, n'ayant qu'une vision pour la Syrie, celle d'en faire un protectorat à sa main.

Cette ignoble parodie trouve maintenant ses limites, et tout un chacun saura que le terrorisme qu'il subit dans sa propre Nation est instrumentalisé par cette fourberie qui se veut maîtresse des matières premières de ce monde. Derrière cette répugnance s'agite la guerre bien plus tragique qui se prépare, celle de ces voyous contre la Russie et plus encore sur deux fronts avec la Chine. Ne doutons que les BRICS n'y soient pas pour quelque chose. L'indépendance monétaire étant le salut des Nations qui n'ont pas à se soumettre à l'usure fomentée par des renégats à l'Humanité, qui aux États-Unis prennent leur revanche, et qui voudraient asservir l'Humanité dans sa totalité sous le joug d'une dictature qu'ils appellent le nouvel ordre mondial, la Russie, comme la Chine, pour ces abstractions mentales doivent disparaître.

Le conflit en Ukraine est la porte de cette feuille de route, où l'armée Ukrainienne payée par ce que l'on ose appeler l'union européenne, tue sans vergogne hommes, femmes et enfants, sans bien entendu que la communauté des voyous associés y trouve à redire. La France va connaître des élections dans très peu de temps, et toutes les citoyennes et les citoyens Français doivent évacuer de leur vote, toutes les tribales arborescences de cette pandémie de voyous qui glosent, socialiste, pseudo-républicains, la canaille par excellence qui n'est que prisme de la guerre et de ses outrages, qui fertilisent le terreau de l'islamisme radical ici dans notre Nation, en l'aidant dans le Moyen Orient, embrasé à cause de leur démonie de pouvoir et d'avoir.

En tout état de cause, ce jour sera marqué du sceau de l'infamie, de la traîtrise comme de la félonie aux États-Unis comme il l'est dans notre propre Nation. Nous avons la possibilité de nous sortir de cette hérésie par un vote de salubrité publique, sortir de l'ordure et de ses contingents, il est temps.

Si ce n'est le cas, la France se trouvera supplétive comme elle l'est actuellement de l'Armée Islamique. Le reste n'est que délire institutionnalisé par les ferments des sectes les plus sanguinaires que le monde ait connu, qui ne vaincrons pas, n'en doutons pas les Nations libres, telles que la Russie et la Chine, et espérons-le, demain la France, se portant à leur encontre. L'heure est grave, très grave, et le vote décisionnaire des Françaises et des Français devra révéler leur émancipation de ce terreau affligeant des génocidaires, ou bien leur soumission à la putridité qui se veut règne.

316

L'anéantissement

Petites nouvelles de Terre qui sont particulièrement inquiétantes pour le devenir Humain et son potentiel d'accession à la Liberté. Mais lisons :

« Nous voici donc à la croisée des chemins, soit l'anéantissement, soit la renaissance, qu'il suffit pour cette dernière d'inscrire dans un vote de salubrité publique, témoignant de l'immortalité de la France et de son Peuple.

Une France humiliée, une France martyrisée, une France décomposée par la pourriture bolchevique qui y règne comme elle règne dans cette chose malsaine qu'on ose appeler l'union européenne, sous les auspices de la malfaisance socialiste, la dépravation de pseudos républicains, la reptation à l'islamisme de toute une fange qui ne peut concevoir de vivre dans la grandeur, dans l'honneur, mais seulement dans la souillure, le déni du réel, le paupérisme intellectuel, la flatterie de la médiocrité, la bêtise couronnée.

Ces îlots communautaristes de la félonie, de la traîtrise, sont là et se veulent parades, niant l'existence de notre sol, de notre Peuple de son Histoire, niant de Vercingétorix à Charles de Gaule la vitale allégorie de notre Histoire, niant la réalité multimillénaire d'une Royauté qui a fait nos frontières, niant la vivacité et le témoignage de nos Maréchaux, de nos Généraux, de nos simples soldats qui ont conquis le monde, par toutes les terres, apportant avec eux une forme de civilisation, qu'aujourd'hui renient les bassets à la solde de petits pétroliers sans avenir, de petits banquiers qui n'ont jamais été que les moisissures de toutes les civilisations, et qui ce jour dans le déni de la réalité font la pluie et le beau temps, les guerres outrancières, les génocides barbares auxquels participent des gouvernances répugnantes, qui se voudraient mesures alors qu'elles ne sont que vermines associées qui mènent le monde vers les ténèbres et l'impuissance.

Le monde unipolaire est un danger pour l'Humanité, une contrition de la vanité, de la fétidité, de l'acculturation, de la mise à mort par la sédation ou l'avortement, toujours la vaccination et l'épandage de produits chimiques corrompant la raison, un laboratoire de sangsues avides qui n'ont aucunes valeurs, sinon celles de leur portefeuille, aucune raison d'être sinon que l'anéantissement d'autrui.

Cette unipolarité, totalement viciée, par le mensonge et par la propagande vend ses marques de savonnettes, dont le fumet pue la mort, si bien représentée par son valet servile et demeuré, qui n'a d'autre but que de détruire jusqu'à la moindre incarnation de la France, par une soumission totale aux décérébrés de la Terre, cette petite quantité négligeable qui s'imagine le pouvoir Humain parce qu'elle possède quelques deniers, un château de cartes établi sur des bases sablières que l'ouragan de la volonté humaine renversera au premier souffle, hissé par les valeurs du réel et non les agonies de la virtualité.

Ce quarteron de félons est là dans les belles lucarnes aux ordres, on les entend du matin au soir sur les ondes psalmodier leurs incohérences, leurs goûts infects, leur pensée unique de médiocres, leurs litanies qui sue la bestialité qui les ordonne, les contemple, les admet, les précipite et les ouvrage dans la perfidie, la traîtrise, l'ordure, tous messagers de l'abrutissement, de la dérégulation de toutes formes, aux fins de naître l'informe, la boue vorace qui les englue et les perpétue, faites de toutes les immondices, une panoplie qui renie toutes cultures et notamment la nôtre car incapable de la moindre créativité, sinon celle de la destruction qui les commet, les enhardit, jusqu'à la veulerie suprême, des goules dont l'haleine est la fétidité extrême, une meute ahurie, se complaisant dans la déréliction jusqu'à l'outrage, dans une perversité qui se répercute dans le néant qui leur tient lieu.

La Vie ce n'est pas cela, la Vie dans son architectonie déploie une imagination fertile qui voit en ses enceintes se propulser sa réalité, dans la multiplicité, les Êtres, les Peuples, les Races, l'Humanité, la beauté qui ne se soumet mais bien au contraire s'élève et correspond, dans la vitalité, la joie, sans abandon le moins du monde de ses racines, afin de progresser par la complémentarité vers l'apothéose et non ce subterfuge qui est prononcé, celui de l'esclavagisme le plus répugnant qui soit, encadré par des barbares pour mettre au pouvoir des barbares, des sanguinaires sans vergogne qui agitent les guerres économiques, les guerres sanglantes, et le terrorisme, cette belle invention qui leur permet d'asseoir la volonté afin que tout un chacun se réfugie dans leur giron.

Ce quarteron est nécrose, incommensurable vivier de la perdition, encadrée par ses sectes, la maçonnerie déviante, les sociétés dites de pensées qui ne sont que des tremplins vers la gangrène et le cancer de l'humanité, des cercles qui ne sont que les fourre-tout des imbéciles trompés qui s'imaginent travailler pour un quelconque développement et qui en fait creusent leur propre tombe comme la tombe de l'humanité, et l'arme de cette bassesse est là, faite de tous ses ismes qui tentent de monopoliser l'attention, culpabiliser les ignorants, enhardir dans une milice les faibles d'esprits, les uns les autres encouragés par la lie de l'humanité à laquelle se correspond ce marché des ismes, car ne voyez là que les arbitres de la haine qui veulent vous faire passer pour ce qu'ils sont, des racistes, des antisémites, et j'en passe et des meilleurs, marque de fabrique du transfert habituel des tares qui dirigent cette opération tragicomique qui se voudrait l'infection suprême de toute réalité.

Quarteron des médiocres qui ne savent se tenir debout sans l'appui circonstancié de ce qu'ils appellent leur âme, une âme de dégénéré s'accouplant à l'or comme picsou si bien décrit dans la fameuse bande dessinée, qui n'ont d'autres volontés que de soumettre afin de gagner plus et plus encore sans comprendre que la finalité humaine ne se résout pas dans cette affligeante infirmité, une infirmité si bien représentée par la dette, la dette, nectar sublime des indigents, qui, sans ne rien faire, obtiennent des dividendes sur le sang et la chair humaine, ne pouvant concevoir que des Nations ne soient pas endettées pour les servir et payer leur fainéantise chronique qui relève de l'incompétence absolue, celle des néants qui voudraient s'inscrire pouvoir global de cette petite terre, et dont le pantin absolu ce jour, vendu par des médias aux ordres, s'avance, dans l'impunité la plus totale, une chose totalement ridicule qui ne véhicule que le mensonge et l'atrophie, auxquels emboîtent le pas toute la lie de la société humaine, les prévaricateurs, les voleurs, les faiseurs de guerre, les corrompus, les fallacieux, cette soupe populaire de la médiocrité qui depuis des décennies mène la France au tombeau.

On comprendra mieux ce jour l'empressement de cette bestialité à vouloir faire accroire, comme elle l'a fait aux États-Unis en son temps, aux fins de préserver ses privilèges indus, dans une mascarade où résonne la traîtrise, le parjure, toutes les orientations de la boue bolchevique qui s'est toujours servie des assassins et des truands pour tenter d'asservir, qui s'est servie du terrorisme pour convaincre, qui par tous les temps se sert de sa nécrose pour attirer tout un chacun dans sa méthodologie chronique de destruction, hissant le pavillon de ses milices jusqu'en les réunions de ses contradicteurs, dans la violence et l'impunité de la violence au motif de sa familiale latitude avec le socialisme sectaire qui pourrit les Nations comme ce petit monde depuis sa naissance.

Ne cherchez bien loin la source et le fléau de ce quarteron qui se résume dans ce socialisme, la démocratie sociale, le communisme, le national-socialisme, le communisme, tout un bestiaire de larves accouplées qui prétendent au pouvoir pour les intérêts du Peuple, qu'ils conchient immédiatement pour s'approprier les postes, tenir dans un goulag la Nation dont ils héritent par l'usurpation, et notamment de leurs loges maçonniques déviantes, à laquelle aucune République en France n'a échappé, voyant s'instaurer leurs bubons, dans une opération nécrophage n'ayant pour but que de livrer la France et son Peuple non seulement à leur pâture, mais à celle de leurs commanditaires, les usuriers les plus veules que la terre ait connue. Et l'on ne s'étonnera pas que leur pantin soit ce jour associé à la conquête à nouveau du pouvoir en France.

Ce fléau idéologique doit disparaître de la France comme il a disparu de nombre de Nations qui se respectent et se font respecter, un fléau qui naît dans des loges putrides qui doivent être mises sous haute surveillance, et conjointement voir leurs membres dissociés de toute gouvernance de la Commune à la Présidence, de toutes les Institutions, sans que jamais ils ne puissent revenir par l'étendue de la Loi de 1905 aux sectes maçonniques et sectes diverses, cercles de pensées, sociétés de pensées, fondations, etc, car personne ne peut servir deux maîtres à la fois, la France ou la subversion.

Ce jour cette subversion parade dans le déni du réel et l'exposition de ses leurres jusqu'à voir l'une de ses mantisses bolcheviques annoncer la saignée de la France par une imposition délirante, et bien entendu par le noyage de son Peuple par une invasion massive d'une Afrique qui devrait se battre pour retrouver sa liberté et non venir pleurer la mendicité dans des Nations qui n'ont pas les moyens de la nourrir.

Ce qu'il y a de terrible, c'est que par ignorance et propagande, des citoyennes et des citoyens vont tomber dans l'escarcelle de ces choses prétendantes dont l'Histoire nous démontre l'infamie, la bestialité, la dictature, un bestiaire insensé qui se voit couronné pour le socialisme par près de cent cinquante millions d'assassinats, et ne comptons les assassinats dans ce que l'on ose appeler le libéralisme forcené qui est redevable d'une croissance exponentielle, deux paravents de la même ignominie qui trône dans les conseils d'administrations de banques déviantes, couronnant une union européenne admettant le trafic d'armes comme de drogues dans le cadre des bilans, touchant très certainement sa dîme pour cette ignominie, comme d'ailleurs les verrous de la « paix sociale » qu'il conviendra pour tout gouvernement qui se respecte de déloger et juger manu military de toutes les institutions quelles qu'elles soient.

Observons jusqu'aux dernières limites la correspondance entre les sectes, l'une de la lie de l'humanité avec son mentor allant jusqu'à téléphoner aux citoyennes et aux citoyens comme une prostituée, et pire encore l'autre qui se présente comme le sauveur de la France, allant jusqu'à discréditer avec les mêmes armes, les sondages bidons, le cœur de la Nation, on comprendra que les mêmes méthodes sont employées pour taire la voix du Peuple de France, et si l'on pouvait hésiter un instant entre la Voix du Peuple et celui qui sous tendrait redonner une place prépondérante à la France, tout un chacun aura compris qu'il ne peut être qu'une illusion, aux motifs de sa propagande ridicule et de ses argumentations qui sonnent fausses désormais, voyant s'allier les mêmes discours contre les mêmes opinions.

Il y a là un bestiaire qu'il convient de nettoyer, dans l'urgence si l'on ne veut pas descendre dans les ténèbres qui sont le lieu commun de ces sectaires, de ces communautaristes, les uns du capital, les autres de toute la misère humaine, et tout un chacun aura compris qu'il n'existe désormais qu'une alternative pour se sortir de la boue qui tente d'inonder chaque volonté, dans le prisme de la décadence, de l'outrage, de la dysharmonie, les plus évidentes, celles qui tenteront de détruire le cœur de la France, comme elles ont bien failli le faire avec la manipulation du terrorisme à Marseille, fort heureusement stoppée par des femmes et des hommes de bonne volonté qui ne s'inscrivent pas dans cet hallali de la bestialité qui se veut maîtresse de toute pensée.

La croisée des chemins est donc là, et il convient que tout un chacun en prenne la mesure, celle de sa disparition ou bien de sa renaissance, une renaissance qui ne tient qu'à un acte de volonté, un vote de salubrité publique qui mettra hors de nuire les vampires fétides qui grouillent dans cette élection qui devient de plus en plus une mascarade, où se vautrent les gargouilles et les prédateurs les plus barbares que notre France ait connus.
»

Pauvre petit Pays soumis à l'usure et la subversion associées dont nous avons depuis bien des millénaires renvoyés les scories. Espérons que cette Nation, qui a toujours été un phare sur ce Monde, se redresse.

Manipulation, Médias, Neurosciences

La propagande, le mensonge, l'illusion sont les échelles permettant de conférer à la médiocrité ses apparences trompeuses et dénuées de tout intérêt. Ces items ne sont mis en place que pour masquer la réalité, une réalité confondante permettant de voir qui dirige réellement les Peuples comme les Nations vers l'abattoir de l'esclavagisme et de la barbarie. Le contrôle équivoque de cette déréliction se tient dans la permanence de sociétés discrètes ou secrètes, elles-mêmes aux mains d'esclavagistes en puissance, les usuriers avariés.

Les méthodes de tromperie concernant les Peuples sur la réalité sont parfaitement connues et instrumentalisées depuis des décennies, tant dans le domaine de la psychologie sociale que par les sciences sociales et physiques, ou neuro sciences, qui permettent, lorsqu'elles ne sont pas en bonne main, de conditionner l'Être Humain jusqu'à le faire disparaître dans une masse amorphe, docile, que l'oligarchie de la servitude peut alors commander sans le moindre problème, réguler par l'avortement comme l'euthanasie, la boucherie née de l'interdiction de penser, l'interdiction de créer, l'interdiction de se composer en dehors de la fange qu'elle inspire et conditionne afin de garder les avantages que sa nature avariée a produit, résultats de l'usure la plus pernicieuse qui soit se commettant par la dette, enchaînant tant les Êtres Humains que l'Humanité.

Le vingt et unième siècle sera celui qui verra s'effacer cette immondice de la Terre, n'en doutons un seul instant, la dictature de la médiocrité ne pouvant perdurer compte de la rémanence initiée par les Peuples combattant, toujours, la destruction, au profit de l'élévation. Cette rémanence, issue de l'action intra personnelle comme extra personnelle de l'Être Humain, qui préexiste et existe toujours malgré les leurres qui cherchent à l'égarer, aura un combat déterminant à mener dans les années à venir pour éclairer les uns les autres aux fondamentaux de sa condition d'évolution humaine.

Le premier combat à mener reste et restera le combat culturel face au déni de la culture apostrophée par les centres médiatiques aux ordres qui sont les déserts qui servent l'usure pour façonner l'inintelligence, l'illettrisme, l'acculturation, l'athéisme le plus profond, la déperdition de la cognition comme de l'empathie, aux fins de naître l'esclave parfait. On se référera aux auteurs approuvant cette fange de l'esprit pour bien comprendre les mécanismes outranciers que facilitent des sociétés multinationales qui n'ont d'autres buts culturels que de semer dans les esprits la glorification de la désintégration, l'annihilation de l'Être Humain, des Peuples, des Races, des Nations au profit de l'empire dictatorial et névrosé d'une oligarchie vaniteuse, réductible à la valeur de ses avoirs, dont le but privilégié est d'asseoir la servitude pour continuer à prospérer dans la boue et par la boue qu'elle instaure.

Aldous Huxley nous dit dans sa préface du « Meilleur des Mondes » : «*Les forces impersonnelles sur lesquelles nous n'avions presque aucun contrôle semblent toutes nous pousser en direction du cauchemar meilleur-mondiste ; et cette poussée impersonnelle est en train d'être sciemment accélérée par les représentants des organisations politiques et commerciales qui ont développé un certain nombre de techniques pour manipuler, dans l'intérêt d'une certaine minorité, les pensées et sentiments des masses.*», nous enseignant par là même sur la nature et l'intérêt profond pour la désincarnation de l'humanité des initiateurs de cette prébende intellectuelle. Walter Lippman dans son ouvrage « Opinion Publique » nous dit : « *Que cette fabrication du consentement soit capable de grandes améliorations, personne, je pense, personne ne le nie. Le procédé par lequel les opinions publiques se présentent n'est certainement pas moins subtil qu'il l'est apparu dans ses pages, et les opportunités de manipulation qui s'ouvrent à quiconque comprend le procédé sont suffisamment claires... comme un résultat de* recherches psychologiques alliées avec les moyens de communication modernes, la pratique de la démocratie a pris un tournant. *Une révolution se produit, infiniment plus significative que toutes les variations du pouvoir économique... sous l'impact de la propagande, pas nécessairement au sens péjoratif du mot, les vieilles constantes de notre pensée sont devenues variables. Il n'est plus possible, par exemple, de croire au dogme initial de la démocratie ; que la connaissance nécessaire à la gestion des affaires humaines sort spontanément du cœur humain. Lorsqu'on agit selon cette théorie on s'expose à l'auto déception, et à des formes de conviction que nous ne pouvons vérifier. Il a été démontré que nous ne pouvons pas compter sur l'intuition, la conscience, ou les accidents de l'opinion faite à la va-vite pour traiter avec le monde au-delà de notre portée.* », initiant un charabia déconcertant dont la philosophie consiste à faire croire que l'élément moteur du discernement, l'Être Humain, n'existe pas et donc que tout un chacun doit dans l'acceptation se réfugier dans une masse informelle dont la direction relève de l'abstraction la plus totale comme la plus létale. Steve Jacobson dans son livre «Contrôle mental aux États-Unis » nous confirme cette dernière opinion : « *Le pouvoir politique et économique aux États-Unis est concentré entre les mains d'une «élite dirigeante » qui contrôle la plupart des corporations multinationales les principaux médias, les fondations les plus influentes, les universités privées les plus importantes et la plupart des services publics basés aux États-Unis. fondé en 1921, le council of foreign relations est le lien clé entre les grosses corporations et le gouvernement fédéral. On l'appelait « l'école des hommes d'états » et « ce qui se rapproche d'un organe de ce que c. wright mills appelait l'élite du pouvoir – un groupe d'hommes aux intérêts et modes de pensée similaires façonnant les évènements depuis des positions invulnérables dans les coulisses. La création des nations unies était le projet du cfr, tout comme le fonds monétaire international et la banque mondiale.* », nous y sommes et ce pouvoir déborde largement les États-Unis, on a très bien pu le voir en action dans le cadre de l'élection de la marque de savonnette dirigeant la France, via la fondation franco américaine, via le Bilderberg, via les loges maçonniques avariées. Carl jung défini dans son texte : « *le concept d'inconscient collectif »*, les arcanes noirs de ce *diktat* : « *Ma thèse, donc, est comme suit : en plus de notre conscience immédiate, qui est d'une nature tout à fait personnelle et que nous croyons être le seul psychisme empirique (même si nous ajoutons l'inconscient personnel en appendice), il existe un second système psychique d'une nature collective, universelle et impersonnelle qui est identique à tous les individus. Cet inconscient collectif ne se développe pas individuellement, mais on en hérite. Il consiste en formes préexistantes, les archétypes, qui peuvent seulement devenir conscientes de manière secondaire, et qui donnent une forme définie à certains contenus psychiques.* ». Diktat approuvé par Edward Bernays le manipulateur de l'inconscient, qui écrit dans son ouvrage « Propagande » : « *la manipulation consciente et intelligente des habitudes et opinions organisées des masses est un élément important d'une société démocratique. Ceux qui manipulent ce mécanisme invisible de la société constituent un gouvernement invisible qui est la vraie force dirigeante du pays. Nous sommes gouvernés, nos esprits sont façonnés, nos goûts formés, nos idées suggérées, en grande partie par des hommes dont on n'a jamais entendu parler. C'est un résultat logique de la manière dont notre société démocratique est organisée. Un vaste nombre d'êtres humains doivent coopérer de cette manière s'ils veulent sous peu vivre ensemble dans une société qui fonctionne sans difficultés. Nos gouvernants invisibles sont, dans beaucoup de cas, inconscients de l'identité de leurs collègues dans le cercle fermé.* ». On appréciera ici le degré de reptation dont fait état cet auteur devant la dictature imposée par une oligarchie qui au regard des événements historiques, géographiques, politiques, n'a pas la moindre ambition de développer l'Humain mais bien au contraire l'asservir physiquement, mentalement, spirituellement à son esclavagisme. La formule de l'asservissement a été trouvée par Harold Lasswell dans sa fameuse phrase : « qui, dit, quoi, à, qui, par, quel moyen, avec, quel effet ». Vendre la médiocrité pour mieux contrôler les masses devient donc le rêve de conquête des belligérants combattant l'Humanité et surtout l'évolution de l'Humanité. Et cela passe fatalement par le texte, l'image, plus proche de nous la vidéo, le film, le jeu informatique, et bien entendu la presse dite d'opinion, et la concentration globale de leurs outils en quelques mains afin que se perdent la réalité au profit de la virtualité qui doit s'imposer pour avoir entre les mains des larves consentantes et non des Êtres Humains dont l'esprit critique peut remettre à leur place toutes les dérives enfantées par cette armée d'involution par excellence. Cette armée se retrouve dans quelques sociétés si bien exposées par Ben Bagdikan, dans son ouvrage « Le monopole des médias » : « *une liste des propriétés contrôlées par AOL TIME WARNER prendrait dix pages dactylographiées qui listeraient 292 compagnies séparées et filiales. Parmi elles, 22 sont des sociétés en participation avec d'autres majors impliquées à divers degrés en opérations médiatiques. Ces partenaires incluent 3COM, EBAY, HEWLETT-PACKARD, CITYGROUP, TICKETMASTER, AMERICAN EXPRESS, HOMESTORE, SONY, VIVA, BERTERLSMANN, POLYGRAM, et AMAZON.COM. Quelques-unes des propriétés plus familières détenues à 100% par AOL TIME WARNER : BOOK-OF-THE-MONTH CLUB : LITTLE BROWN EDITEURS ; HBO et ses sept chaînes ; CNN ; sept chaînes spécialisées et en langues étrangères ; « BIP-BIP et VIL COYOTE » ; les studios WARNER BROS ; POPULAR SCIENCE et 52 autres labels de disques différents.* ». À titre d'information on se rappellera que AOL Time Warner possède : 64 magazines, dont Time, Life, People, MAD Magazine et DC Comics. Waner Bros, New Line et Fine Line Features dans le cinéma. Plus de 40 labels musicaux dont Warner Bros, Atlantic et Electra. Beaucoup de « networks » télévisuels tels que AB Network, HBO, Cinemax, TNT, Cartoon Networket CNN. Madonna, Sean Paul, les Whites Stripes. Viacom possède CBS, MTV, MTV2, UPN, VH1, Showtime, Nickelodeon, Comedy Central, TNN, CMT et BET, Paramount Pictures, Nickelodeon Movies, MTV Films, Blockbuster Videos, 1800 écrans de cinéma à travers Famous Players. La Walt Disney Company possède ABC, Disney Channel, ESPN, A&E, History Channel Walt Disney Pictures, Touchstone Pictures, Hollywood Pictures, Miramax Film Corp., Dimension et Buena Vista International, Miley Cyrus/ Hannah Montana, Selena Gomez, les Jonas Brothers. Ben Bagdikan nous rappelle à juste titre : « *la propriété de Disney d'une équipe de hockey appelés les MIGHTY DUCKS D'ANAHEIM ne suffit pas à décrire l'immensité de son royaume. Hollywood reste son cœur symbolique, avec huit studios de productions et distributeurs : WALL DISNEY PICTURES, TOUCHSTONE*

PICTURES, MIRAMAX, BUENA VISTA HOME VIDEO, BUENA VISTA HOME ENTERTAINMENT, BUENA VISTA INTERNATIONAL, HOLLYWOOD PICTURES ET CARAVAN PICTURES. la compagnie WALT DISNEY contrôle huit maisons d'édition sous WALT DISNEY COMPANY BOOK PUBLISHING et ABC PUBLISHING BOOK ; 17 magazines ; ABC TELEVISION NETWORK avec ses dix stations qu'elle possède et qu'elle fait fonctionner y compris dans le top 5 du marché ; 30 stations de radio, dont toutes les plus grosses du marché; 11 chaînes câblées dont DISNEY, ESPN (conjointement) ; A&E et la chaîne histoire ; 13 chaînes de diffusion internationale qui vont de l'Australie au Brésil ; 17 unités sportives et unités de production autour du monde ; et 17 sites internet, ce qui inclut le groupe ABC, ESPN.SPORTZONE, NFL.COM, NBAZ.COM et NASCAR.COM. Ses cinq groupes musicaux incluent LA BUENA VISTA, LYRIC STREET et les labels DISNEY, et des productions cinématographiques « vivantes » d'où sont sortis des films comme le roi lion, la belle et la bête, et le roi david... ». Vivendi Universal possède 27% des ventes de musique aux États-Unis, ses labels comprennent : Interscope, Geffen, A&M, Island, Def Jam, MCA, Mercury, Motown et Universal ; Universal Studios, Studio Canal, Polygram Films, Canal +. De nombreuses compagnies téléphoniques et Internet, Lady Gaga, The Black Eyed Peas, Lil Wayne, Rihanna, Mariah Carey, Jay-Z. Sony possède Columbia Pictures, Screen Gems, Sony Pictures Classics, 15% des ventes de musique aux États-Unis, ses labels comprennent : Columbia, Epic, Sony, Arista, Jive et RCA Records Beyonce, Shakira, Michael Jackson, Alicia Keys, Christina Aguilera. ». Où l'on voit ici la tentative d'implanter un standard dans la pensée humaine, surtout le standard de la médiocrité et de ses avatars. Un standard révélé dès 1928 par Edward Bernays dans son ouvrage « Propagande » : « *le cinéma américain est le plus grand transporteur inconscient de propagande dans le monde aujourd'hui. C'est un grand distributeur d'idées et d'opinions. Le cinéma peut standardiser les idées et habitudes d'une nation. Parce que les images sont faites pour satisfaire les demandes du marché, elles reflètent, soulignent, et même exagèrent les grandes tendances populaires, plutôt que de stimuler de nouvelles idées et opinions. Le cinéma use des idées et des faits qui sont en vogue. Tandis que les journaux cherchent à offrir les faits, il [le cinéma] cherche à offrir du divertissement. ».*

Une standardisation dont les méfaits sont évoqués par Théodor Adorno et Herbert Marcuse qui en identifient les principaux problèmes : la réduction des Êtres Humains au statu de masse, ne permettant plus à l'individu de s'émanciper et prendre des décision rationnelles, le remplacement de l'autonomie de la conscience de soi par la paresse sécurisante du conformisme et de la passivité, et l'ancrage de l'Être Humain, devenu une larve consommatrice, du fait de la virtualité proposée par les médias, sans souci d'esprit critique. En fait une larve consentante, telle qu'on peut s'en rendre compte au regard des publicités télévisées qui s'adressent au sous-humain et en aucun cas à un Etre Humain raisonnant et ayant conservé son esprit critique, comme d'ailleurs aux regards des émissions de jeux télévisés et distractions télévisées, où le néant domine le néant dans son affirmation de médiocrité consommée.

Abêti, acculturé, illettré, l'Être Humain noyé dans la masse, ne recherche plus une once de vérité, bien au contraire dans un mimétisme carnassier s'extasie de sa propre déréliction et acclame la déréliction, devient acceptant comme, hypocritement, Adlous Huxley semble s'en rendre compte dans son ouvrage « Le meilleur des mondes » : « *en ce qui concerne la propagande, les premiers défenseurs de l'alphabétisation universelle et de la presse libre envisagèrent deux possibilités : la propagande peut être vraie, où elle peut être fausse. Ils n'ont pas prévu ce qui est en fait arrivé, surtout dans nos démocraties capitalistes occidentales – le développement d'une vaste industrie de consommation de masse, concernée dans l'absolu ni par le vrai ni par le faux, mais par l'irréel, le plus ou moins totalement dénué de pertinence. En un mot, ils ont échoué à prendre en compte l'appétit presque infini de l'homme pour la distraction.* », ce n'est pas l'être humain qui est en cause ici, mais bien la larve qu'il est devenue à cause de la propagande décérébrée devant laquelle il est invité à se prosterner. Jacques Ellul quant à lui ne s'y est pas trompé en précisant : « *c'est l'émergence des médias de masse qui rend possible l'utilisation de techniques de propagande à échelle sociétale.*

L'orchestration de la presse, de la radio et de la télévision pour créer un environnement continuel, durable et total rendant l'influence de la propagande virtuellement insoupçonnée précisément parce que ça crée un environnement constant. Les médias de masse fournissent le lien essentiel entre l'individu et les exigences de la société technologique. » ; Les exigences de la société technologique font vraiment rire, les exigences des mentors de cette exigence seraient plus appropriées. La manipulation de l'individu est parachevée par la mise en œuvre de fonds illimités programmés à cette fin. Comme le dit Marshall Mcluhan dans son ouvrage « Les extensions de l'homme » : « *aucun groupe de sociologistes ne peut se rapprocher des équipes publicitaires en ce qui concerne le rassemblement et le traitement de données sociales. Les équipes publicitaires ont des milliards par an à dépenser dans les recherches et tests de réactions, et leurs produits sont de magnifiques accumulations de substance concernant les sentiments et expériences vécues par la communauté entière.* » et comme le dit si bien jacques ellul : « *c'est aussi bien avec la connaissance de l'être humain, de ses tendances, de ses désirs, de ses besoins, de son mécanisme psychique, de ses automatismes que celle de la psychologie sociale et de la psychologie analytique que la propagande peut affiner ses techniques.* ».

Ce mariage du pouvoir de l'argent avec l'Humanité réduit considérablement l'évolution de la dite Humanité, comme le dit si bien Michael A Hoffmann II dans son ouvrage « Sociétés secrètes et guerre psychologique » « *on dit à ces esclaves aveugles qu'ils sont « libres » et « bien éduqués », même quand ils marchent au pas derrière des signes qui feraient s'enfuir d'eux paniqué et en criant n'importe quel paysan du moyen-âge. Les symboles que l'homme moderne embrasse avec la confiance naïve d'un enfant équivaudraient à cet écriteau sur une pancarte : « direction votre mort et l'esclavage », comme le comprendrait un paysan de l'antiquité* ».

On ajoutera à cette tentative de désincarnation de la réalité humaine, les neuro sciences associées qui ont pour but par les ondes électromagnétiques de détruire la capacité cognitive de l'Être Humain, comme particulièrement les déversements de produits neuro toxiques dans l'atmosphère, baryum, aluminium, etc, ainsi que la vente dans la grande distribution de produits avariés et toxiques, pour bien faire comprendre que le combat à mener doit être total contre cette tentative de réduction en esclavage non seulement de l'Être Humain, des Peuples, des Races, de l'Humanité toute entière par des non-humains qui se cachent dans leurs conseils d'administration, des financiers véreux, agitant leurs pantins politiques ridicules et méprisables qui acceptent cette mise en servage et ne travaillent que pour cela.

On s'intéressera aux neuro sciences et notamment à l'ouvrage de Marco Della Luna et Paolo Cioni «Neuro-esclaves » Edité par http://macrolivres.com, pour aller plus loin et mieux comprendre l'aphasie, la stérilité des Peuples comme d'une majorité d'individu devant leur mise en esclavage.

Athéisme

L'athéisme est le propre du narcissisme, de l'égoïsme, de l'anthropomorphisme le plus déviant qui soit, car se basant sur deux vecteurs humains, le corps et l'esprit, et ne tenant absolument pas compte de la réalité humaine, trinitaire par excellence dont les composantes sont le corps, l'esprit et l'âme. L'impuissance née de l'athéisme à toute élévation humaine se révèle parfaitement dans le cadre de pseudos sociétés et pseudos idéologies permettant la déliquescence dans ce qu'elle a de plus ténébreuse, où l'idiotie devient un fer de lance, la médiocratie un socle particulier permettant la dénaturation de toutes valeurs essentielles au profit du néant, du glauque, du sordide, de la bêtise associée à la vanité la plus exclusive et inclusive et bien plus de la barbarie, car dans son déséquilibre marque de l'intolérance la plus formelle à l'endroit de tout ce qui ne pense dans sa cécité.

Une cécité que l'on retrouve à l'opposé dans le cadre du rejet du corps, propre de pseudos spiritualités totalement inconsistantes illuminant le matérialisme le plus torve, comme le matérialisme illuminant la spiritualité la plus déficiente qui soit. Il n'est pas difficile de comprendre ici que la correspondance de ce mal est liaison de tout ce que la virtualité féconde, dans l'irresponsabilité comme dans la cruauté la plus absolue, car vecteur d'un non-être, sans respire sinon celui de ses addictions les plus immondes comme les plus stériles, centrées sur un égocentrisme dont la permanence est un reflet humain et en aucun cas l'Humain, un néant mue par ses instincts bestiaux et en aucun cas par l'unité plénière permettant l'équilibre et par l'équilibre une avance impartiale dans la Vie, pour la Vie et par la Vie.

L'athéisme ici trouve sa source, celle de la bestialité, pire de la sous-bestialité, car on a jamais vu les animaux se traiter ainsi, qui réverbère les périodes historiques récentes, comme notre pseudo-monde d'aujourd'hui plus particulièrement en Occident, d'une manière particulièrement pertinente. Que sont donc les valeurs tant prisées par ce pseudo-Occident ? L'onirisme le plus prétentieux, la vanité la plus infatuée, la possession la plus outrancière, le déni de la Vie, de la jeunesse comme de la vieillesse, par addiction à l'avortement, la vaccination mortifère et l'euthanasie, la jouissance polymorphe perverse et criminelle, pédophilie, zoophilie, l'invariance de l'accroire de l'éternité en ce lieu, apurant les tréfonds d'un satanisme délirant, meurtrier et conjugué dans ces sphères qui s'autodécrètent élites, alors qu'elles ne sont que les bas-fonds de l'avilissement et ses scories.

Belles valeurs que celles-ci encourageant le crime, encourageant l'assassin, encourageant le délitement de la famille, encourageant la pornographie à tous niveaux jusque dans les écoles primaires où le « genre », cette théorie née d'un débile mental s'étant auto castré pour complaire à son athéisme vicieux le plus profond, est désormais le berceau d'enfants inadaptés, pour la plupart vissés à des écrans qui les auscultent, les mènent par le bout du nez vers le néant et ses singeries. Le vivier de cette lèpre qui fustige l'innocence se retrouve dans ces sociétés discrètes, cette franc-maçonnerie déviante qui est la fange par excellence détenant par viol de l'esprit tous les pouvoirs, afin d'incarner sa sous-bestialité par tous les degrés du vivant, afin de l'anéantir par tous les moyens pour créer l'esclave parfait, immonde, immature, objet économique comme sexuel à l'usage de la dépravation qui gouverne, via ses marques de savonnettes, comme on les voit si bien dans notre Nation.

Ces valeurs ne sont pas celles de l'Être Humain qui se respecte et se fait respecter. Elles sont les valeurs des leurres qui s'accouplent à leur miroir, tellement pédants que leur regard sut la morve qui leur sert de cervelle, des bouffis d'orgueil dont la démesure efface toute manifestation humaine au profit de la fiente, comme en témoigne l'Art de ce jour, qui lui n'est pas responsable, car seul instrument de mesure de la prouesse ou du déclin d'une civilisation. Ce miroir nous montre l'absurdité dans sa couardise, dans ce limon de flatulence où les ordonnances vont de la liquidation systémique des Sexes, des Ethnies, des Races, de l'Humanité elle-même, afin d'idolâtrer la virtualité et ses actes barbares, tel qu'on peut le voir ce jour lorsque les médias enchantent les djihadistes aux ordres de certaines gouvernances qui ont étripé, éviscéré, décapité, que ces errements voudraient faire passer pour des héros.

On ne s'étonnera pas devant cette décérébration que certaine personne issue de terres étrangères aille jusqu'à dire qu'il faut gazer la race blanche, cette sous-race, bien entendu avec l'aval d'une justice en décomposition, d'une gouvernance qui n'est que le leurre de l'usure, car ici dans le cadre de leurs valeurs, tout ce qui souille et veut détruire l'existence humaine, surtout si elle est caucasienne, croyante, chrétienne ou orthodoxe, ne mérite pas de vivre, car ne partageant pas les valeurs des nains intellectuels qui dans leur tripot malfamé égosillent leur impuissance à toute création, en inventant et conditionnant leur fer de lance, un laïcisme ridicule, porteur des germes de la mort, comme on l'a si bien vu en œuvre lors du génocide Vendéen, lors du génocide Russe, lors du génocide Arménien, lors du Génocide Chinois, lors du génocide des Pays de l'Est par leurs promoteurs hideux, souillures par excellence de l'Humanité.

L'athéisme est là, dans sa pompe, ses honneurs et ses gloires, un athéisme propulsant non pas les Êtres Humains, mais des sous-humains dans la barbarie la plus totale comme on a pu la voir récemment en action en Syrie et en Irak, et qui ce jour devrait être pour certaines Nations, via une immigration de masse, en vue de remplacer les peuples autochtones, idéal remarquable. Les caractères de cette boue sont en voie de maîtrise dans nombre de Pays dont la population s'efface pour tendre la gorge à la bestialité, car cette population est vidée par une sous-culture minable, de toute sa vitalité, de ses orientations, culpabilisée par le néant et ses miasmes qui frétillent pour obtenir des subventions afin de flageller le Peuple qui ne pense pas comme eux, avec la bénédiction de cette sordide association de francs-maçons véreux qui sans jeu de mots, ont vendu leur âme au diable afin de connaître le délire d'une onde de pouvoir, sitôt retirée lorsqu'ils ne s'inscrivent pas dans la boue qui est leur couronnement, leur synthèse et leur dévotion.

Ces métastases sont là, dirigeantes, et destituent la vitalité des Peuples, comme on peut très bien les voir en action dans notre Nation ce jour, en nourrissant les portefeuilles, et en paupérisant par une ponction de vingt et un milliards d'euros la classe moyenne qui fait vivre la Nation, en insufflant un milliard d'euros dans l'aide médicale d'état, au détriment du Peuple de France afin de soigner toute la misère humaine, surtout si elle vient de Nations où règnent des potentats aux ordres de la gouvernance, eu égard à l'exploitation de leurs matières premières ou tout simplement de leur vol.

L'athéisme ici se révèle dans sa cruauté la plus abyssale, devient vecteur de l'esclavagisme le plus hideux qui soit, instituant une nouvelle traite des Africains, avec le blanc-seing de leurs roitelets, rejoignant en cela la faconde des djihadistes vendant les Chrétiens aux plus offrants, dans une traite qui a toujours existé dans le monde sémitique et qui n'est pas née d'hier. La constitution Française, ici, vole en éclat, et ce n'est pas peu de le dire, voyant l'étranger mieux traité que le Peuple de France, en attendant sa mise en servage par les prédateurs cosmopolites dirigeant ce qu'il reste de son industrie. Il n'y a plus de liberté, d'égalité, de fraternité dans cette Nation, mais un marché aux esclaves digne des barbaresques les plus sauvages et les plus criminelles, un marché aux esclaves si bien défendu par une justice aux ordres, qui libère bien entendu les criminels quels qu'ils soient dès qu'ils ne sont pas Français, par une gouvernance hideuse qui achète des hôtels pour loger ces esclaves en laissant périr de froid plus de cent cinquante mille sans abris dans notre Nation, où le paupérisme s'installe avec son vivier infect de déprédation, de vol et de viol en tout genre.

L'athéisme ici brille de tous ses feux, immortalisant sa route sanglante, sa barbarie ultime, sa répugnance atavique, libérant des lois iniques voulant voir vacciner de onze vaccins mortifères les enfants de France, pour engraisser les laboratoires pharmaceutiques et toucher sa dîme au passage, voulant souiller la vieillesse en l'affligeant par le vol d'une CSG indue sur ses retraites, tandis que sa gouvernance répugnante ne la paiera pas, pas plus que ses députés minables, incapables de constituer une phrase, sujet verbe, complément. La barbarie maçonnique est là, dans sa perversité naturelle, issue de son hilarante prostration à la vacuité de tout ce qui n'est pas la France, de tout ce qui n'est pas l'Europe, de tout ce qui n'est pas l'Occident, mais tout du venin participe qui les asphyxie depuis des siècles.

Avant même d'être en état de colonisation, nous sommes colonisés par ces miasmes, par cette virtualité niant l'existence historique des Peuples au profit de la bassesse et de la lie, nous sommes colonisés par le festin de la plèbe, de son ignorance, de son délire vaniteux, dont la course effrénée rappelle les invasions les plus néfastes, toutes arrêtées que le veuille ou non cette avanie, par la force des Peuples qui se sont réveillés et n'ont jamais voulu tomber dans les mains de sa souillure et de ses féaux. L'Histoire avec un H majuscule est un perpétuel recommencement lorsque la Voie, celle permettant l'élévation de l'Être Humain et non son délitement, est stoppée par les trépanés de l'intelligence, les oublieux de la Vie, les handicapés de la réalité, tous ces tortionnaires et dictateurs, tous ces potentats et ces licteurs qui s'imaginent Dieu alors qu'ils ne sont que de simples poussières d'étoiles désorientées et maladives, de simples fétus de paille qui n'en ont ni la consistance, ni la grâce.

Gageons qu'ils disparaîtront comme ils sont venus, ne laissant aucune trace dans l'Humanité, sinon que comme ce que tout Être Humain doit honnir et éviter, ce que tout Peuple doit défaire, ce que l'Humanité dans son ensemble doit juger et rendre à la poussière. Ce sera l'ouvrage du temps et de la prise de conscience des générations en devenir qui permettront leur anéantissement, un anéantissement permettant de rendre sa dignité à l'Être Humain, sa vitalité, son honneur et sa grandeur, sa capacité créatrice, son engouement pour l'élévation et en aucun cas pour les marais glauques où se noient la plupart de nos contemporains, incultes et désœuvrés, s'imaginant le nombril du monde alors qu'ils n'en sont que parties infinitésimales. Alors au lieu de penser à ce qu'ils peuvent faire pour eux-mêmes, ils penseront à ce qu'ils peuvent faire pour les autres, et notamment pour leur famille, leur Peuple, leur Race, l'Humanité, et ne se complairont plus dans la flagellation comme la culpabilisation qui sont les vecteurs dont se servent des minorités pour s'accomplir et accomplir la boue qui les englue et qu'ils voudraient voir objet de piété par tout un chacun.

Cela passe bien entendu par la reconnaissance de leurs vecteurs que sont l'Âme, l'Esprit, le Corps, l'Unité de ces vecteurs, et non la dysharmonie entre ces vecteurs, une étape symbiotique leur permettant d'évoluer et non plus régresser ou se plier à la régression enfantée par l'athéisme barbare qui se veut ce jour suffisance, propulsant dans l'ornière la nature de la beauté, de la bonté, du don, de la splendeur, de l'honneur, du sacrifice, toutes valeurs immortalisées par l'essence Chrétienne, qu'aucune religion d'essence matérielle par ce monde n'a seulement effleurée, et bien plus qu'aucun athéisme ne pourra seulement percevoir tant l'opacité de la réalité est son ferment comme son serment, si bien représentée aujourd'hui par toutes ces ligues plus ridicules les unes que les autres, anthropomorphistes par excellence, s'imaginant le centre du monde alors qu'elles n'en sont que les scories les plus abyssales, qui pavanent en gouvernance dans nombre de Nations, alimentant leurs terreaux nuisibles par toutes sphères pourrissantes.

La vermine y grouille et s'y complaît, s'y délecte et s'y déploie, pour combien de temps ? Qu'importe le temps, il est l'allié irréversible de l'Évolution et n'est contingent de la fétidité comme de la corruption, bien au contraire, il est l'ennemi principal de ces dérélictions primitives dont il sait la fin et dont il manifestera la fin, comme il l'a manifesté dans le cadre des malversations que sont le socialisme et ses petits frères, le communisme et le national-socialisme. L'athéisme est de cette même plaie et disparaîtra comme ont disparu les miasmes qui lui ont donné naissance. L'Histoire le contera.

L'autorité

Petites nouvelles de cette petite Terre en proie sur sa face Occidentale à la subversion atavique la plus profanatrice et la plus dangereuse, mais lisons :

« Qu'enseigne le Verbe, qu'il n'est d'autorité dans le crime comme dans la barbarie. Or que voyons-nous se dresser par nos rives occidentales ? Sans honneur, sans grandeur, sans la moindre élévation, le prurit atavique de la bestialité qui ordonne, condamne, disgracie, dans une désintégration maladive et coordonnée issue de croyances désuètes, anachroniques et tout simplement répugnantes. Il y a là le verset de la condition humaine spoliée de son devenir par une errance concaténée par la vanité et le désir, dans un couronnement des égouts qui marchent vers la poussière, avec de hauts cris, avec des outrances que l'imagination ne peut trouver lorsqu'elle est éclairée, mais qui se magnifie dans l'ordure lorsqu'elle est bridée, infectée par l'outrance et ses miasmes aux relents nauséeux.

Où se place donc l'Être Humain dans cette fange, cette fange physique, cette fange culturelle, cette fange spirituelle ? Au cœur même de cette tourmente afin de signifier le signifiant et non les signifiés, ces impropres vitalités s'époumonant dans le vide pour en accélérer le mouvement dans une promptitude névrotique et hystérique.

Tout Être sensé ne peut continuer à suivre cette dérision, cette singularité provocante et hideuse, assoiffée de pouvoir, assoiffée d'argenture, machiavélique, pillarde et barbare à souhait s'inventant des valeurs qui ne sont pas des valeurs humaines, qui ne sont pas les valeurs de la Vie mais les valeurs de la mort biologique, dont la mise en œuvre ne permet à la Vie de s'épanouir et épanouir son champ d'action, en un quantum de temps, révélant ainsi dans les actes allant à son encontre le pire ennemi qui soit de l'Humanité dans son intégralité, un virus par excellence cherchant à la décimer, pilier de la déréliction s'il en fut, sommet de l'hypocrisie et de la laideur, au nom si commun d'usure.

L'observateur accompli n'aura grandes recherches pour commettre les hauts faits de cet esclavagisme le plus impertinent qui soit, devant lequel se prosternent les atrophiés mentaux, les stérilités les plus incompétentes, les gargarismes les plus éhontés, toute une foule de larves s'inventant une légitimité lorsqu'elle n'est que relent de la pestilence qui la recouvre et la découvre. Fatuité ses ordonnances s'initient dans des cloaques discrets où se fonde la politique nécessaire à l'accouplement de cette bestialité avec le bon Peuple, un Peuple ignorant et laissé dans l'ignorance afin de le mieux maltraiter, afin de le mieux éprouver, le rendre à peau de chagrin de sa potentialité d'exister.

Et comment donc se réalise cette perversion ? Par la dissociation parasite de l'existence Humaine en ses promesses, en éradiquant tant l'homme que la femme, leur fonction complémentaire, en promouvant la chose innommable, l'objet de la sexualité la plus dépravée, en éradiquant la famille, avec la volonté impérieuse de ne voir plus élevé ses enfants sinon que par l'infamie gouvernant l'éducation dite nationale, qui est l'enseignement à usage de l'esclave et en aucun cas de l'Être Humain, en éradiquant le Peuple lui-même, par immigration massive de toute la misère humaine, pierre brute dont les cristaux pour la plupart sont constitués de lâches fuyant leur Nation, qui serviront d'esclaves appropriés aux féaux de l'usure car bien plus malléables que des Peuples multimillénaires dont les pères ont combattu leur barbarie.

Mais cela ne suffit à la bestialité, non content de tenter de désintégrer tous les piliers de l'Humanité, elle accentue son processus de liquidation, en décrétant une pensée unique n'ayant pour valeur que de pseudos droits sans devoirs conduisant à l'immondice le plus totalitaire qui soit, dont les Nations ce jour regorge, voyant le communautarisme s'instaurer pour tenter de pulvériser toute unité, le communautarisme de l'anachronisme comme de la sexualité bestiale, une pensée unique poussant à l'adoration des criminels et au mépris des victimes, à l'adoration des assassins, des pédophiles, de toute la lie de l'Humanité qui ce jour trouvent leurs alliés dans tous les pouvoirs, et notamment dans une justice qui de plus en plus vient à leurs ordres, en relaxant l'ordure, l'ignoble, le criminel, le tueur d'enfant, le tueur de vieillard, le tueur de femme, pour complaire au mot d'ordre encensé par des gouvernances de larves aux ordres, mandatés pour mettre à bas toute valeur humaine au profit des valeurs de la bestialité.

Voici donc l'Occident ce jour, noyé par la pourriture atavique qui se réjouit, se pâme, se photographie, s'enthousiasme de ses propres aberrations, regarde avec mépris le Peuple qui le fait vivre, qu'il essore et pressure à souhait, pire que la moindre Royauté, car enfant de la bohème de la lie de l'humanité qui depuis des siècles pourrit ce monde par ses litanies, ses révolutions, ses progrès qui ne sont que des ressorts masquant une impuissance globale à régner, diriger, œuvrer, accomplir et hisser les uns les autres vers leur capacité comme leur potentialité.

Comment le pourrait-elle, lorsqu'elle est issue du néant le plus glauque et ne cherche qu'à retourner dans ce néant le plus stérile ? Fondation de cette scorie gigantesque aux araignes dislocations putrides, elle ne peut donc instaurer en ses méandres que le règne de la mort, de la mise en esclavage, et en aucun cas l'harmonie et ses principes, qu'elle méconnaît dans sa totalité comme dans ses fondements dans la croyance qu'elle détient une vérité qui n'est qu'immondice.

Témoignages s'inscrivent ses crimes, ses ordonnances, ses votes, ses degrés où s'épanouit la bestialité en principe, là le vol des vieillards s'étant échiné toute leur vie pour se constituer de quoi vivre après un dur labeur, afin de faciliter leur disparition, encouragée par le crime de sédation, là la tuerie des nouveau-nés par manœuvres dilatoires les exposant à une vaccination à l'aluminium, qui les verra perdre toute cognition et se réfugier, s'ils ne sont décédés avant dans l'autisme le plus affreux, là, la tuerie organisée des enfants de souche par invitation délictueuse à leur mise à mort médicalisée, là, la tuerie intentionnelle des handicapés par prévarication de leurs ressources, là, la liquidation massive, le génocide, car cette liquidation porte un nom, par apport massif de personnes issues de toute la misère humaine.

Voici la valeur sanctuaire de cette aberration qui se veut règne et obtient son règne par prévarication outrancière de la vox populi en mentant sur ses origines, ses dépendances totalitaires tant à l'usure qu'à ses loges de renégats, de traîtres et d'assassins. Et il y en a certain pour en appeler à ses valeurs autocratiques, dictatoriales, cachant dans l'hypocrisie et le sourire, la gestuelle invariante du mensonge ses buts afin de mieux faire accroire l'existence d'une quelconque lumière dans sa concrétisation, là où ne luit que la hideur, l'ordure, la dégénérescence, la pitoyable béatitude des proscrits et des assassins.

Assassins de la Vie dans ses harmonies, ses complémentarités et ses exhaustives permanences, assassins de la Culture qui n'est levier de la barbarie mais son antidote, assassins de la spiritualité qui n'est fourrier, sauf si elle est pénétrée par cette larvaire débilité, de la réduction de l'Être Humain à la poussière, à l'esclavagisme le plus barbare et le plus sanguinaire qui soit.

Ici nous voyons que toutes les valeurs sont inversées, que le déshonneur, la bassesse, le crime, le vol, le pillage et la barbarie sont allégresses de cette portée de fauves invariants, de prédateurs insignifiants, de licteurs insanes et consommés, tant la médiocrité est leur vestale attitrée. Une médiocrité les poussant toujours plus avant vers la bestialité, telle que l'Histoire Humaine le conte depuis des centaines d'années, et plus récemment dans l'ordure socialiste dont le frère communiste a mis à mort plus de cent cinquante millions de personnes à travers le monde, dont le frère national-socialiste a déclenché une guerre barbare et un génocide sanglant, petits frères de cette insanité que l'on voit ce jour gouverner en Occident, notamment dans ce que l'on ose appeler l' « europe », un comité de salut maçonnique avarié, une communauté de larves au service des usuriers, une dictature qui ne dit pas son nom mais se révèle parfaitement dans ses fondements comme ses critères accessoires, dictés depuis l'origine par de faux alliés ne cherchant qu'à détruire la consistance européenne, qui par deux guerres étayées en a réduit l'intelligence à peau de chagrin, ce qui leur permet ce jour de pavaner et de voir diriger certaines Nations non pas par des Êtres de souches, mais des larves de leurs gouvernements aux mains de l'atavisme sanguinaire qui s'imagine la gloire de l'instant présent alors qu'elle n'en est que la moisissure.

Lorsqu'on est ennemi de la Vie et de ses ordres, lorsqu'on choisit la dictature pour compléter sa médiocrité, le pouvoir qui en est gréé ne peut tenir longtemps, sinon que par la violence, telle qu'on a pu la voir mise en œuvre lorsque de malheureux gardiens de prison en France, sous-payés, au but des agressions d'assassins emprisonnés, pour faire valoir leurs revendications sont livrés à la furie de policiers agissant sur ordre de la gouvernance, une gouvernance qui s'acclimate parfaitement du pillage et du vol occasionné par des prédateurs en périphérie bretonne, une gouvernance qui ose sermonner nos policiers en charge de Calais, qui se contrefiche des huit millions de pauvres existant en France, et ordonne de livrer des repas à des sans-papiers en cette même ville de Calais, une gouvernance qui s'inscrit parfaitement dans ce qui vient d'être dit ci-dessus, volant les retraités, volant les handicapés, s'attaquant aux plus faibles, une gouvernance décrétant la vaccination obligatoire par onze vaccins des enfants nés, dans le mépris le plus total du droit international, une gouvernance instaurant la préférence étrangère, une gouvernance pillant les caisses de l'État, une gouvernance œuvrant à la destruction de Nations étrangères, notamment au Yémen, en Syrie, en Irak, en Libye, alliée de l'ignominie humaine, le djihadisme, voyant jusqu'à l'un de ses ministres avoir pour conseil un membre de cette mouvance ignominieuse. N'en jetons plus, la cour est pleine, les faits qui ne sont pas de fausses nouvelles parlent pour nous.

La dictature insidieuse s'installe dans notre Nation comme elle s'est installée en Europe dans l'inertie la plus brutale comme la plus coupable. Attendons-nous à pire dans les mois et les années qui vont suivre, au même titre que ce qu'a connu la Russie en son temps, avec les Lénine, Trotski, Staline et consorts, et l'Allemagne, avec Hitler et ses licteurs qui ont encore voix au chapitre. L'ennemi de toutes les valeurs Humaines est dans la place, associée avec sa cinquième colonne de mercenaires, les uns djihadistes mercenaires de retour, les autres anachroniques gauchistes, les derniers sacres de toute la perversité humaine, pédophiles, satanistes en tout genre, tueurs d'enfants et pire encore.

Tant la France que les Nations Européennes vont avoir fort à faire pour remonter à la surface, faire renaître les valeurs humaines. N'oublions pas que la terreur Française n'a pas duré dix ans, que la terreur socialiste communiste n'a pas duré cent ans, que la terreur nationale socialiste n'a pas duré trente ans, espérons que la terreur que nous allons connaître nazi communiste par essence, trotskiste en substance, ne dure pas plus que ces précédents petits frères.

Mais pour cela faut-il que le Peuple de France comme les Peuples Européens cessent, de voter pour les images d'Épinal de l'usure et de leurs féaux, ces fidéistes commissaires politiques que l'on retrouve dans tous les partis et que les partis qui se respectent doivent écarter sur-le-champ pour pouvoir convaincre et espérer mobiliser des Peuples égarés dans la bestialité et ses jouets, notamment ces smartphones dont la fonction ne leur pas été enseignée, celle de servir et non de rendre esclave.

Mais faut-il pouvoir penser par soi-même pour cela, ce qui n'est plus le cas malheureusement d'une bonne partie des populations qui se soumet invariablement, ne pouvant admettre qu'existât autre chose que la médiocrité pour vivre, et invariablement votant pour plus médiocre qu'elle afin de s'accroire encore partie vitale, là où elle n'est plus que négoce d'esclavagistes attitrés. L'Ouest bouge, l'Est bouge, reste aux Nations Européennes à se débarrasser de leurs boulets qui ne sont que les précieuses ridicules des usuriers qui les gouvernent, à l'image de l'Islande par exemple. »

La subversion a toujours été terrassée, qu'importe le temps qu'il a fallu parmi les sphères qui sont tombées dans son étrange condition barbare et bestiale, ce jour renouvelées par la rectitude physique, morale et spirituelle de celles et de ceux qui les gouvernent, dans l'harmonie et la sagesse. Ainsi que ne désespèrent ces Terriens encore balbutiants.

L'Art

Dans un monde livré à la bestialité, quel chemin suivre pour ne pas polluer son corps, son esprit et son âme ? Voici la question que tout un chacun doit se poser pour éclairer ce monde et le défaire des miasmes qui veulent le pourrir et le nantir dans la brutalité d'une matière sans lendemain, sinon celle du naufrage et de ses aménités. En regard de l'évolutive conscience qui se doit pour maintenir l'équilibre entre les astreintes du mirage qui se veut maître et la réalité qui toujours transfigure, ne reste qu'une voie qui est celle de la limpidité, et qui se révèle par le principe même de la créativité, de l'Art dans sa puissance, qui n'est seulement la frise d'un enchantement, mais bien le principe d'action métapolitique qui s'impose pour hisser au-delà des aspérités du vide la beauté, l'honneur, la grandeur de l'Être Humain.

Je ne parle ici de l'art vicié porté par les perclus de la matière dont les rodomontes sont les rescrits qui gouvernent le pourrissement et ses arcanes, là, ici, plus loin, dans les vétilles, les appréciations douteuses et fangeuses, les écrins perfides du minimalisme, qui se pose ici comme théorème de la stérilité la plus vaseuse, je ne parle ici des sources infécondes qui n'ont trait qu'à une commercialité obèse qui n'inspire que le dégoût et ordonne la vacuité, je ne parle ici de pseudos musiques, de pseudos écrits, de pseudos littératures, de pseudos peinture et sculpture, je parle tout simplement de l'imaginal et de sa vertu cardinale qui est celle du dépassement de ces scories qui oblitèrent le sens pour se consacrer substance vaniteuse et sans raison, qui se perdra comme la poussière sous le vent de la volition qui couronne la création.

L'Art n'est pas l'égout de la trivialité qui glose, apparaît et se donne du coude pour se propager dans la déliquescence et le royaume de l'illusion comme de l'insondable bêtise qui s'accouplent pour donner un espace à ce qui est le résultat des aberrations chromatiques qui fondent le macrocosme comme le microcosme politique, un champ de ruine qui opère dans la malversation, l'utopie fétide, la cristallisation du néant, l'ovipare nécessité d'induire l'erreur afin de marginaliser le réel au profit de sa virtualité qui n'est que l'éloquence des fourbes, des perfides, des traîtres et des sots, tout un aréopage suant la vanité et l'infertilité, tout un aréopage qui s'accroît puissance alors qu'il n'en est que l'inverse ce dû à la médiocrité qui l'enfante et le génère, cette médiocrité qui est le puits de science du paraître qui ne s'excuse mais bien au contraire se veut consécration.

L'Art est dépassement de sa propre personne, lieu de transcendance qui conjoint les propriétés de l'immanence et doit se garder pour enfanter le principe du vivant qui est celui de l'évolution, de l'évolutive conscience, et non abri du néant voguant vers le néant et ses pulsions domaniales, il est rayonnement et épanouissement par-delà les contingences et leurs raisons multipliées qui ne sont que des crèches pour les imbéciles et les caciques qui s'imaginent avoir acquis le droit de taire la présence de l'imagination afin de conserver leur monument d'hypocrisie, source de toutes les vicissitudes dont le présent rayonne les maladives incantations, les hymnes décharnés et les consécrations douteuses, et il suffit pour s'en assurer de regarder l'état de perversion qui y règne, qui nuit à toute qualité pour engendrer l'uniformité et sa misère, au nom d'une égalité de principe qui n'existe pas et n'existera jamais, car aucun être humain n'est égal, sinon en droit, devant la création, et cette nécessité trouve sa résonance, dans ce qui n'est pas appris, dans ce non-dit, qui gêne les roitelets, dans cette réalité qui brille l'immortalité, la régénération, l'accomplissement et l'épanouissement de tous au sens de la complémentarité qui est la seule valeur globale et transcendante.

Qu'il suffise de mesurer l'impact du statisme dans tous les domaines pour bien comprendre que ce jour la chape de plomb existe par toutes faces de la création, une chape qu'il convient de déminer et de soustraire à la virtualité pour la confondre dans ses aberrations les plus profondes, où l'on voit poindre le degré absolu de la médiocrité, la pensée unique, qui permet aux infertiles de se couronner dans leur abstinence, de se féliciter en prenant appui sur des idées tronquées et déficitaires, des royaumes qui suent le mensonge, la propagande, toutes les félicités qu'encense le politique dont l'acculturation pour la plupart de ses membres est si profonde, qu'elle permet de faire illusion dans la matrice qu'elle promeut, là, ici, plus loin, dans le cadre d'une éducation soudoyée, d'une éducation malmenée, qui n'a pas pour but d'éveiller le sens artistique et encore moins le sens critique de l'enfant, mais de le rabaisser dans la fange qui est le lieu commun des médiocres qui se veulent gouvernance.

L'Art est au-dessus de cette gravité qui perd toutes valeurs pour s'enfoncer dans la matière brute, sous l'égide de non-pensées, sous l'égide d'un esclavagisme purulent, sous l'égide d'une fatuité sans égale qui parade comme une agonie, l'Art est tel l'Aigle, il survole ce bourbier et ne s'y enferre, bien au contraire, nanti de la véritable puissance créatrice, va-de-l'avant, sans ordonnance sinon celle de la reconnaissance de l'Éternité qui veille, dans ses allégories mène à la victoire sur les dysharmonies convexes et perfides, il éveille et tend la main à tout Être dont l'étincelle de création subsiste malgré le martèlement de la bêtise encadrée, la motricité de la bestialité qui s'affaire, la lubrique résonance du marais putride qui voudrait l'enliser dans le néant où pataugent les immondices qui se prétendent des artistes, alors qu'ils ne sont que des pions, au même titre que les politiques, qui acclament leurs employeurs, banquiers stériles, financiers avariés, loges discrètes ou sociétés dites de pensées, qui ne sont là que pour les lobotomiser et leur faire dire ce qu'ils doivent entendre.

L'Art n'a pas besoin de ces errements, de ces insanes personnages, de cette déjection qui mesure à l'aune de son portefeuille le pouvoir de dire, le pouvoir de créer, le pouvoir d'initier, le pouvoir d'engendrer, car il est au-dessus de cette mêlée des atrophiés, de ceux qui ne respirent qu'en fonction de la matière, de ceux qui s'imaginent esprit alors qu'ils lovent leur esprit dans la matérialisation la plus grégaire, il est la Liberté par excellence, une Liberté où tout un chacun peut exceller en fonction de ses propriétés personnelles, où chacun peut se dépasser pour atteindre cet horizon limpide qu'observe l'Aigle du haut des cimes, embrasant la situation et par cet embrasement pouvant enfin correspondre le réel, le témoigner, le hisser vers des propriétés novatrices que personne ne peut nier, et encore moins la médiocrité qui bâtit sa propre déroute bestiale et sans propos, dans l'accroire et ses pulsions.

La route à suivre dans ce chemin de l'Art est donc celle de la viduité, de la moralité, de l'exemplarité, tout le contraire de ce que l'on prétend « art » qui n'est que frontispice de la décadence la plus globale, anéantissement de toutes les valeurs au profit de l'argent, de cette nature brisée et bridée qui navigue les circonstances pour mieux apprivoiser l'innocence et la détruire dans le néant qu'elle arbore, inverse valeur de l'Art qui lui est là pour propulser le vivant vers ses fondations, ses racines, dans le cœur même d'un avenir comme d'un devenir dont la visibilité se fait par ses facultés, une visibilité qui met à bas toutes les sources de conflits, toutes les sources de l'errance, tous les statismes qui semblent indétrônables, tous les concepts qui délibèrent la mort de la liberté, toutes les politiques sans mesure ni gouvernance sinon celles de la reptation et de l'isolement, toutes ces strates dont le venin et le fiel sont accommodements d'une médiocrité sans limite qui pour ne pas être rejetée, implique une vassalité de tout un chacun à son ordure.

L'Art est génération et régénération, outil de la conscience sans limite qui joint l'immanence suivant son degré de transcendance, et permet ainsi à la Culture de se propager, non la culture de la médiocrité, mais bien au contraire la culture qui forge l'évolution, advenant le potentiel nécessaire à chaque Être Humain de s'inscrire dans cette évolution et balayer les citadelles qui ne veulent pas la voir rayonner, dans tous les domaines de la création, plus particulièrement dans cet Art Royal qui est celui de diriger la Cité, par la détermination métapolitique, et dans ses expositions par la mise en évidence de postulats scientifiques faits pour être dépassés eux-mêmes, que ce soit dans l'organisation comme dans la structure, permettant d'édifier par le savoir et le dépassement du savoir les arcanes d'un pouvoir qui ne se stratifie, ne s'immobilise, n'est en dépendance, mais bien au contraire s'affirme comme vecteur de l'évolution globale par l'affermissement des racines dont il est élection.

Une application parmi d'autres, et par des moindres, permettant de balayer à jamais les miasmes et les scories qui souillent l'ordre politique, dans le cadre du généré, dont les applications intrapersonnelles permettent à chacun de se réaliser dans le creuset de ses compétences, de ses qualités intrinsèques, permettant d'initier au-delà des abstractions, la densité du vivant en son couronnement symbiotique, corps, esprit, âme, irradiant le généré lui-même, conscience manifestée qui rejoint la Liberté féconde, que nul ne peut inféoder, car consécration de la rémanence formelle induite par les Peuples, floralies nécessaires à l'évolution qualitative, que veulent détruire bien entendu les médiocres dans leur inconscience la plus abrupte, celle de l'ignorance de l'Éternité qui veille, les voyant se ployer dans l'immondice et se féliciter de cette immondice qui est leur rayonnement et leur parjure.

Le choix est clair pour tout Être Humain qui veut retrouver la Liberté, elle passe nécessairement par l'Art, l'Art dans ses principes, ses applications, ses enchaînements, ses complémentaires initiations, sa splendeur, où l'Être est demeure et non un animal n'ayant pour but que la recherche de nourriture et de plaisir, où l'Être est invincible, car indépendant du laxisme, de la dépendance, de l'esclavagisme, de tous ces outils de domination inventés par la sclérose des temps, par l'incapacité créative dans son impuissance qui voudrait que tout un chacun lui ressemblât, alors qu'elle n'est que portée de l'insipide, du néant et de l'involution participe, de cette contraction temporelle que nous vivons actuellement, où la surdité engendrée par l'acculturation et l'illettrisme est le pilier qui consacre cette barbarie qui manipulatrice engendre la disparition de l'intelligence au profit de l'esclavagisme.

L'Art plane au-dessus de ces miasmes qui se déchaînent pour enchaîner, et sera toujours présence dans l'étincelle de l'intelligence Humaine, qu'on le veuille ou non, qu'on essaie de la broyer par la chimie ou bien la propagande, car l'Art est invincible, et tout Être en son champ guerrier de l'intelligence, et tout Être en sa devise créative, capable de transformer ce monde qui végète, car libre, il peut alors agir pour prospérer l'évolution, et ne plus s'enliser dans le désert aride de la vanité qui se veut gouvernance, de la fatuité qui se veut valeur, de la reptation qui se veut ordonnance, et par là même s'ouvrir non seulement à la beauté, mais bien encore à la capacité de créer cette beauté afin de faire sortir de l'enlisement l'intelligence et bien plus l'imaginal qui permet à tout un chacun de s'élever en puissance vers sa transcendance et celle d'autrui, par-delà les modalités insipides qui voudraient le voir cantonner en soumission devant une quelconque médiocrité, quelle qu'elle soit, politique, philosophique, scientifique, artistique, et ainsi dépasser les carcans qui voudraient briser ses élans magistraux.

TABLE

HARMONIE
CONTRE
BARBARIE

5 Idées Idéologies
9 L'Histoire
12 Pouvoir et Action
17 Requiem
22 L'inconscience
29 La médiocrité
32 Destruction des Racines ?
37 Conscience Humaine
41 Des origines
44 Regards
49 La Franc-Maçonnerie actuelle
55 Information, savoir, pouvoir
120 Épuration Ethnique
64 Quitter la France
70 Sagesse
78 La Subversion
86 La culture de la honte
92 La civilisation de la mort
99 Ésotérisme
107 Réaction Actions
121 L'esclavagisme
127 Équation
129 Science-fiction Science ?
133 L'Esprit
138 Actions
146 Films divers
160 Noachisme
173 Les masques du Foot Ball
180 Virus
183 Les élites ?
192 Le jeu
198 L'aveuglement
206 Foi et Politique
215 Absolu
217 Patience dans l'azur
223 Droits et Devoirs

232 Le chaos
241 La lâcheté institutionnelle
250 La mise en esclavage
257 Le fléau
268 Nouvel an
280 La guerre
295 Monopoly
302 Multipolarité
311 La croisée des chemins
315 Jour J
317 L'anéantissement
323 Manipulation Médias, Neurosciences
332 Athéisme
338 L'autorité
345 L'Art

351 Table
357 Œuvres de Vincent Thierry

Royan
2019
Vincent Thierry

Œuvres de Vincent Thierry
Catalogue

GÉNÉSIAQUE
Le journal d'un Aventurier

PRAIRIAL
Le Chant du Poète
De Jeunesse
Les Continents oubliés
Vents du présent

ÉCRITS DU VENT
Écrins
De Marche Humaine
L'Indivisible
Military Story and new world

HÉROÏQUES
Mutation Terrestre
Lettres à l'Amour
Les Cantiques
D'Olympe le Chant d'Or

NATURAE
Fresques d'Amour
Le Verger d'Amour
L'Interdit
Mélodie d'Amour

FENAISONS
Améthystes
Océaniques
À la recherche de l'Absolu
Voyages

HORIZONS
Ivoire
D'Histoires nouvelles
D'Orbes
Stances

SOLSTICE
Idées
Âme Française
Expressions
Solstice

D'UNIVERS
D'Iris
Démiurgique
D'Azur
Flamboyant

REGARDS
D'un Ode Vif
D'une Gerbe de Soleil
Du Songe
Du Savoir sans Oubli
Que l'Onde en son Respire
Que l'Or Solaire
Qu'azur le Cristal
Du Souffle Vivant
De l'Harmonie

ISTAÏL
Cygne Étincelant
Âme de plus pure Joie
D'un Âge d'Or Renouveau
Par le Ciel Symbolique
De l'Être Universel
Règne d'Or Liquide
De toute Luminosité

TEMPOREL
Les Sortilèges de l'Enfance

ALPHA
De l'Azur Souverain
Ivoire de l'Éden
L'Orbe Cristallin
De l'Aigle Impérial

OMÉGA
Dans la Demeure des Dieux
Le Chant du Cygne
D'Oriflamme Souverain
Le Chœur Magnifié

FRESQUES
D'or et de Pourpre
Dans la Luminosité du Verbe
L'Azur du Cristal
Qu'Enamoure l'Éternité

COSMOS
Cosmographies
Delta du Cygne
La Légende de l'Espace
Infinitude

ÉTOILES
Thélème ou l'ambre de Vie
Véga 3000
Architectura
Naturae

ARRIOR
Sous le Vent de poussière
Des Catacombes
Debout au milieu des ruines
L'Aigle Impérial regarde

RESCRITS
Aux Protocoles
À Thanatos
Aux Droits
À l'Histoire

CONSCIENCE
Contemplations
Orientations
Actions
Le Diamant Foudre

CRISTALLOÏDES
Essors
Cristal
Empire
In memoriam

ESPACE
Au Cœur de Terre

DES AIGLES

DES AIGLES EN CITE
La Citadelle de Marbre
Le Labyrinthe Équinoxial
La Spirale de l'Éveil
La Forge de l'Épée

L'UNIVERS TEMPLIER
Le Corps du Vivant
L'Esprit du Règne
L'Âme du Déploiement
L'Unité Harmonieuse

L'AIRE IMPÉRIALE
Le Parvis de Cristal
Les Marches du Trône
La Nef du Pouvoir
Le Chœur des Sages

HARMONIA UNIVERSUM
Harmonia Universum

ABSOLU
Théorie Générale de l'Universalité

NIDS
Nid de faucons
Nid de vautours
Nid de scorpions
Nid d'Aigles

COMBATS
Ordre Mondial contre nouvel ordre mondial
La Voie Templière
Contraction Temporelle
Ondine

Lanzarote Élégies
De Corse les Chants
Nouvelles de l'horizon
Nefs sur l'Océan
L'Ordre ou le Chaos
Harmonie contre Barbarie
Jeunesse lève-toi !
Métamorphose
Roseraie de lumière
Constellations
Semeur d'étoiles
Pléiades
Aux confins des Univers

UNIVERSUM
Universum I
Universum II
Universum III
Universum IV
Universum V
Universum VI
Universum VII
Universum VIII
Universum IX
Universum X
Universum XI
Universum XII
Universum XIII

DOCUMENTS
Subversion I
Subversion II
Subversion III
Subversion IV

EXPOSITION
Prélude
Exposition I
Exposition II
Exposition III
Exposition IV
Exposition V

MULTIMÉDIA

UNIVERS
(Shows artistiques informatiques – CD/DVD)

1992-2018 : Univers I à XXXIII
2007 : Univers Film
IDDN.FR.010.0109063.000.R.P.2007.035.40100

ÎLES
(Films CD-DVD)
Est Ouest
Atlantis
Fragments
Rêve Corse

MUSIQUE
(CD-DVD)
Émotion
Mystica

COMPILATION

ŒUVRES 2008
(CD)
Œuvres Poétiques
Œuvres Romanesques, Nouvelles
Œuvres Élégiaque, Chants
Œuvres Théâtrale
Œuvres de Science-fiction
Œuvres Philosophiques, pamphlets
Œuvres Métapolitique
Œuvres Complètes

PROFESSIONNEL
(Base de données DVD)
Assurance Dommages

SITE INTERNET

http://harmonia-universum.com

Éditeur Patinet Thierri
http://harmonia-universum.com

Harmonia Universum
Harmonia Universum
La Création en Action ®

Impression
http://www.lulu.com